知識文化論 I

寺本義也
Teramoto Yoshiya
秋澤光
Akizawa Hikari
キャロライン・ベントン
Caroline Benton
西村友幸
Nishimura Tomoyuki
山田仁一郎
Yamada Jinichiro
石田修一
Ishida Shuichi

寺本義也――編

知の神秘と科学

新評論

はしがき

本書、『知の神秘と科学』は、『知の異端と正統』との二巻からなるシリーズ「知識文化論」を構成している。したがって、この二つの書物は、以下に述べるように、基本的な視点とアプローチを共有している。

第一に、本書は、二一世紀を知識社会あるいは知識ネットワーク社会と捉えることによって、従来のマネジメント論の枠を超えた知識社会論と知識経営論の統合に挑戦している。すなわち、よりグルーバルなマクロコスモスとしての知のネットワークから、よりパーソナルなミクロコスモスとしての知のネットワークまで、社会の多様な分野の営みにかかわる知のパラダイム転換についての言及が行われる。

第二に、われわれは、知を観念的なものとしてだけでなく実践的なものとして捉えようとしている。すなわち知を各種のエクスパティーズ（専門性、専門能力）の組織化を行うためのコードとして捉えている。

第三に、社会科学・人文科学と自然科学をまったく別の体系として取り扱うのではなく、それらを有機的に関連づける、文理融合的なアプローチを試みようとしている。これによって、一方で科学としての知、他方では神秘としての知という両極から知識文化の諸側面に接近しようとしている

第四に、知を考察するにあたっては、現代社会の多様な局面における境界融合を積極的、肯定的に捉え、これらを踏まえた知のネットワーキングの広がりと、多様な主体間の相互浸透的なパラダイム転換者としての知の役割を明らかにしようとしている。

われわれは、以上のような基本的な考え方を前提にしながら、ここでは特に、知の神秘と科学の持つ両極性に

注目している。しかも、知の神秘と科学とを別々の存在としてではなく、相互に共存し、影響を及ぼし合う相互進化こそが知識社会に求められる文化であるという共通の方向性を探求している。

本書では、こうした視点に基づいて、特に選りすぐった五篇の知識文化論についての論文が集められている。これらは、もちろんそれぞれ独立した論説であるが、同時に『知の神秘と科学』という文脈において、一つの統合した書物として編集されている。

最後に、本書の出版にあたっては、新評論の二瓶一郎会長から、ひとかたならぬご支援とご配慮を賜った。心から感謝を申し上げる次第である。

二〇〇一年七月五日

編著者　寺本義也

目　次

はしがき

序　知の神秘と科学序論……7

一　神秘と科学の間
二　錬金術という知
三　神秘と科学をめぐる二〇世紀の知
四　二一世紀に復活した陰陽師

第一章　知のシャーマン……24

一　元気印の女性達
二　現代のシャーマン
三　シャーマンの系譜
四　シャーマンの本質

第二章　知のリバイアサン……54
一　歴史における「知のリバイアサン」
二　神秘的・科学的知識のダイナミックスとその影響
三　ダーウィン―知の進化を探ったリバイアサン
四　国境なき医師団―緊急事態と立ち向かう知のリバイアサン
五　「知のリバイアサン」の未来
第三章　知のボランタリズム……98
一　ボランタリズムの諸相
二　資本主義・社会主義・ボランタリズム
三　知と組織
四　ビッグビジネスにおけるボランタリズム
五　ＮＰＯの興隆
第四章　知のアナーキズム……143
一　パワーとアナーキズム
二　知のアナーキズムとはなにか――問題の視座

三　知のメディアの制度変革とネットワーク
四　解放するパワーの予兆を求めて
第五章　知のテクネー……213
一　テクネーの進化
二　知のテクネーの現在（Ⅰ）―アナログ的側面
三　知のテクネーの現在（Ⅱ）―デジタル的側面
四　プロトタイプの形成
五　新しい価値創造の地平　―知のテクネーの未来

序　知の神秘と科学序論

一　神秘と科学の間

1　科学と神秘

われわれは科学の世界に生きている。自動車も携帯電話もインターネットもすべてが科学の成果である。心臓や肝臓の移植、遺伝子治療などの最新の医療も科学の発展抜きには語れない。一方で、世の中には人智を超えた「神秘」なものがあると考える人も多い。事実、いろいろな心霊現象やオカルトを取り扱った、映画や小説が大きな人気を集めている。

科学に信頼をおく人々は、多くの神秘現象なるものは科学的に説明できるし、またかりに現在のところ十分説明できないものがあっても、科学の発展によって解き明かされると主張する。神秘を信ずる人々は、科学は、所詮、人間の知識の産物であって、それだけでは説明できないものが存在するし、それはどんなに科学が発達してもなくならないと主張する。

「神秘」と「科学」という命題は古くて新しく、かつ新しくて古いものである。それは人類の歴史と共にあったといってよい。われわれの知識文化や知の源は、突き詰めればこの二つに行き着くからであろう。いったい、われわれは、この二つのものの関係をどのように理解すればよいのであろうか。

そこで、その議論に入るまえに、まず科学の意味を概観しておこう。

科学（science＝仏・英／Wissenschaft＝独）とは、「世界と現象の一部を対象領域とする、経験的に論証できる系統的な合理的認識である」（新村出編、『広辞苑第四版』）、岩波書店、一九九三、より簡潔には、「体系的であり、経験的に実証可能な知識」のことを指す。

ここから「科学的」という言葉は、「事実そのものに裏づけられ、論理的認識によって媒介されているさま。原理的に体系づけられているさま。」と定義される（同上）。このことから、事実の裏づけ、論理的認識、原理的体系づけなどが科学を科学たらしめる条件ということになる。

近代科学の特徴は、その「二元論的」立場にも見いだすことができる。「二元論〔dualism〕とは、もともと物事を相対立する二つの原理または要素に基づいてとらえる立場であり、神話や宇宙論における光と闇、陰と陽、哲学における形相と質料、現象と本体、宗教や道徳における善と悪、など多くの思想領域に見いだされる。「西洋近代では、精神と物体を二実体ととらえるデカルトの物心二元論ないしは心身二元論が近代哲学を特徴づける枠組みを与えている。」（松村明編、『大辞林第二版』三省堂、一九九八）。デカルトは、精神と物質の徹底した二元論、機械論的自然観などによって近代科学の理論的枠組を最初に確立した思想家として、あるいはあらゆる不合理を批判検討することを教えた〈理性〉による解放者として、あるいはまた〈コギト（思惟、意識）〉の哲学の創始者として以後の思想に大きな影響を与え、しばしば〈近代哲学の父〉と呼ばれる（「デカルト」、赤木昭三、『平凡社大百科事典』平凡社、一九八五）。

明らかにデカルト以降の近代科学は、精神と物質を徹底的に分離し、その上でさらに対象と主体を分離するという、二重の意味での二元論的視点に基づいて、発展してきている。

それでは「神秘」（mystery）とはどのようなことを意味するのであろうか。「人間の知恵でははかり知ることのできない・こと（さま）」（大辞林）。「人知でははかり知れない霊妙な秘密。普通の理論・認識の外に超越した事柄」（『広辞苑第四版』）。

このように、神秘が人の知識や知恵では捉えることのできない現象であり、通常の理論や認識を超越した事象ということになると、科学とは対極的なものであることになる。

また、人類の思想史の流れには、「神秘主義」（mysticism）という知の伝統がある。これは、「神・絶対者などの最高の実在を独自の直接的内面的な経験・直観によってとらえることができるという哲学・宗教上の立場」である（同上）。神秘主義の具体的な事例としては、東洋ではインドのヨーガ、中国の道教、禅、イスラムのスーフィズム、西洋ではプロティノスに始まり、新プラトン学派やエックハルト、ベーメらのドイツ神秘主義が代表的なものとされる。神秘主義は客観的な認識を超えた全体的な知を求めるものであり、「神秘主義の本質は形式ではなく、体験によってえられる生の質にある。」と言われる（「神秘主義」、上田閑昭、『平凡社大百科辞典』）。

したがって、神秘主義の方法論は、直接的内面的な経験・体験や直観であり、人間を超えた神・絶対者・自然などと自己との合一、すなわち対象と自己との一体化が大きな特徴をなしている。このことからも明らかなように神秘主義の立場は、一元論的すなわち、ひとつの実在や原理から世界のあり方を説明する哲学的立場でもある。一元論には神秘主義以外にも、いくつかの立場があるが、世界を精神や物質に還元する唯心論や唯物論もこの系統に属するということができるであろう。

すなわちこうした点からすれば、神秘主義は、観察や実験を行う主体とその対象との分離を前提とする、二元論的立場の近代科学とは根本的に立場を異にすると考えることができるであろう。

2　近代科学の歴史

しかし、一七世紀に近代科学の基礎が成立して以降、神秘的な現象はすべて科学で説明されるし、また説明されるべきであるという考え方が広く受け入れられてきた。神秘や神秘主義は科学の名において追放されたのである。

近代科学の基盤としての近代哲学はデカルトに端を発している。彼は、『方法序説』（一六三七）の中で「人間は理性・頭脳で世界や宇宙を解明できる」と述べている。「我思う、故に我あり」という有名なテーゼは、人間の理性（頭脳）こそが、宇宙を認識し、理解する唯一の存在であることを意味している。この理性や頭脳の産物が近代の科学であり、技術である。その意味で、科学技術こそが近代を作り出した〝元素〟である。近代科学の概念と方法は、その哲学的な基礎をデカルトを起点として、一七世紀の欧州で生まれたということができる。

当時、ガリレオ・ガリレイは、学者の機能（科学）と技術者の機能（技術）を結びつけることによって、計画的実験による体系的な検証という近代科学の方法論を確立した。ガリレオは、実験のために、当時発明された望遠鏡、顕微鏡、温度計などの器具を利用している。この実験と検証という科学的プロセスは、その後、ニュートンやライプニッツに引き継がれ、いっそう精密化、体系化が進められた。こうした一七世紀の西欧に始まった力学と物理的法則概念の形成を中心とした世界像の変革は、その人類史的な影響の大きさから「科学革命」と呼ばれる。まさに人類の思考と実践の双方に関わる、大きな知のパラダイムシフトである。

一八世紀に入ると、細分化し、分立して発展してきた諸科学の間に「総合化」の動きが高まってきた。英国の化学者・物理学者のジョン・ダルトンによる、物質の原子理論、ファラデー、マクスウェルによる電磁気の理論、英国の物理学者のジュールたちによるエネルギー保存の法則などはその代表的なものであるとされる。一方、生物学においても、総合化の波が高まっており、それはやがて一九世紀半ばに至って、自然淘汰を柱とするダーウィンの進化論、『種の起源』に結実した（一八五九年）。

一八世紀後半から一九世紀にかけて、近代科学技術の成果を産業に応用することによって、「産業革命」が進展した。もっとも、英国で始まった初期産業革命の技術の多くは、体系的な科学的知識を持たない人々による発明とその応用が中心であった。例えば、水力精紡機を発明した、英国のアークライトは、もともとランカシャー生れの理髪師であり、鬘（かつら）製造業を営んでいた。また、ジェニー紡績機械を発明したハーグリーブズは、ランカシャーで織布工と大工をしていた。科学と神秘との関係を考える上で、近代産業の生成を促した、初期の産業革命が、経験や勘、ノウハウなどの暗黙的な知に多くを依っていたという事実は興味深い。

その後、一九世紀を通じて、産業革命の波はフランス、ドイツ、アメリカに及び、さらに世紀末にはアジアの日本にまで押し寄せてきた。

二〇世紀は、科学技術がさらに大きく発展し、産業や企業を通じて、社会の隅々にまで浸透した時代である。われわれが、二〇世紀という時代をトータルに評価するためには、もう少し時間が必要かもしれない。しかし、それが文字通り、科学技術の世紀であったということには、おそらく多くの人が同意するであろう。

実際、二〇世紀の前半は自動車が大量生産システムの典型であったし、後半はエレクトロニクスや情報通信機器・システムが成長産業として台頭した。いずれも、高度な科学技術を基盤とした大規模なイノベーションであった。科学技術はわれわれの生活の隅々にまで浸透し、時にはそれを支配するまでに巨大化した。

もはや科学技術の前には、およそ神秘などというものは存在しないものになったかのごとくである。

本当にそう考えてよいのであろうか。かりにそうだとしても、二一世紀の新しい現実世界に生きるわれわれは、この神秘と科学という二つの事柄を、どのように位置づけ、解釈し、理解すべきであろうか。それらは、二〇世紀においてそうであったように、二項対立的なものとして、二つの内どちらをとるかという選択の対象として、われわれの前に置かれている命題なのであろうか。それとも、なにか別の視点から考えるべきところに、われわれは立たされているのであろうか。

むろん、こうした問題の解答が簡単に得られるとは思えない。そこで、われわれは、神秘と科学について、改めて歴史に学ぶことから始めてみたいと思う。それによって、なにかが分かってくるかもしれないし、またなんらかの新たな理解や視野が得られるかもしれない。

二　錬金術という知

1　ニュートンは錬金術師だった?

近代科学の扉を開いた知の巨人として、ニュートン（Isaac Newton、1642–1727）をあげることに誰も異論はないであろう。

ニュートンは、英国のリンカンシャー生まれの偉大な数学者であり、物理学、天文学者でもあった。数学では、ライプニッツとは別に微積分法を独自に発見し、物理学では、光と色に関する光学の重要問題を解決し、近代力学の基礎をなす、運動の三法則、すなわち「慣性の法則」、「運動方程式」、「作用反作用の法則」を樹立し、この三法則とケプラーの法則とを組み合わせることによって、有名な「万有引力の法則」を導き出している。

これらの一連の力学研究は、やがて一六八七年に、『自然哲学の数学的原理』（プリンキピア）という書物にまとめられることになった。この書で明らかにされたような彼の発明と理論は、世界の微視的な現象と巨視的な現象とを統一的な概念とその体系によって説明しうるという点で、科学史及び科学哲学の歴史に大きなパラダイム転換をもたらすものであり、まさに近代科学、とりわけその中心をなす、近代物理学の創設者として屹立する知の巨人であったということができる。

しかし、プリンキピアの巻末に付けられた、一般注や光学の最後に提出されている疑問からもわかるように、ニュートンは、数学、光学、力学のほかに、錬金術、神学、神秘学にも強い関心をもっていたと考えられる。それだけでなく、二〇世紀になって競売にかけられた多数の手稿（研究ノート）や蔵書目録からも、錬金術や神秘学が彼の知的関心の大きな部分を占めていたことが判明している。

実際、ニュートンの手稿の再収集に努力した、経済学者J・M・ケインズは、「ニュートンは理性の時代の最初の人」ではなく、「最後の魔術師であった」という評価を下しているほどである[1]。

それにしても、「錬金術」という言葉は、まことに魅惑的な響きを持つ言葉である。

錬金術（alchemy）は、古く古代エジプトに起り、アラビアを経てヨーロッパに伝わった原始的な化学技術であり、近代化学の基礎がつくられるまで全ヨーロッパを風靡した。多くの錬金術師たちが、鉄や銅、鉛などの卑金属を金・銀などの貴金属に変化させたり、不老不死の万能薬を製出したりすることを試みた。結局のところ、これらの試みは成功しなかったが、副次的に種々の化学物質を取り扱う技術の発達を促すこととなった。

知の巨人、ニュートンは、近代科学の創設者なのか、それとも神秘的な錬金術師だったのか、この知の巨人は、いったいどのような人物であったのであろうか。謎に満ちたこの人物の事跡をもう少し探ってみよう。われわれは、そこから、二一世紀の神秘と科学の関係を解きほぐす糸口を見出すことができるかもしれない。

よく知られているように、ニュートンが残したおびただしい量の錬金術文書は、単なる思索の書ではない。彼が残した文書からも、実験と文献の渉猟に膨大な時間を費やしていたことをうかがい知ることができる。彼が錬金術を精力的に研究したのは、一八六七年頃から一七一〇年ないし二〇年代までであったとされる(2)。そうであれば、錬金術研究の始まりの時期は、彼が『プリンキピア』を刊行した直後の時期であり、その後、造幣局長官(一六九九年就任)や王立協会会長への選任(一七〇三年)、アン女王からのナイトの称号の授与(一七〇五年)を含む、めざましい栄達と公務多忙のなかでの研究であった。

つまり、彼はそれほどに、錬金術や神秘学に打ち込んでいたのである。彼の実験記録の背後には、煉瓦製の自作の炉、坩堝(るつぼ)、乳鉢と乳棒、蒸留器具、炭火とともに過ごした多くの時間が潜んでいたと見られる(3)。ガリレオがさまざまな実験用の器具を用いたのと同様に、科学的な思索と技術的な方法は、ここでも分かちがたく結びついていることに注意すべきであろう。

それでは、数学や物理学、宇宙論、科学方法論に及ぶニュートンの科学上の偉大な業績と錬金術に対する異常なほどの関心は、どのように関連ないし同居していたのであろうか。

ニュートンの研究と著作の長年の研究者であった、B・J・T・ドップスは、ニュートンは、その錬金術研究のはじめから、自然界に働く生長をもたらす原理の存在の証拠を見出すことに関心をもっていたという(4)。そうであれば、彼は、あたかも二つの顔をもつヤヌス神のような存在であったということができるかもしれない。すなわち、一つは、古代の秘められた叡知(神秘)を求める顔であり、もう一つは、近代的な科学の方を向いた顔である。こうした一見矛盾した傾向や思考が、同一人物の中に存在したことは、現代からすれば理解困難なことかもしれない。

しかし、ニュートンやその同時代の人々にとって、これは決して絶対的な矛盾を意味するものではなかったのである。そこには、真理の唯一性（ユニティ）という、大前提が存在したからである。

「真なる知識はすべてある意味で神の知識であった。真理はひとつであり、その唯一性は神の唯一性によって保証された。理性と啓示は対立するのではなく相補的であった。神の属性は書かれた言葉のうちに記録されていたが、自然の本質のうちに直接反映されてもいた。したがって、ニュートンにとっては、自然哲学はそのまま神学的意味をもっており、彼は自然科学を、神的なるものについて、聖書に記録されたことがないか、あるいはその記録が時の流れや人間の誤りによって、損なわれてしまった側面を明らかにしうるものとみなした。どんなルートで《真理》にアプローチするにせよゴールは同じであった。[5]」

つまり、近代科学の父、ニュートンは、科学者であると同時に錬金術師でもあったのである。しかも、そのことは彼の中ではなんら矛盾するものではなかった。真理が一つであり、そのことが神の唯一性に保証されるものであれば、理性（科学）と啓示（神秘）とは、対立するものではなかったはずだからである。

2　錬金術の復活？

二〇世紀の最後の数年間、世界をあげてネットベンチャー・ブームが巻き起こった。

いやそうではなく、日本では、政府や自治体やベンチャーキャピタルによる、ベンチャー支援ブームだという人もいるが、確実にベンチャー、とりわけネットビジネス関連のベンチャーが急増したのも事実である。本家の米国西海岸のシリコンバレー、ニューヨークのシリコンアレーに続けとばかりに、東京の渋谷にはビットバレーが、北海道の札幌には、サッポロバレーが、大阪には、ビットリバーやベタバレー（Beta Valley）が、名古屋にはミッドバレーが、そして福岡にはキュー・ビット・バイ（Q Bit Bay）と呼ばれるビジネス集積や交流会が活動を始めた。

こうした熱狂的な雰囲気のなかで、九九年前半頃から、ネットビジネス関連企業の株式の新規公開（ＩＰＯ）が相次ぎ、それらの株価が急騰した。インターネット関連といえば、たとえ赤字企業であっても、たちまち多くの資金が集まり、株式が公開されると驚くほどの値が付いたのである。

その結果、二〇代から三〇代の若い起業家たちが、短期間に巨額の資金を手に入れることになった。なかには都心の豪華なマンションに移り住み、外国製の高級車を乗り回し、超一等地に広大な自宅用地を取得する者も現れた。まさに、現代の「錬金術師」である。

もっともらしい事業企画書や目論見書があれば、株価が額面の何十倍、何百倍、何千倍にもなったのである。銀行やベンチャーキャピタルは競って大量の資金を投資した。集まった巨額の資本金やプレミアムを何に使ってよいかが分からず、そのまま銀行に預けておく者や、他のネットビジネス・ベンチャーに手当たり次第、投資をする者も現れた。欲望が欲望を生む中で、金が金を生むと考えられたのである。

しかし、ブームは長くは続かなかった。米国のネットビジネス企業の株価が急落したのを受けて、二〇〇〇年二月頃をピークに、日本のネットビジネス株も大幅に値を下げてしまった。早くも日米共にネットバブルの終焉といわれ出した。わずかな期間に、光通信の株価は最高値の一〇〇分の一に、ソフトバンクも一〇分の一にまで下落している。もちろん、これでネットビジネスがすべてだめになってしまったわけではない。いわばメッキの部分がはげ落ちたのである。

結局、二〇世紀最後の錬金術も、本物の金を作り出すことはできなかった。やはり、錬金術は、現実にはありえないものであり、前近代的で、非科学的、神秘主義的なものにすぎないのであろうか。

しかし、既に見たように、かつての錬金術師たちは、目的とした金を作り出すことには成功しなかったが、副次的に種々の化学物質を取り扱う技術の発達を促すことに貢献した。近代科学技術の少なからぬ部分が、錬金術師達の恩恵に与っているのである。ネットバブルに踊った起業家や投資家は、いったい何を歴史に残すことになるのであろうか。

三　神秘と科学をめぐる二〇世紀の知

1　日本の「サル学」

京都大学の霊長類研究所を中心とする、ニホンザルやチンパンジーなどに関する研究は、その高度の水準によって世界的に知られている。霊長類研究では、長年の間、日本が世界のセンター・オブ・エクセレンスとして研究をリードしてきた。

なぜ、日本でサル学が高度に発達したかについては、いくつかの理由が挙げられる。

まず第一に、日本に生息するサル（ニホンザル）の多さである。確かに日本には野生のサルがいまだに相当数生息しているし、先進国では唯一国内にサルがいるのが日本である。研究対象が比較的手近に豊富にあるということが研究上有利であることは言うまでもない。いわば地の利である。

第二の理由は、京都大学霊長類研究所や日本モンキーセンターのような専門的な研究機関の存在と、優れたリーダー、スタッフの存在も重要である。実際、センターには今西錦司をトップに、伊谷純一郎、河合雅雄などの優れた研究者が輩出している。

第三に、サルの世界にも文化や社会が存在するということを発見したことが、日本人によるその後の国内や海外での研究に大きな成果を生み出すことにつながっている。

問題は、なぜ日本人研究チームが、こうした事実を発見するに至ったかという点である。欧米の霊長類研究者と比べて、日本の研究者が際だっているのは、研究対象であるサルの徹底した個体識別をして、一頭一頭にすべて名前をつけたことにあると言われる。これによって、個々のサルの行動を詳細に観察、記録することが可能になった（伊谷純一郎、「私の履歴書」、日本経済新聞、一九九一・二・一五）。

このような個体を社会の中に位置づけるという、日本独特の「個体識別法」による長年の研究を通じて、数百頭の群の中から、個体の家族や親族関係が瞬時に識別できるようになり、ファミリー・ツリーとその履歴が認識できるようになった。言い換えれば、個々のサルの行動を観察し、理解する際に、それ自体だけでなくその背後にある重要な社会的、文化的な文脈を読み取ることができるようになったのである。

こうしたプロセスを通して、サルの群れの間にリーダーを頂点とする社会的な階層構造や、「芋洗い現象」のような、相互の学習や拾得した知識や技能の伝承といった文化的なプロセスがあることが確認された。

これは、日本のサル学の研究者が研究対象であるサルと研究者としての自己とを限りなく同一化しようとしたことの結果である。すなわち、西洋の近代科学の伝統である、対象との分離という二元論や二項対立関係で理解しようとするのではなく、対象との限りない一体化を志向した、主客同一化すなわち一元論的な研究態度である。

最近では、物理学の世界でも、原子や素粒子のような超ミクロな対象を観察する際に、研究者と研究対象とが完全に分離されるのではなく、相互に何らかの意味での干渉作用が働くという指摘もある。

社会科学の世界では、既にこうした現象についての多くの指摘がなされてきた。物理学を最も忠実になぞったといわれる近代経済学の分野でも、景気変動や経済成長という現象に、研究者の理論やモデルが直接・間接に影響を及ぼすことが知られている。予言の自己充足と言われるような現象も、このことと関係があると考えてよいであろう。

2　神を見た宇宙飛行士

一九六一年四月一二日、有人宇宙船ボストーク1号を搭載したA型ロケットが旧ソ連領内のバイコヌール基地から打ち上げられた。ガガーリン、この男こそ人類最初の宇宙飛行士である。彼が、広大無辺な宇宙空間から帰還した際に発した、「地球は青かった」という言葉は世界中に報道され一躍知られるようになった。

ガガーリンの言葉は、単に厚い酸素の膜に覆われた地球が即物的に青い色をしていたと言う意味だったかも知れない。しかし、当時の人々はそれ以上のメッセージを受け止めていた。青い小さな地球こそが、人類共通のふるさとであり、そこで繰り広げられている冷戦構造下の醜い争いや経済成長がもたらす環境破壊から地球をそして人類を救い出さなければならない。

多くの人々がそう感じたからこそ、「地球は青かった」という言葉が共感を持って受け止められたのではないであろうか。あるいは、人々は人類の叡智としての宇宙飛行に酔いしれると同時に、どこかで人間の小ささ、無力さを感じ、人間を超えるなにものかの存在を覚えたのかもしれない。

その後、米国からも多くの宇宙飛行士が宇宙に飛び立ったが、少なからぬ人々が神の存在や神秘を意識したということを述べている（立花隆『宇宙からの帰還』、中央公論新社、一九八三）。そして、その中からアポロ一五号で月に立ったアーウィン飛行士のように、地上に生還後、牧師、伝道師などの宗教家になるものがいた。彼らは青い地球を眺め、宇宙に危うく浮かぶ自分を考えるとき、神の存在を強く感じたという（同上）。

「宇宙に出てみて、地球がなんと美しい星であることか、宇宙とはいかに偉大な存在であるかということを、私は知った。地球上の国境線にこだわることに、一種の抵抗感のようなものさえ覚えたのである。宇宙からみた地球は文字通り宝石のごとくに輝き、美しいとしか表現しようのないものだった。日本の地形もしっかり識別することができた。川があり、街があり、飛行場があり、富士山がはっきり見えた。地球はひとつであるということが、宇宙に出てみて本当によくわかった。

それともうひとつ強く感じたことは、神の存在である。私は宇宙に行く前からある派の教会に属しており、神の存在を信じていたが、雄大な宇宙に接した時、そのことをより強く意識した。神は私とともにあるということが切実に感じられた。宇宙のいろいろの事象が、偶然によるものとは到底思えず、神がつくり出したのだという考えを抱かざるを得なかった。私はスカイラブで五九・五日、約四千万キロの旅をした。しかしながら大宇宙をつくった神の目からすれば、ちっぽけな時間であり空間にすぎないであろう。おごりは慎まなければいけない、とも思う。」

これは、七三年のスカイラブ計画と八二年のスペースシャトルと二度にわたって宇宙を飛んだ経験を持つ元宇宙飛行士ジャック・R・ルースマの言葉である（日本経済新聞、一九八三年一一月一七日）。

F1カーレーサーのチャンピオンでレース中の事故によって亡くなったアイルトン・セナも、生前、「超スピードで走っている時、自分が神に近づいている」と語ったことがある。

超近代的な科学技術の精髄を担う、宇宙飛行士やＦ１レーサーが、神の存在や、神秘を感じるという現象は、一見、逆説的に思える。しかし、実際にはそういうことが起こっている。

この点について、比叡山で千日回峰行を成し遂げた僧侶である、丹野覚道は次のような見方を語っている（日本経済新聞、一九九〇年一〇月一三日）。

「（宇宙飛行士が神を感じたというのは）、単に高所に立ったということではないでしょう。宇宙飛行は多数の人々が協力し、高度に組織化されたシステムを必要とする。宇宙飛行士という極限状態を経験した人は、自分の力ではどうすることも出来ない立場を知っており、当然、自分が『生かされている』ということを強く意識するはずです。

それに生きていること自体が非常な偶然に助けられている。隕石や宇宙塵がちょっと衛星を傷つけてもすぐ死ぬわけですから。超自然の見えない力で生かされていることが、よく分かるんじゃないですか。だから、超自然の力の前に十字を切ることができる。宇宙飛行士の感覚は宗教者に一番近いものだと思います。」

四　二一世紀に復活した陰陽師

二一世紀に入って日本の若者たちの間で静かなブームを呼んでいるものがある。

平安中期の陰陽師（おんみょうじ）、安倍清明（あべのせいめい、九二一―一〇〇五）である。ブームのきっかけは、夢枕獏のベストセラー小説『陰陽師』であり、それを原作とした岡野玲子のコミックが大ヒットした。

二〇〇一年の春にはNHKでテレビドラマ化（連続一〇回）され、さらには映画も制作されることになった。その主人公が安倍清明である。清明をまつる京都の安倍神社には、連日、多くの若者達が訪れているという。まさに、世は「陰陽師」ブームである。

安倍清明は、九六〇年（天徳四）に天文得業生となり、その後天文博士・主計権助などを歴任して、大膳大夫・左京権大夫となった人物である。彼は、天文道・陰陽道を深く学び、天皇や貴族の陰陽道諸祭や占いに従事した。その占験の能力についての神秘的な伝説が、今昔物語集や古事談、宇治拾遺物語など多くの書物に記されており、後に日本第一の陰陽師とあがめられることとなった。

古来、陰陽師はいろいろな祈りの場面に登場し、悪霊を払い、「呪詛」を行ったと言われる。その伝統は、鎌倉、室町、戦国、江戸の各時代を通じて、守り継がれ、明治以降も地方によっては「拝み屋」などとして現在まで続いている(7)。

しかし、デジタル放送やインターネットや「iモード」が普及し、ナビゲーション装置を付けたハイブリッド・カーが走る時代に、なぜ中世の陰陽師なのであろうか。単なる若者の気まぐれやファッションなのか、あるいは、現代の閉塞感や不安や不条理というようなものを反映しているのであろうか。それとも、人間の存在や地球や宇宙の根源にある、もっと奥深いなにかとつながっているのであろうか。

われわれは、ここで再び、「科学」と「神秘」の問題に立ち返ることになる。

もともと、科学（science）という言葉は、ラテン語の「すべてのことに関する知識」「知識全般」を指す言葉（sientia）に由来すると言われる。また錬金術師が究極的に追い求めていたのは、すべての物質を金に変えることのできる、「賢者の石」であったという(8)。ここに共通しているのは、この世の中にあるすべてのことを知りたいという、あくことない人間の知的な欲求である。そのように捉えれば、科学と神秘とは、同じコインの二つの表と裏であり、二つにして一つ、一つにして二つのものであるということができるかもしれない。この見方が正しいとすれば、科学も神秘も人間がいる限り、永遠に存在することになるであろう。

さらに言えば、科学と神秘との関係を、まったく別個の相容れないものとしてではなく、相互に影響を与え合うダイナミックな知のプロセスと捉えることによって、二一世紀の知識文化をより豊かなものとすることができるのではないであろうか。

（寺本　義也）

注

（1）J. M. Keynes, in Royal Society, Newton Tercentenary Celebrations, Cambridge, 1947), pp. 27–3.

（2）B・J・T・ドップス、『錬金術師ニュートン』（大谷隆のぶ訳、みすず書房、二〇〇〇年、1頁・Betty Jo Teeter Dobbs, The Yanus Faces of Genius, Cambridge University Press, 1991）。

（3）同上、邦訳書、一頁。

（4）前掲書、ドップス、邦訳、四頁。

（5）B・J・T・ドップス、前掲書、五頁

（6）この点については次に詳しい。立花隆『宇宙からの帰還』、中央公論社、一九八三年。

（7）三重県伊勢市の「海の博物館」では、海女の鉢巻きに刺しゅうされた魔よけのマーク＜セーマン＞を見ることができる。このセーマンは、安倍清明が使用したマークで一筆書きの星型であり、呪法に使う場合は真ん中に一点が加えられる。

（8）あらゆる物質を金に化したり、また万病を癒したりする力をもつと信じられた物質。西洋中世の錬金術師たちの探し求めたもの。「哲学者の石」ともいう。

第一章　知のシャーマン

一　元気印の女性達

「元始、女性は太陽であった」

これはわが国の女性解放運動家、平塚らいてう（一八八六〜一九七一）が、日本で最初の女性による文芸誌『青鞜』（一九一一）の創刊の辞で高らかに宣言したことばであった。確かに、元始、女性は世界中で太陽のような存在であったに違いない。ギリシャ神話に登場する女神たちはなんとも魅力的で、はつらつとしている。わが国でも神代の時代の神々のトップは、天照大神（あまてらすおおみかみ）である。邪馬台国の女王卑弥呼の伝説がある。

二一世紀を迎えて、今また、この国で女性は、輝きを増しつつあるように思われる。二〇世紀最後のオリンピックであった、シドニー・オリンピックでも大活躍したのは、田村亮子や高橋尚子に代表される、多くの女性アスリートたちであった。何となくひ弱で自信なげな男子選手に比べると、彼女たちのたくましさ、明るさ、さわやかさ、意志の強さは際立っているように見えた。こうした現象は、スポーツの世界だけのことではない。家庭では、父権喪失、父親の姿が見えないと言われて久しい。電車や街のなかでも、大きな声で語らい、笑っているのは女性である。海外旅行に出かけても、まるでそこの住人のようにして、元気に歩き回っているのも多くは女性である。ビジネス分野でも、元気が良いのは社長と女性社員だけという感じがする。社長は、依然として大半が男性だが、かれらは組織の頂点を極めた自らの能力と運の強さに気づいているから、元気が良いのかもしれない。しかし、女性社員が元気の良いのはなぜだろうか。いや、会社だけでなく、多くの分野で、女性が生き生きと活動し、発言し出したのは、どんな背景や理由があるのだろうか。

第一に、なんと言っても自立志向の高まりである。過去二〇年あまり、女性の労働力人口（就業者及び完全失業者）は男性に比べ高い伸び率を示している[1]。つまり、一定の収入を得ようとする意欲の伸びがより大きいということである。しかもここ5年、失業率については女性の方が男性より低い傾向が出ている[2]。つまり、能力を発揮する意欲だけでなく機会にも恵まれてきたといえる。上州、今の群馬県では、「上州名物、かかあ天下に空っ風」といわれる。空っ風とは、赤城山、榛名山から吹きおろす、強い季節風のことを指しているが、それと並べてかかあ天下といわれるほど女性が強かったのには理由がある。この地方では古くから養蚕が盛んである。まず畑で蚕が食べる桑を栽培し、それを蚕に食べさせる。蚕は繊細な生き物であり、夜通し見ていなければならないこともある。蚕が口から出す糸が全身を包む繭になるが、この繭玉をお湯に通して洗って、そこから一方の手でほぐしながらもう一方の手で生糸を繰り車で糸を紡ぎ出す。出来上がった生糸は高価な織物素材として、全国に売られていった。こうした一連の養蚕、製糸の生産プロセスを担ったのは女性である。貴重な働き手としての女性は、経済的実力も大きかった。また、女性達の言葉使いも活発であり声も大きかった。つまり、上州の女性はそれだけ自立していたのである。依存と自立は力関係の裏と表である。近代的なパワー概念では、AがBに及ぼすパワーの大きさは、BのAに対する依存の逆数である。上州の女性が、かかあ天下と言われたのは、男女の自立―依存関係（パワー関係）に基づくものである。

現代の女性が元気な大きな理由は、彼女達が男性から経済的に自立できる機会を獲得したためである。熟年離婚と言われるような現象もこのことと無縁ではないであろう。定年退職した夫は、もはや経済的な意味ではパワーを喪失したも同然である。女性が元気な理由はまだある。彼女たちは、男性に比べて失うものが少ない。そう考えている。既得権を盾に、それまでに得たものを時にそれに気づかず後生大事に守ろうとしているのが現代の男性である。男女雇用機会均等法をはじめとするさまざまな法律ができたとはいえ、日本はまだまだ男性優位の国である。このことは、国会議員、官僚、経営者・管理者、大学教授その他の分野での女性の比率をみれば一目瞭然である。

目に見えない既得権益に守られた者は、それが大きければ大きいほど、失うのを恐れる。失うものがある、失うことを恐れるという精神状態は、人を弱くする。やがて、本来の志を忘れ、現状を改革しようとする意思も意欲もなくしてしまう。本当は、大したものを得ているわけではない。しかし、なにかを失うという脅迫観念に駆り立てられて、自己の保身に走っているのが多くの男性かもしれない。その点、女性は強い。失うものがほとんどないと感じているからである。実際のところは古い組織に入ろうとして、女性達は壁を痛烈に思い知らされてきたのである。意欲と能力があるときにそれを示せない悔しさ、あるいはそれらの劣ると感じる者に負ける悔しさは、直面したことのないものには分からないであろう。つまり失うものはないというだけでなく、そのような経験により、目前の欲や組織から解放されることで自立し、本質的な強さを獲得せざるを得なかったのである。

かつて、今太閤とうたわれた全盛時代の田中角栄が、「どうしても俺の言うことをきかせられない奴がいる」と言い、それはどんな人物かと聞かれて、こう答えたという。

「欲のない奴だ。これだけはどんな手を使っても言うことをきかせられない。」

この話の真偽のほどは分からない。しかし、先ほどのパワー概念から考えれば、よく理解できる。欲がないというのは、依存しないということであり、失うものがないということである。女性が強いのは、既存の組織から解放され、失うものがないと思い定めている強さなのである。ところで、もし既存の組織に、解放された強さを持つ女性が入るとすると、その自由さや、見たこともない行動の神秘は、既存の組織に何かをもたらすことは確実である。

二　現代のシャーマン

自由に泳ぎ回ってきた女性達が伝統ある組織に飛び込んだとき、何がおきるか。ここでは影響の大きさにおいて際だっていた2つの事例をとりあげる。

1　「ｉモード」事件(3)

ＮＴＴドコモ（ドコモ）が開発した、携帯電話によるインターネット接続サービス、「ｉモード」は二〇〇一年三月に加入者が、二、〇〇〇万人を突破した。サービス導入後わずか2年という驚異的な普及のスピードである。「ｉモード」がこれだけ大ヒットしたのには、いろいろな理由があげられるであろうが、やはりこの新サービスの立ち上げに関わった人々を抜きにしては語れない。その輪の中心にいたのが、松永真理という女性であることは、よく知られている。松永は、その業績を評価されて、日経ＷＯＭＡＮ誌の「ウーマン・オブ・ザ・イヤー二〇〇〇」を受賞した。また米国では、フォーチュン誌の二〇〇〇年の「ビジネス界最強の女性ランキング」アジア部門1位、サンフランシスコ・ウィメン・オン・ザ・ウェブからも「ウェブで最も重要な女性25人」に選ばれている。フォーチュン誌は、松永の紹介記事の中で、iモードをウォークマンにつぐ日本の画期的製品と紹介している。

松永は、iモードの開発に請われて携わるまで、リクルートで二〇年間編集者としての技量を磨いてきた。退職時には編集長をこなす傍ら、新規事業の立ち上げもしていた。しかし、成功にたどりついた松永も二〇年前、大学を卒業して最初に出くわしたのは、ひどく理不尽な世界だった。当時は「四年生大卒女子はとらない」「自宅通勤に限る」といった理屈がまかりとおり、会社説明会にさえ出られなかった。(4) しかしリクルートという自由な会社に入ることができたので、「水を得た魚のように、この会社で泳ぎ回って」これたのである。ドコモに移った理由については、次のように語っている。

「私が二〇年つとめたリクルートを辞めてドコモに転職したのは、まさにiモードという新しいサービスを開発するためだった。コンテンツの開発をやってほしいと言われて移ったとき、私に明確なビジョンがあったわけではない。これならいけそうだという確信があったわけでもない。新しいメディアを立ち上げるという話に、面白そうじゃないと感じたに過ぎなかった。(5)」

いかにも組織に縛られない個人的で自由な発想である。

そもそも松永がNTTドコモに入るきっかけは、親しい知人から紹介されて榎（現、ドコモ取締役）という人物に会ったことによる。「携帯電話に液晶画面がありますよね、この画面を使って五〇文字の情報を配信しようと考えているんです。松永さんに、ここに載せるコンテンツ（情報の中身）を考えていただきたいんです。（ドコモに）来ていただけますよね。」初対面で榎はこう言ったという。この言葉に惹かれるようにして、九七年七月リクルートからドコモに移ることになる。松永は、後に振り返り、「私はドコモに入社するというより、榎という人間を、自分のメンター（指導者）として選んでいた。彼が推進する新規事業に魅力を感じていたのであって、雇用の保証を求めたのではない。」[6]と述べている。組織からは解放された考え方である。

ドコモでは、松永の行動はかなり異質だったであろう。まず、自分の名前を松永部長ではなく、「真理さん」とよばせた。また、場が創造的になるよう「わからないことはわからない」と率先して口にするようにしたという。これも黙ってやりすごせば権利を維持できる既得権社会の論理とは相容れない。さらに、松永は社内に「クラブ真理」と称する心地よい居間のような特別の空間を作ってしまった。そこでは組織外からもアイディアが持ち込まれ、iモードのコンセプトが醸成されていった。新しい酒を入れるために、古い革袋の中にエアポケットを作ったのである。とはいえ、このエアポケットには相当圧力がかかったであろうが、松永が中で自由に泳ぎ回れたのは、榎という内部と外部の気圧の違いを遮断できる調停役がいたからである。榎によると、そもそもiモードは、当初、役員を始め、社内全体、外部のメーカーなど、誰からも全く支持されていなかったのである。[7]この場の中で、堅い雰囲気は「カジュアル化」されていった。このようなオープンマインドの世界こそ組織が学習していくためには不可欠である。このやり方から学べることは多いが、エアポケットが存在したのは、松永が退職するまでの間であった。松永のような個人に依存せざるを得ないというのは限界かもしれない。

技術的にも全くの素人だった松永が、iモードの開発で果たした役割は二つある。一つはコンセプト作りができる場を作り、iモードのコンセプトを作り上げていったことである。そもそも携帯電話をインターネットの端末にするというアイディアは、コンサルティング会社のマッキンゼーが提案したと言われる。それが榎の「携帯電話の液晶を使って情報を流すことが、若い人に受ける」というアイディアとなり、コンテンツに強い松永が意味づけを行っていった。松永はコンセプトづくりのため、まず場をホテルに移して多様な人を集めた。呼びかけのテーマは、「携帯電話に新しく情報配信をするサービスをつくるが、そこにどういう情報が載ったらいいか」であった。これがきっかけとなり、商品開発のリードコンセプトとして、「自分のコンシェルジェ」が生まれる。さらに先のエアポケットを創り出すことで、ホテルと同様の知が交差する場がドコモ内に常設された。これ以後、この場でコンテンツが編集されていく。また、ネーミングについても松永の力量に追うところが大きい。まず、広告企画など外部の人間を含めてブレーンストーミングをした。行き来したいろいろな知識をもとに、松永は海外の空港でツーリストインフォメーションの「i」マークを見たときに、ネーミングに小文字のiを採用することを決定する。iには「ツーリストインフォメーション」の他に、「私」という意味と、「インタラクティブ」、そして「小規模ビジネスの台頭」という意味が込められた。これに「ファッショナブル」で、「切り替え」を連想させるモードが加えられた。

二つ目の役割は、松永が結果的に技術をリードしたことである。技術の困難さが分からないが故に、松永は少々無理な要求を出してしまう。これに対し、技術者たちは当初不可能と思われたことを、次々と乗り越えていく。つまり、松永は「私」のようなユーザーが使えるための要望、たとえば、液晶画面の表示情報の拡大、電池の持ち時間の延長、特別なボタンの種類、メールの機能追加、価格などを、つぎつぎと出し、ソフト、ハードの技術が高めていったのである。このような目に見えない、形としても残らない役割の評価は難しいに違いない。しかしながら、これ抜きに、ヒットする商品・サービスは生まれない時代であろう。すなわち、もし、松永がおらず、「携帯ゲートウェイサービス」という名の、小さめの液晶画面で、便利な「戻る」ボタンもなく、高額なサービスとなったとしたら、現在のブームが登場していなかったことは想像にかたくない。松永の果たした役割の価値は、はかり知れない。

結局、全体として松永は、ドコモの中でどのような存在だったといえるのだろう。本人は、「私は人に請われてドコモに行って、そこでiモード開発という現場に、偶然にも遭遇した。それはまるで『不思議の国のアリス』のように、図らずも異界への使者として選ばれ、未知の世界のできごとに巻き込まれてしまったのと似ている。」[8]と語っている。他方、裏返せば、ドコモにとっても摩訶不思議な存在であった訳で、実際、榎は次のように述懐している。「真理さんはドコモにとってはエイリアン、人事部、総務の人にとっては未知との遭遇というぐらいのインパクトがあったと思いますよ。こういう人はこれまでNTTにもドコモにもいませんでしたから。」[9]しかしその存在は、外部からいろいろな知識を呼び込み、やがて目に見えないアイディアやサービス・コンセプトを次々と告げる絶対的な存在となる。彼女こそ「現代のシャーマン」ということができるのではないだろうか。

シャーマンとは、「神や精霊との直接接触からその力能を得、神や精霊との直接交流によって託宣、予言、治病、祭儀などを行う呪術（じゅじゅつ）・宗教的職能者」のことである。[10]およそ現代のハイテク情報通信技術とは縁のなさそうな話である。しかし、松永真理がiモードビジネスの開発に果たした役割は、ドコモにとってはここで言うシャーマンに近いものがあったのではないであろうか。もちろん、彼女が神憑りであるとか、呪術を用いるとかと言う意味でではない。しかし、「異界への使者として選ばれ、未知の世界のできごとに巻き込まれてしまった」ということになれば、意図はともあれ、それはシャーマン的な役割を演じたことになる。

二〇〇一年五月末現在、マスコミ各社は松永の行方を必死に捜している模様である。電子メールの転送をもってしても見あたらない。彼女を天の岩屋戸から引き出すには、新たなアメノウズメノミコトが必要なのかもしれない。

2 カーリー・フィオリーナ

現ヒューレット・パッカード（ＨＰ）会長、社長、兼ＣＥＯであるカーリー・フィオリーナの正式なファーストネームは、カラ・カールトンという。その名の由来は、市民戦争において父系一家がカールトンという名の男性全てを失ったことにさかのぼる。以来、一家の子孫は、男の子はカールトン、女の子はカラ・カールトンと名付けてそのことを記憶にとどめ続けている。フィオリーナは市民戦争以来九人目のカラ・カールトンである。鉄の意思と銀の舌を持つ（雄弁の意味）と評されるフィオリーナが最も尊敬するのは、自分が知る中で最も強い人という、亡き母である。(11)

テキサス州生まれで、スタンフォード大学では中世の歴史と哲学を専攻した。そして、一旦ロースクールに入るが一年でやめ、職を転々とした。そして、メリーランド大学でＭＢＡ、ＭＩＴのスローンスクールで科学の修士号を獲得している。(18)

フィオリーナがＨＰの社長兼ＣＥＯに就任したのは、一九九九年七月、四四歳の時である。当時このことは、二つの意味で衝撃的であった。一つは、米国といえども、これだけ著名大企業の社長に女性が就任することはなかったということである。実際ダウ工業株の三〇銘柄初の女性ＣＥＯである。二つめは、ＨＰにおいては、一九三八年の創業以来、初の外部出身者であり、また伝統を覆し技術者でなくマーケティング畑出身でもあったことである。三〇〇人の候補者の中から選ばれたという。(12)米国サン・マイクロシステム最高執行責任者（ＣＯＯ）や、米国インテルの執行副社長の他、社内の女性幹部も候補として挙がっていたが、最終的には、能力はもとよりであるが、変身がより強く意識されうるための人選となった。選考にあたった前ＣＥＯのプラットは、「新鮮なリーダーシップが必要と判断」したと述べている。(13) 選考の結果、フィオリーナの強みは次の四つであった。①大胆な戦略をコンセプトにし、伝える力、②四半期毎の実績を上げる実務能力、③組織に緊迫感を与える力、④できたばかりのネットのビジョンを会社中に広げるマネジメント能力である。(14) 特にコミュニケーション能力は天才的といわれている。リーダーフィオリーナの口ぐせは、Challenge the mind and capture the heart である。(15)

フィオリーナは、ＨＰに移る前は、二〇年近くＡＴ＆Ｔにいた。ＡＴ＆Ｔは、一九九六年ウェスタンエレクトリックとベル研究所を通信機器製造部門として分社化しようとした際、フィオリーナを株式公開、企業名および企業イメージを追究するリーダーに選任した。それは、多くの先輩男性を乗りこえての抜擢である。結局、同年四月、ルーセント・テクノロジーズの株式公開は大成功をおさめた。ＨＰに移るまでの最後の二年は、同社のグローバル・サービス・プロバイダービジネスの社長として、会社に急成長をもたらした。(16) このときの鮮やかなマーケティング戦略が、前任のＣＥＯプラットの目に留まった。(17) 一九九八年から三年連続、米国フォーチュン誌の「ビジネス界最強の女性ランキング」米国内第一位を獲得している。

ＨＰにおいてフィオリーナが期待されたのは、組織の変革である。フィオリーナは、Preserving the best reinventing the rest という言葉で、組織に必要な変革の方法を伝えた。就任後の改革は迅速かつ抜本的であった。主なものは五つで、①計測器部門の分離、②八三あった製品部門を一二に削減、③製品部門を統括する二つの営業部門（法人と消費者）の新設、④数百億円を投じたＨＰブランドの再定義、⑤社員の報酬の業績や株価への連動であった。②については、従来から成長戦略としても評価の高かった、レーザープリンタとインクジェットプリンタという二部門の併存をやめて統合するなど、大胆な変革であった。しかし、そのような中でも米国企業にありがちな大幅な人員整理や、部門の売却などはせず、社内の資源を有効活用している。実際フィオリーナは、CEOの仕事を、社員を「管理」するのではなく、「活力をつける」ことと捉えている。とはいえ、就任時のHPはチームワークを強調し、同僚を尊重するという創業者以来の「HPウェイ」が、官僚的で、コンセンサスタイルの文化に変質してしまっており、和を重んじすぎて、ネットの時代に取り残されてしまっていた。しかし、HPウェイについて、社員は誇りに思っている。そこでフィオリーナは、「まずうまくいっているところを補強していき、まずいところについては気づかせる」という方策をとった。最初の四〇〇日では、毎四半期の業績が一五％以上伸びる等、極立った実績を出した。(19)

フィオリーナが抜擢された理由は、どのような意味を持ったのであろうか。まず、できるだけ異質で、かつ外部からの人間が選ばれたことは、注目を集める効果がある。つまり就任すると彼女が何を始めるかは予想がつかないはずであるから、社員は彼女のメッセージに耳を傾けざるを得ないであろう。また世界中のマスコミから取材を受けることになる。それはフィオリーナに向けて世界中の顧客や取引先の目が向くということである。知を引き寄せる効果もあるだろう。次に、フィオリーナの、天才的なコミュニケーション能力である。それは過去の成功で強化された誇り高き組織を変えるには不可欠である。フィオリーナの組織の変革は、内部志向になってしまった社員の目を、顧客に向けさせた。たとえば、組織を大括りにしたことで、顧客の視点からどのような製品・サービスが必要かという発想ができるようになった。また内部の知識の交差はより自由になった。さらに、ブランドの再定義は、まさにコンセプト作りというルーセントを作りだしたとき以来の彼女の強みが発揮された場面である。

幹部は社内のことを詳しく知る必要があるにも関わらず実際には幹部に情報は入りにくい。そこで、フィオリーナがとる手は、相手に的確な質問をすることである。そのためには、質問する前に自分が何を知りたいのかをはっきりさせ、自分の見解をまとめるという。哲学を学んだことはそのように役立っているとしている。[20] 哲学とは究極の知を創り出す学問である。いわばばらばらであった社内の知は、フィオリーナを通じて統合されようとしている。異界の言葉を伝え、周りを引きつけ、成果を生み出す、フィオリーナの役割は、社用ジェット機を乗り回し、アルマーニのスーツに身を包んだ「現代のシャーマン」なのである。

現代のシャーマンは、日産に到来したカルロス・ゴーンのようにそれは、男性でもいいに違いないが、フィオリーナはいっさい古い組織の論理を引きずってはいないようにみえる。日本の大企業の抱える問題は、HPと非常によく似ている。フィオリーナのような知を組み替える役割を果たす者の必要性と重要性が認識されるべきである。

3 現代のシャーマンとの遭遇

以上とりあげた松永とフィオリーナは、表面的には全く接点がなさそうにみえる。しかし、いくつかの共通点がある。まず、組織における役割である。それは、コンセプト作りや、組織の知識体系の変革であり、そのために異界の言葉を直接伝えることである。女性であるということは、組織にとっては、異質性を伝える道具ともなり、突然到来した未知の人物の行動は、予測ができず、人を引きつける神秘があるに違いない。すなわち神秘性を伴い異界の知を直接伝える。まさに現代のシャーマンである。

また、この二人の生い立ちと、登場場面にも共通点がある。つまり、この二人は人生の最初の段階において、成功を約束されていた訳では全くなかったということである。松永は最初の就職のときに既存の組織から強烈な差別待遇を受けた。他方、フィオリーナもロースクールを辞めて、しばらく職を転々とするなど、エスタブリッシュメントのルートには乗り切れなかった経験を持つ。つまり、自由に泳ぐことの価値、あるいは既存の組織から解放されたパワーをかなり早いうちから知っていただろうということである。また、登場場面も、片やドコモの新規事業開発期、もう一方はHPの沈滞期と、内外の知を組み替え、あるいは統合し、新しい知識を作り上げる必要に迫られていたときである。

必要だからとはいえ、シャーマンは向こうからやって来るものではない。求めなければ登場は見込めないし、登場したら登場したで、まわりを引っかき回し、軋轢も大きいので、引き込むスポンサーはよほどの覚悟が必要である。松永でいえばそれは榎であり、フィオリーナについては前CEOのプラットである。二人は防波堤として、不可欠の役割を果たしていた。

フィオリーナは「鉄の意思と銀の舌を持つ」と評されたが、鉄の女といえば、英国病を救った元英国首相のマーガレット・サッチャーである。その注目度、異質性、「選択の自由」といった新しい言葉の提示力は、現代のシャーマンの一人であろう。現在の英国のトニー・ブレア首相や日本の小泉純一郎首相の変革は強く国民に支持されているが、ブレア首相は産休をとり、小泉首相は外遊時にミュージカルの感想を述べるといった具合に、彼らには従来の組織から解放されたパワーを持つ新しい男性の姿が見えるような気がする。しかし、日本の政治の世界で現代のシャーマンを一人挙げるとすると、その異質性、独自の言葉、注目度からして、やはり外務大臣の田中真紀子が際だっている。しばしばマスコミでたたかれているのが異界から降り立った証拠である。

そう考えてみると実は、身近でも案外、現代のシャーマンに遭遇してはいないだろうか。それぞれマネジメントスタイルは微妙に異なるが、決まって有能で、反発を受けつつも結果として何かを作りだしている。もしそのような人に出会って面食らうことになったら、現代のシャーマンに出会った可能性が高い。

三　シャーマンの系譜

以上、現代のシャーマンをみてきたが、この節では、それを規定する前に、まずそもそもシャーマンとはどのような存在であったかを振り返ることにする（図表1）。古来、日本ではシャーマンは、ほとんどが女性であった。しかしシャーマンという役割は女性に限ったものではない。世界には男性のシャーマンもいる。ここでは日本の歴史上の著名なシャーマンを取り上げ、その役割をみていく。その上で、次節においてその役割の本質を探り、引いては女性が多い意味も明らかにする。

先にのべたとおり、シャーマンとは、「神や精霊との直接接触からその力能を得、神や精霊との直接交流によって託宣、予言、治病、祭儀などを行う呪術（じゅじゅつ）・宗教的職能者」である。すなわち、シャーマンの特徴は、神や精霊との交流の直接性である。その社会的な役割としては、①神や精霊の直接媒介ということで、その存在を体現すること、②その神秘性により社会を統合すること、③伝統的社会体制の崩壊過程において、体制を再編成することが挙げられる(21)。

また、「日本のシャマニズムは、三世紀半ばころの邪馬台国の女王卑弥呼に代表される女性シャーマンを主体とする流れが、歴史を貫いて現在に及んでいる。東北地方のイタコ、ゴミソ、カミサン、オナカマ、ワカ、（中略）、南西諸島のユタ、カムカカリヤー、モノシリなどは、その大多数がシャーマン的性格・役割を有すると見

人　物	特　徴	活動時期
天鈿女命	記紀神話の踊り手	
卑弥呼	倭国統一	2～3世紀
女王推古 女王皇極 女王持統	王位抗争の解決 同上 日本国の形成	6～8世紀
出雲の阿国	伝説の踊り手	16～17世紀 （織豊政権時代）
黒住宗忠 中山みき 川手文治郎 出口なお	新宗教の開祖	19世紀 （幕末～明治）
川上音次郎	近代を告げた歌と踊り	
平塚らいてう 市川房枝	女性解放の運動家	19～20世紀 （大正～昭和）
カーリー・フィオリーナ 松永真理	現代のシャーマン	20～21世紀
若い企業家たちのネットワーキング	未来のシャーマン？	21世紀

図表1　シャーマンの系譜

られている。多くは女性であり、彼らを中心とする宗教形態（シャマニズム）は日本の基層宗教または固有信仰の主要部分を成している。各地の民間職能者にとどまらず、日本の名だたる新宗教集団（天理教、大本教、霊友会、立正佼成会など）の教祖が著しくシャーマン的であったことはよく知られている。[22]」女性が多いことについては、古代には、女性には霊力があると信じられていたことと関係があるのかもしれない。たとえば、日本の神話では、日本武尊が熊襲の征伐の際に女装したり、素戔嗚尊（すさのおのみこと）が、八岐大蛇の退治のため女装している。これは神話が書かれたころに、女装により霊力を得ることができると考えられていたことを推し量ることができる。日本以外でもシャーマンが女装する例は諸民族にみられるという。

1　古代

（1）天鈿女命（アメノウズメノミコト）

神話では、天鈿女命の神憑りの踊りをもってしてはじめて、天照大神を天の岩屋戸から引き出すことができたという。その踊りには、天の岩屋戸に隠れた天照大神すら見てみたくなるほど引きつける力があったわけである。神話を解釈すると、天鈿女命とは、伊勢土着のシャーマンのことを意味しており、この神話は、冬至に弱った日の神の力を回復させる儀式からきているとみられている[23]。

シャーマンはなぜ派手に踊るのであろうか。その意味は次節で考える。

（2）卑弥呼

魏志の中で伝えられる邪馬台国の女王。それによると戦乱が続いていた倭国は諸国の首長が卑弥呼を共立したことで戦乱を終息させた。卑弥呼は呪術的宗教の司祭に長けていたとされる。卑弥呼の死後、男王をたてたが、安定せず、結局、卑弥呼の跡を継ぐ宗女である臺與（とよ）を王として国中が安定したという[24]。

卑弥呼はまさにシャーマンであり、その神秘的な力で社会を統合したといえる。しかしながら、その効力は卑弥呼が生きている間だけであった。シャーマンの力とは、人格と強く結びついているため、統合の力も一過性である。

（3）女王たち

現代において、女子に皇位継承権がないのは不思議であるが、六世紀から八世紀には、多くの女王がいた。彼女らは神憑りではなかったかもしれないが、まさにシャーマンの持つ社会統合の機能を果たしていた。主要な女王としては、六世紀後半、蘇我馬子が王を殺害するなど政権が動乱しているとき、擁立された女王推古がいる。

推古は王子厩戸（後の聖徳太子）とともにヤマト政権を推進した。女王推古の没後、王位継承の混乱がおきる。六四二年、再び女帝である皇極が即位する。さらに壬申の乱を経て、六七三年、大王天武が政権をにぎるが、この時の奇跡的な勝利により、天武は神格化され、日本の国家体制が整備されていく。天武が没すると、女王持統が後を継ぎ、天武の事業を強固な意志で継承していく。後に自らは上皇となり、大宝律令を編纂させ公布した。ここで初めて本格的な国家としての日本が確立する。このころ中国も女帝則天武后であるが、そこへ送られた遣唐使は、それまでの倭国をあらため初めて日本国という名前を使った[25]。このように、動乱期、あるいは、改革期において女王が登場していた。現在、日本の皇室はイギリスの皇室などと比べると、自由な発言も少なく、まだ壁を隔てた存在である。このことは神秘性をとどめるのには役立っているかもしれないが、マスメディア社会において、言葉の少なさは魅力喪失につながってしまいがちである。ところが天皇の皇子たちは、絶妙に現代を代表する新しいタイプの女性を配偶者として迎えることで、皇室に新たな魅力をもたらしているようにみえる。古代にいわれた女性の霊力とは、ある種の社会統合力かもしれない。

2　織豊政権時代

（1）出雲の阿国

確実な資料は全くないが、伝承によると、出雲出身の巫女であり、その美貌と神楽舞のうまさで、信長や秀吉に召し出されたということになっている。最初は出雲のややこ踊りを京都で演じていたが、そこから当時流行の伊達風の男装をして茶屋遊びの様子をまねた歌舞伎踊りを考案して人気を得た[26]。出雲の阿国をシャーマンに加えていいかどうかは疑問がある。しかし、そもそも巫女という神秘性と、伝承されるほどの踊りは、天鈿女命と類似している。踊りが持つ意味は次節で検討する。

3　幕末から近代

近代化以降に登場する新しい宗教集団は新宗教とよばれる。仏教が現世離脱的であるのに対し、全般に現世救済思想である。教祖は生き神的存在とみなされる。新宗教のブームは何度かあり、明治維新期は金光教、天理教や黒住教、明治末から大正にかけては、大本教など、終戦直後から高度成長までが創価学会、立正佼成会、その後七〇年代、近代文明の限界が見えだしたとき、神秘的なものに惹かれる傾向がでて、阿含宗、幸福の科学など多くが出現した。多くは女性が教祖であり、初期にシャーマニスティックな体験をし、病気直しから信者を得て、やがて世直しの主張を前面にだすという経過で発展する。[27]

（1）黒住宗忠（黒住教（くろずみきょう）教祖）

岡山県の神官の三男として生まれた黒住宗忠は、一八一四年に黒住教を開教した。教義は、黒住宗忠が冬至の日に祈っていたところ太陽が自らに入り込むという神秘体験、すなわち天命直授をふまえたもので、人間はすべて天照大神の分身と考える。したがって人間はすべて平等である、という民衆宗教の性格を持っている。一八四一年、長男が跡を継いだころより発展していく。[29] 教祖没後、一八七六年に神道事務局から別派独立を許され、合法化した。[28]

（2）中山みき（天理教教祖）

地主の主婦、中山みきは、一八三八年、今の奈良県天理市で天理教を開教した。きっかけは、四一歳の時、長男の病気を治すために山伏を招いたときで、神憑りし、神のことばを伝え始めた。その思想は、開教時には、権力への強い抵抗と世直しの主張、農村の共同体意識に基づく平和主義、平等観など、変革期にあった当時の民衆の思想が反映している。幕末期には神道化していたが、維新後、明治政府から弾圧を受けた。みきは屈せず、天理教は全国的な発展をしていく。この間、みきは「みかぐらうた」、「おふでさき」を述作した。しかしみきの没後、後継者（本席）となった飯降伊蔵により天理教は神道本局所属教会として合法化される。飯降没後、中山家当主の統率とともにさらに組織化され発展した。第二次大戦後、教祖のとなえた民衆の思想に返ろうという復元運動が展開された(30)。

（3）川手文治郎（金光教（こんこうきょう）教祖）

備中国占見村の川手文治郎は、一八五九年に金光教を開教。金光教は神道のながれを組む。信心深かった農民の文治郎が祟り神と対決するうちそれを救済者とみなすことで、天地金乃神と出会ったことが起こりである。政府の圧迫を受けつつも、教義は明治維新後、「天地書附」、「金光大神覚」として固められた。教祖は、神道の中で組織化されることを許さなかったが、没後の一八八五年神道本局所属教会となり合法化された。後継者は教団の合法化、組織化をすすめながら、金光教は岡山県から東京まで広く民衆に浸透した(31)。

（4）出口なお（大本教（おおもときょう）教祖）

京都府に生まれた出口なおは家族に降りかかる困難や生活苦の中から金光教に深く帰依していたが、一八九二年に神憑りして、世直しを叫び始め、教義の原典となる「筆先」を書き始める。それ以降、金光教の布教師となるが、やがて、大本教を独立させる。一八九八年に、なおは上田喜三郎と出会うことで、非公認の大本教は、権力や社会の弾圧から救われた。喜三郎はみずからも修行により神秘体験を重ねており、神憑りの行法を学んでいた。喜三郎により教義は体系化、組織化が進められ、大本教は発展していく。なおの没後、大本教はマスコミの力をつかって全国的な発展をした。しかし、このことで弾圧をうけ、また喜三郎は戦争に反対していたため無期懲役となった。戦後に無罪となり、大本教を再建していった[32]。

これらの新宗教において、教祖の役割は新しい知を作ることといってよいであろう。新宗教の開教の原点は、教祖の神秘体験あるいは神憑りにある。開教の初期にはその神秘性により直接人々を引きつけることができるが、やがて人数が増えると、シャーマンである教祖は神の言葉を人間に伝えるために叙述をし、体系化され教義となる。中山みきは「おふでき」・「みかぐらうた」、出口なおは「筆先」、川手文治郎は、「天地書附」、「金光大神覚」を書いている。書かれたものが教義として確立されるとき、シャーマンである教祖個人の人格への依存からの脱却されるのかもしれない。既存の価値とは異なる価値がコンセプトとして伝わる形で作り上げられたということである。

教義の実践は、既存の社会や体制とは矛盾があり圧力を受けことになるが、それを超えて新宗教が発展していくのは、教祖の没後であり、後継者たちによってである。教義の矛盾点を調整することで既存の組織の一部という位置づけを得て合法化していく。なお大本教だけは逆で、当初は上田が所属していた既存の組織の一部が防波堤となり圧力を防ぐことができたが、後には上田の反戦思想により弾圧を受け続けた。いずれにせよ、実践レベルにおいて発展させようというときは、教義には相当の圧力がかかり、教祖なきあとはそれに持ちこたえるのは難しかったのかもしれない。

新宗教以外にもこの時代のシャーマンを見いだすことができる。それはたとえば、オッペケペ節をつくり、その中で明治の近代国家にふさわしい思想を、日常の卑近な歌に託して読み込んだ川上音次郎である。また、本章の冒頭でもとりあげた、女性解放運動家である平塚らいてう、さらに婦人参政権の獲得、女性の地位向上に生涯をかけた市川房枝などである。市川房枝については、婦人団体のカリスマ的存在であり、どのように議論が紛糾しても、市川の「これでいこう」という一言があるとまとまったという。

こうしてシャーマンの系譜をみてくると、シャーマンが出現するのは変革期である。既存の価値が実際に合わなくなるとき、新しい価値をことば、あるいはコンセプトとして創り出すのがシャーマンの役割といえる。それをなし得るのは、シャーマンのシャーマンたる所以である異界のことばを伝えるというスタイルに込められた神秘性であろう。

そう考えると、工業社会の価値が全て行き詰まっている現代、やはりシャーマンが世界的に出現する条件が存在している。現代において新しい価値を、コンセプトとして作っているものたちには、呪術や宗教の力はないが、やはり簡単には理解できないという神秘性をみせつけている。現代のシャーマンたちは、松永真理、カーリー・フィオリーナの他に、マーガレット・サッチャー、田中真希子の他、あるいは既存の組織や価値から自由である男女を問わない若いネットベンチャーの起業家達も加えることができるかもしれない。彼女ら、彼らには、既存組織で生きてきた人間が面食らうような摩訶不思議さがある。二〇〇〇年二月、二〇〇〇人以上を集めたビットスタイルというネット起業家のネットワーキングの最後の六本木ディスコでの会合には、既存組織の大人達が多く参加し、彼らがいかにそれに注目し、恐れたかを見ることができた。大人たちの、疑いと、不安と、時に軽視の目を受けながら、鳴り物入りで登場した若い起業家たちは、まだ未熟ではあるし、現在は淘汰の圧力を受けている。しかしすでに自らのコミュニティを作り上げ、知を高め、急速に成長してきている。彼女、彼らは、今までにないネットワークされた未来のシャーマンの走りなのかもしれない。

現代は工業社会からの価値の移行期という他に、新しいコミュニティがインターネットを媒介として広がりつつある。この中で、新しい価値が作られようとするとき活躍するのは、新しい世代の未来のシャーマンたちだろう。それがどのようなものかを、まだ知ることはできないが、その役割だけは明らかで、新しい価値やコンセプトを工業社会に育った我々に伝えることである。しかし我々にとっては、それは相当神秘的存在であろうし、逆にそのくらいでなければ新しい知は伝わらないのかもしれない。

四　シャーマンの本質

以上、時代の変革期に登場してきたシャーマンたちをみてきた。そしてその役割は、神秘性を伴い新しい知や異質な知を、社会に伝達し、変革期の社会を統合する、いわば知の媒介者である。古代においては、社会の統合のために、呪術をともなう神秘性が必要とされ、それを表現するために知（ことば）が使われたが、現代に近づくにつれ、むしろ知を伝えるために神秘性を必要としてきているように移り変わってきているようである。

とはいえ、そもそもシャーマンがいないと時代は変革しないのであろうか、あるいは変革のためには本当にシャーマンと呼ばれるほどの神秘性が必要なのだろうか。また他の社会的機能と比べ、女性が登場しやすかったのはなぜであろうか。シャーマンの知の作り方にはどのような特徴があるのであろうか。またシャーマンとは属人性の強い存在であるが、現代においても後継者は必要なのであろうか。最後にこれらの問いに答えることで、シャーマンの本質を考えていく。

1　時代の変革とシャーマンの役割

時代の変革期とは、まだ価値ができあがっていなかったり、従来からある価値の妥当性が失われているときである。社会はバラバラで、対立しやすいか、逆に対立を避けて沈滞している。卑弥呼の時代は戦乱が続いていた、女王たちの時代は覇権争いがあり、新興宗教の開教した幕末明治期は、徳川幕府は沈滞していただろうし、明治維新は覇権争いそのものである。さらに、平塚らいてうも社会的な戦いを行っていた。現代社会においては、従来から相互信頼を基本として成功してきた日本の大企業やＨＰは、本来対立があるにも関わらず、対立を避けようとして沈滞してしまった。

混乱には対処しなくてはならないが、シャーマンはまず沈滞している組織には、本来の混乱や、対立を思い起こさせる。フィオリーナのやっていることはまさにそれである。Preserving the best reinventing the rest というメッセージには、いやおうなしに、組織に問題を認識させ、対立の存在を思い起こさせる。松永はドコモの中に、「クラブ真理」というそぐわないものを作り、結果としてドコモに対して、その「堅さ」を問うていた。組織は問題を思い起こすことで、混乱の中に入っていくことができる。すなわち、シャーマンは、まず社会や組織に、時代が変革期にあり従来のパラダイムが不適合であることを告げる役割を担うのである。そのことを、踊りに託して表現したのが、一部のシャーマン達である。すなわちそれは、天鈿女命であり、出雲の阿国であり、オッペケペ節の川上音次郎といえる。天鈿女命は冬至を告げることで、出雲の阿国は異風な男装で歌舞伎踊りをすることで、川上音次郎は近代化の始まりを告げることにより、時代と社会の習慣の不適合性を伝えたのである。したがって、出雲の阿国は、その時代に覇権を争っていたものに受け入れられたのであろう。

次の段階では、混乱は収められなくてはならない。今度は統合の力を必要とする。フィオリーナは新しい企業イメージに投資をし、松永は、画期的な商品コンセプトを作り上げることで、統合していく。新宗教の教祖たちの役割もそれである。

変革期、すなわち従来からの知識の体系（パラダイム）が適合性をなくしているときに、全く新しい知識の体系が広がることをパラダイム転換という。これをなしうるのは、分析を得意とする左脳の知ではなく、全体のパターンを読みとれ、統合を得意とする右脳の知である。脳の研究者のラマチャンドランによると、(33) 左脳と右脳では、問題への対処戦略が異なり、おおざっぱにいって、左脳は、一つの信念体系あるいはモデルを作り、新しい体験をそこに当てはめようとするのに対し、右脳は、「あまのじゃく」であり、現状に疑問をなげかけ、全体的不整合を探す。そして不整合性が閾値に達すると、モデル全体の徹底した改変を強行（クーンのパラダイム転換）すると考えている。

変革期は右脳を働かせ、現状に問題を投げかけ、新しいモデルを作り上げなくてはならないのかもしれない。それが異界と社会をつなぎ、問題を際だたせ、異界のことばを伝えるというシャーマンの役割なのである。異界とは、新しいパラダイムなのである。

2　シャーマンの神秘性と女性性の意味

社会に新しいパラダイムを伝えるときになぜシャーマンが必要なのだろうか。異なるパラダイムは部分的に説明しようとしても、旧来のパラダイムから矛盾を指摘される。従って全体像を一気に伝えなければならないからである。

神秘性とは、広辞苑によると、「普通の理論・認識の外に超越した事柄」をおびていることである。つまり、非常識として片づけられてしまわないような、常識からの超越性を意味している。そしてシャーマンとは、いわば常識を超えることの象徴であり、常識を超えていることを呪術や言動により過激に強調する。つまり煎じ詰めれば、シャーマンの役割とは、超越性、神秘性の強調である。

現代の組織においても、既存の理論や認識ではないことを組織に伝えようとするときには、分析的な科学者の衣装ではなく、時にシャーマンの衣装をよそおう必要があるのであろう。

このことは、社会的機能への登場が少ない女性が、なぜシャーマンとなると俄然増えるのかを説明する。つまり、社会的機能への登場が少ないこと自体が、超越性の一つの強調方法になるからである。HPにおいて、すぐれた候補者の中からフィオリーナが抜擢された決め手は、より「新鮮」だからである。つまりより常識からの超越性を強調できる存在だったからと考えられる。

もう一つ、シャーマンに女性が多いのは、統合の知をつくるうまさかもしれない。仏教では、知恵をものごとの識別に使われる智と、統合的で識別的な機能を超える般若の智慧に分ける(34)。そして、般若の智慧を意味する名詞は女性形なのである。同様に、古代ギリシアにおいても、識別的な知恵とは別に、超越的で統合的な知恵の存在が認識されており、後者の人格化であるソフィアは女神である。さきの脳科学の見地からは、統合的な知は右脳の機能である。もちろん個人差はあるが、女性の場合、左右の脳の連絡が男性より活発である。[35] つまり問題に対し、懐疑し、かつ新しく統合のできる右脳が自動介入してくるのではないだろうか。したがって、統合的な知恵の象徴が女性となっている。懐疑的な右脳が自動介入するということは、実は迷いが多いということでもあるということは、女性は迷わなくていいときに迷うのかもしれない、しかし、男性は迷うべきときに迷わないのである。変革期は迷うべき時であり、女性の力が発揮される。とはいえ、右脳的見解からすると、これも個人差のあることであることを忘れてはならない。

3　現代のシャーマンと知の淘汰

現代のシャーマンを考えるには、まず我々のいる現代社会が、今や個人個人が知識の体系によってつながっているということを踏まえておく必要がある。工業社会以前には、偏狭な血縁や地縁により集まっていただろうが、地縁や血縁の魅力はますます低下してきている。地域を超えることが物理的にも、通信網を通しても簡単だからである。部族間の抗争が頻繁であったりすると、血縁による目に見える強い結束が必要かもしれないが、これだけコミュニケーションの範囲が広がり、社会にある一定の相互理解が生まれてくれば、血縁を理由とした結束の必要性は失われる。また工業社会にみられた、資本の力、すなわちお金の力による集まりも魅力を失いつつある。それは、非営利団体の増加や、米国で見られるような非営利志向の営利団体の登場を見ても分かる。すなわち、知識の時代、知識社会といわれる現代において人々を集める魅力の源泉は、知識へと移ってきているのである。非営利団体が求めるものは、物的なものではない。究極的には社会への貢献からくる幸福感である。このように、現代社会の、個人個人のつながりは、一般により知識ベースのものとなっていくと考えられる。科学者や哲学者の集まりに近づいている。クーンは、パラダイムという知識の体系とは、科学者集団の成員が共通に持つものであり、科学者集団とは、パラダイムを共通に持つ人からなると述べている[36]。つまり、知識を求めて集まる社会においては、知識の体系と集団は、いわば同値といってもいいくらい切り離せないということである。現代のシャーマンは、自分の周りを巻き込み、知識を作りだし、広めることにより、集団も作ってしまう、いわば知のシャーマンである。

しかし、知識を作りだしたからといって、必ず集団が維持できる訳ではない。妥当性が少ない知識体系はやがて淘汰され、集団も必要なくなる。もっと積極的に考えれば、集団は結果であり、目的ではない。シャーマンがいる間に、創られ、普及した知識は、その妥当性の評価により存続が決まっていく。したがって、組織の存続を目的とした後継者づくりは意味がない。組織の存続は、知識体系の妥当性いかんによるのである。現代の知のシャーマン、松永は知を完成させて去った。しかし、ｉモードという知は当分生きていきそうである。フィオリーナの変革し創ろうとしているＨＰは完成までにまだ時間を要するだろう。そして、若い起業家は、いわばネットワーク化されたシャーマンである。これが知識体系を作り上げるにはまだ一〇年単位の時間がかかるかもしれない。しかし、淘汰の圧力をかいくぐったとき、そこに未来の知識体系があるのかもしれない。

（秋澤　光・寺本義也）

注

（1）　昭和五五年以降五年区切りの労働力人口の増減率は、平均で男性二・五％、女性五・七％である。総務省統計センター、「平成一二年国勢調査抽出速報集計」（http://www.stat.go.jp/dala/kokusei/2000/sokuhou/03.htm/2001.6.30 アクセス）による。

（2）平成八年以降の完全失業率は、男性三・四〜四・九％、女性三・三〜四・五％である。総務省統計センター、「労働力調査」　長期時系列データ（平成二年〜平成一二年）による。

（3）この名前は次による。また、本節にあるiモードの開発プロセスに関する事実は、特に断りのない限り、これに基づいている。松永真理、『iモード事件』角川書店、二〇〇〇年。

（4）朝日新聞、「iモード仕掛け人・松永真理さん」二〇〇〇年七月一一日夕刊。

（5）前掲書、松永真理、五〜六頁。

（6）前掲書、松永真理、二〇六頁。

（7）朝日新聞、「ウィークエンド経済：編集長インタビュー」、二〇〇〇年一月二八日夕刊。

（8）前掲書、松永真理、六頁。

（9）前掲書、松永真理、三三頁。

（10）佐々木宏幹、「シャーマニズム」、『日本大百科全書』スーパー・ニッポニカ所収、小学館、一九九八年。

（11）BUSINESSWEEK ONLINE 'HP's Carly Fiorina : The Boss', http : //www.businessweek.com/1999/99_31/b 3640001.htm Aug.2,1999 2001.5.30 アクセス。

（12）同上。

（13）日経産業新聞、「米HPに女性CEO誕生、ルーセント出身のフィオリナ氏」　一九九九年七月二一日。

（14）前掲、BUSINESSWEEK ONLINE.

（15）FORTUNE 'Most powerful 50 Women in Business ; Profile Carly Fiorina,' http : //www.fortune.com/ 2000.10.17 アクセス。

（16）同上。

（17）フォーブス（日本版）「ヒューレットパッカードに活を入れる女性CEO」　April 2000.

(18) 以上の経歴は次による。前掲、BUSINESSWEEK　ONLINE、前掲 FORTUNE、およびＨＰのウェブサイト http://www.hp.com/ghp/ceo/bio.html/.

(19) 以上フィオリーナの組織変革については、次による。日経ビジネス「フィオリーナの四〇〇日」二〇〇〇年一〇月九日号、ＨＰのウェブサイト http://www.hp.com/hpinfo/execteam/speeches/fiorian/index.htm,および前掲、BUSINESSWEEK ONLINE.

(20) 前掲、日経ビジネス。

(21) 佐々木宏幹、「シャマニズム」、『世界大百科事典』平凡社。

(22) 前掲書、佐々木宏幹。

(23) 倉塚曄子、「天鈿女命」、『世界大百科事典』平凡社。

(24) 佐伯有清、「卑弥呼」、『世界大百科事典』平凡社。

(25) 女王、大王という言葉使い、および当時の史実は次による。網野善彦『日本社会の歴史』（上）岩波新書五〇〇、一九九七年。

(26) 鳥居フミ子、「出雲のお国」『世界大百科事典』平凡社。

(27) 島薗進、「新宗教」、『世界大百科事典』平凡社。

(28) 大濱徹也、「黒住教」、『世界大百科事典』平凡社。

(29) 「おかやま人物往来」、『岡山県総合文化センターニュース』二〇〇〇・一一・一〇、NO.424。

(30) 村上重良、「天理教」および「中山みき」、『世界大百科事典』平凡社。

(31) 大濱徹也、「金光教」、『世界大百科事典』平凡社。

(32) 小栗純子、「大本教」、「出口なお」、「出口王仁三郎」、『世界大百科事典』平凡社。

(33) Ｖ・Ｓ・ラマチャンドラン、Ｓ・ブレイクスリー、『脳のなかの幽霊』（山下篤子訳、角川書店、一九九九年）。

(34) 秋山さと子、「知恵」、『世界大百科事典』平凡社。

（35）ニュートン、「男と女のサイエンス」二〇〇一年八月号。
（36）T・クーン、『科学革命の構造』（中山茂訳、みすず書房、一九七一：KHUN, T. S. (1970) "THE STRUCTURE OF SCIENTIFIC REVOLUTIONS"）。

第二章　知のリバイアサン

一　歴史における「知のリバイアサン」

1　知識のリバイアサンらの歴史的影響

歴史的にみると、人間社会の革命の時期には知識のスーパーマンたちがその変革のエネルギーとなっていた。宗教的革命では、キリスト教の救世主イエス・クリスト、イスラムの予言者マホメット、仏教の仏陀が存在していた。彼らはそれぞれの時代において人々の価値感や生き方に対する知識に疑問を投げかけたのである。彼らの死から何千年もたった現在でも彼らの教を守っている人は世界中に何億人も存在している。また、宗教的なもののみならず、各時代の政治革命にも偉大な知識人が存在した。アメリカ三代目大統領トーマス・ジェファーソンは、民衆の「自由」、「リバティー」を尊重したコンセプトのもとで、人間の基本的な権利を主張した独立宣言を一七七六年に執筆した。その目的はニューワールドの植民地の支配国であったイギリスと縁を切って、今までにない、民衆全体の権利を尊重した共和国を創ることであった。レーニン、ジャンヌ・ダルクやマハトマ・ガンジーもそれぞれ新しい思想の基に、ロシア、フランス、インドの政治的革命に大きな役割を果たした。

経済革命（第一次、第二次産業革命など）や科学革命にも知識の創造者たちの新しい発見、発想が社会全体のパラダイムを大きく変えた。例えば、地球は太陽の周りを回っていることを観察したガリレオ・ガリレイはその発見により、「異端者」としてカトリック教会の「宗教裁判」によって裁かれたが、当時のヨーロッパ人の生活の基盤となっていたキリスト教の教義（地球は宇宙の中心で人間は特別な位置付けにある）を大きく揺らした。(1)

この章では、このような知識のスーパーマンたちを「知のリバイアサン」（Leviathan）と呼ぶ。「リバイアサン」という言葉の由来はユダイア教の聖書のヨブ記(2)で書かれた、地球を脅かす恐ろしい巨大な猛獣である。「リバイアサン」が通った跡には強い脂が残るという伝説がある。また、この猛獣は一年ごとに新しい姿で生まれ変ると言われている。上記で紹介した「知のリバイアサンたち」も、「リバイアサン」と同じように社会に多様な知識の跡を残してきた。彼らが創造した知識自体も他の知識と融合し、その統合のプロセスにより常に進化し、「リバイアサン」と同様に新しい姿に生まれ変っている。

「リバイアサン」という言葉のもう一つの歴史的登場は、一六五一年にイギリスを代表する政治哲学者トーマス・ホッブズが『リバイアサン』という政治論文を発表したときである。国家主権の絶対性を主張したホッブズは、その論文の中で国家をヨブ記の「リバイアサン」に例え、その国家の「素材」と「創造者」は人間であることを主張した。そのため、国家のメカニズムを分析するには、まず人間の認識・考えを探らなくてはならないと論じた。また、その人間の認識・考えは人間の感覚（視覚、聴覚、味覚、触覚、臭覚）からなると述べた。(3)言い換えれば、人間の感覚、認識力が巨大な組織である国家（リバイアサン）の知識を創り出し、その知識は社会の一つの大きな単位である国家のメカニズムを動かしている。「リバイアサン」のこのような二つの歴史的背景から、この章では、各時代の知識のスーパーマンたちを「知のリバイアサン」と呼ぶ。

この章の構成としては、まず、第一節では知識社会の歴史的背景と知識の社会的意義について論じる。第二節では神秘的側面と科学的側面をもつ知識の創造ダイナミックスとマネジメントを語る。これらのフレームワークを用いて、第三節では二〇世紀の「知のリバイアサン」であるチャールズ・ダーウィン、第四節では地域紛争が激化すると予想されている二一世紀にさらなる世界的な活躍が期待されている組織「国境なき医師団」のケースを述べる。第五節では「知のリバイアサン」の将来像を語る。

2　知識の伝達技術の進歩とその影響

どのような時代の知識人も、当時の先端情報伝達を通じて、自己の知識・教えを広めた。古代の「知のリバイアサン」（プラトン、ソクラテスなど）の知識は口頭や手書きの文字で世間に渡り回った。一五世紀に入るまでは、印刷には使いまわしの効かない非効率な木版や土版などが主として用いられていた。一四五一年にドイツ人のヨハン・グーテンベルクが近代的活版印刷技術の合理的な活用に成功し、それまでの印刷技術を飛躍的に向上させた(4)。活版印刷の登場で、今までにないタイムフレイムで大量に本を印刷することが可能になった。それ以来、情報・知識の伝達技術が産業のみならず、社会全体の革命の中心的な役割を果たしてきた。

初期ごろは、活版印刷ははキリスト教の聖書の普及のために使われたが、すぐにさまざまな分野で活用され、人間社会を大きく発展させた。一四九九年までに活版印刷技術はヨーロッパの二五〇の主要都市に定着し、ヨーロッパの文学界、アカデミック界に多様な影響を与えた。それは、この新しい印刷技術を利用することにより、その場にいない人にでも情報・知識を効率良く伝達することができたからである。日本における近代活版印刷（金属（鉛）活字）は、江戸の文明開化のあけた明治初年（一九世紀後半）に西洋文化と深い関係があった長崎で初めて実現され、明治維新とともに日本社会の変革を促進させた(5)。

一九世紀・二〇世紀に入るとさまざまな情報伝達技術が登場した。電話、ファックス、無線、ラジオ、テレビなどが使用されるようになり、情報伝達のスピードや効率性は大幅に進歩した。これらの人工機械の発明により、より速く、遠くにいる大勢の人々に情報を伝えることができようになった。しかし、ラジオやテレビでは同時に

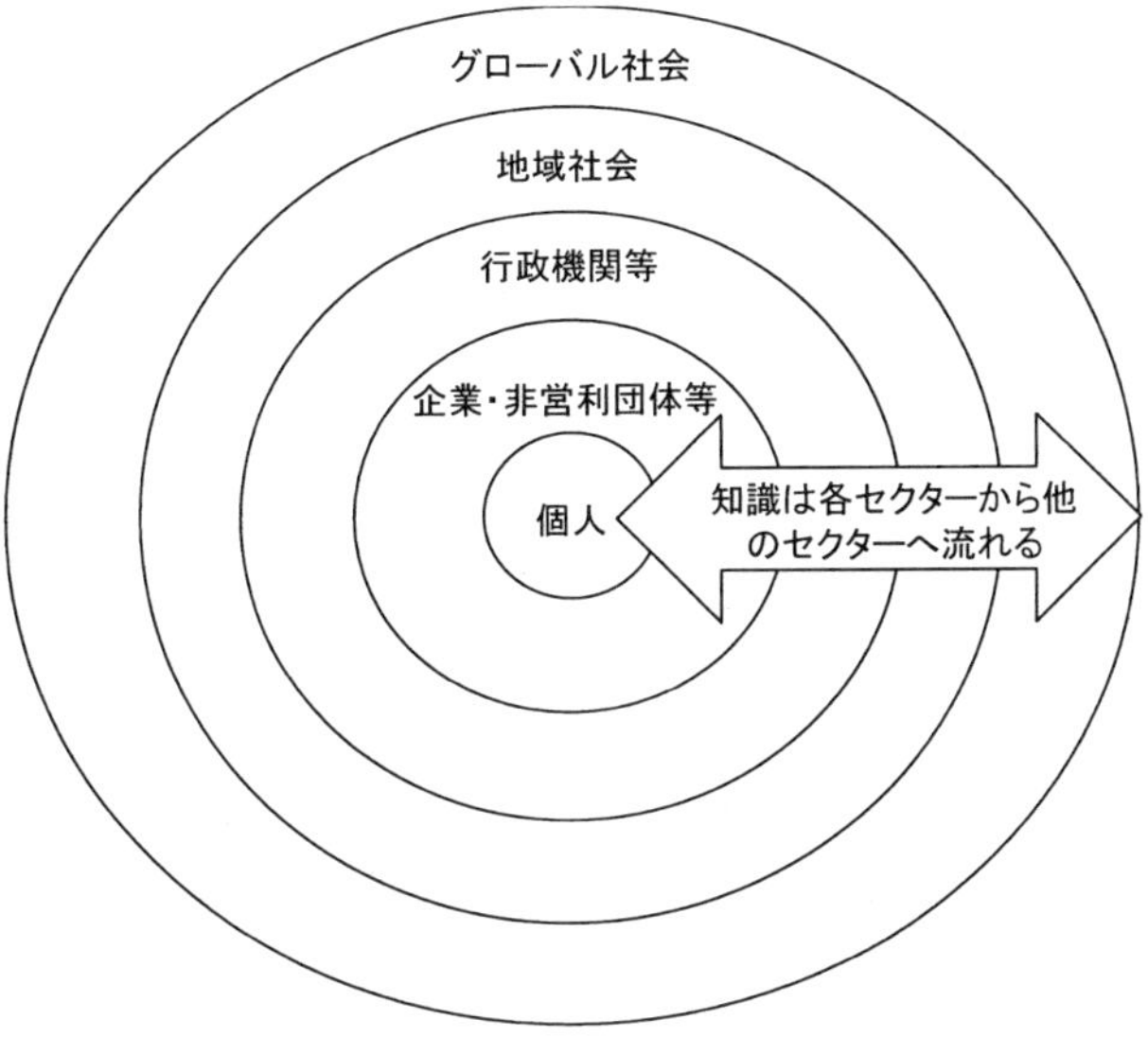

図表２—１　知識の社会的影響

何百万人にも情報・知識を送信できるという反面、一方的な通信しか可能でないという限界がある。つまり、視聴者側の知識が伝わってこないのである。電話やファックスでは双方的に情報を交換することができるが、同時に通信できる相手の数には限りがある。

これらの情報伝達の限界を克服したのは、二〇世紀中期に現れたエレクトロニックスとコンピュータ技術である。今ではコンピュータネットワークを利用すれば、遠くにいる何人にでも双方的に情報をほぼ瞬間的に伝達することが可能である。その結果、知識が他の知識と触れ合う機会が多くなり、知識創造のプロセスがかつてないほどのスピードで行われている。その一方では、知識はますます高度化、多様化、専門化され、個人一人が高度な新しい知識を創造することが難しくなっている。最近の知識創造プロセスの例として、

ヒューマンゲノムプロジェクトがある。米国エネルギー省とナショナル・インスティチュート・オブ・ヘルスが一九九〇年に始めたこのプロジェクトでは、世界中の多数の研究者が技術、知識を持ちあって、十万以上の人間遺伝子を識別し、そのＤＮＡを構成する三〇億組のベースケミカルのシークエンスを分析している。[6] アメリカ政府は、世界の研究者の協力を得て、まだまだ未開拓である遺伝子ビジネスで世界をリードする計画である。アメリカの医療ビジネスが将来的に爆発的に伸びると予想されている遺伝子治療市場で「知のリバイアサン」となることが長期の狙いである。

企業レベルでは、デル・コンピュータはインターネットを利用して、顧客やビジネスパートナーの知識を取り入れ、自社のコア・コンペタンスを増加させている。バリュー・チェイン全体を取り巻くネットワークの構築で、リアルタイムで顧客、部品サプライヤーやアウトソーシング相手と情報交換することを実現した。その結果、デルはアメリカでの消費者のオーダーから納品までの日数を七日間にまで押さえることに成功した。それに比べ、他のメーカーやディストレビューターの小売店への納品は一ヵ月間以上のケースが多くある。[7] また、このシステムを通じて、デルはマーケットの日々変わるニーズ・需要を簡単に入手することができるようになり、その知識を自社のマーケティング活動や商品開発に役立てている。

情報技術のこのような進歩の中において、今では一人だけでは大きな知識の変革を果たすことは難しくなっている。他の人や組織との知識共有とネットワーキングで初めて、高次元の知識創造が可能になっている。そのため、新しい知識は個人や一つの組織だけに影響を与えるだけではなく、個人、企業、産業、政府機関などを含む社会全体に大きく影響する。このことを踏まえて、本書では狭い範囲のビジネスや企業内のための知識だけではなく、社会全体の各セクターを取り巻く知識の文化論をテーマにしている。

3　知識の社会的意義

今日では、企業にとっては、競争優位性を保つには単に良い商品やサービスを提供するのでは不十分である。先進国では「モノ」は十分すぎるほどあり、企業は良い商品やサービスを提供するだけでは他との差別化が図れない。顧客を満足させるためには、新しい知識を創造し、今までにないユニークな付加価値のある商品やサービスを提供しなければならない。世界最大のオンラインオークション eBay は、今までなかったバーチャルオークションの場を提供することによって、世界中の消費者を直接結ぶ商品売買ネットワークを築いた。創立者であるピエール・オミディアールは「人間は誠実で信頼できる者であり、尊敬すべき者である」という神秘的概念のもとにこのサイトを立ち上げた(8)。見知らぬ個人同士が信頼し合って商品を取引できるようにするため、売手・買手がお互いに評価するシステムを導入した。

企業にとってだけではなく、個人にとっても、知識の重要性が増している。インターネット時代では個人・個人は膨大な情報量を簡単に、かつ瞬間的に入手することができる。その結果、より高いレベルの知的な意思決定、判断が可能になっている。例えば、買い物、不動産、医療や日常生活についての情報・知識は、インターネット上においてリアルタイムでアクセスすることができる。米国のサイト Priceline.com では、消費者は予算を自分から提示し、飛行機の切符、ホテルの宿泊や住宅ローンなどの値段を逆に指定することができる。これは消費者が予算内でサービスや商品を手に入れることを可能にした情報システムである(9)。

もう一つの例として、欧米にある数々の患者ネットワークがある。これらの団体を通じて、患者は悩んでいる病気に対する最新情報と知識を手に入れることがで、医者からの情報だけに頼らないで、第三者の意見・知識を

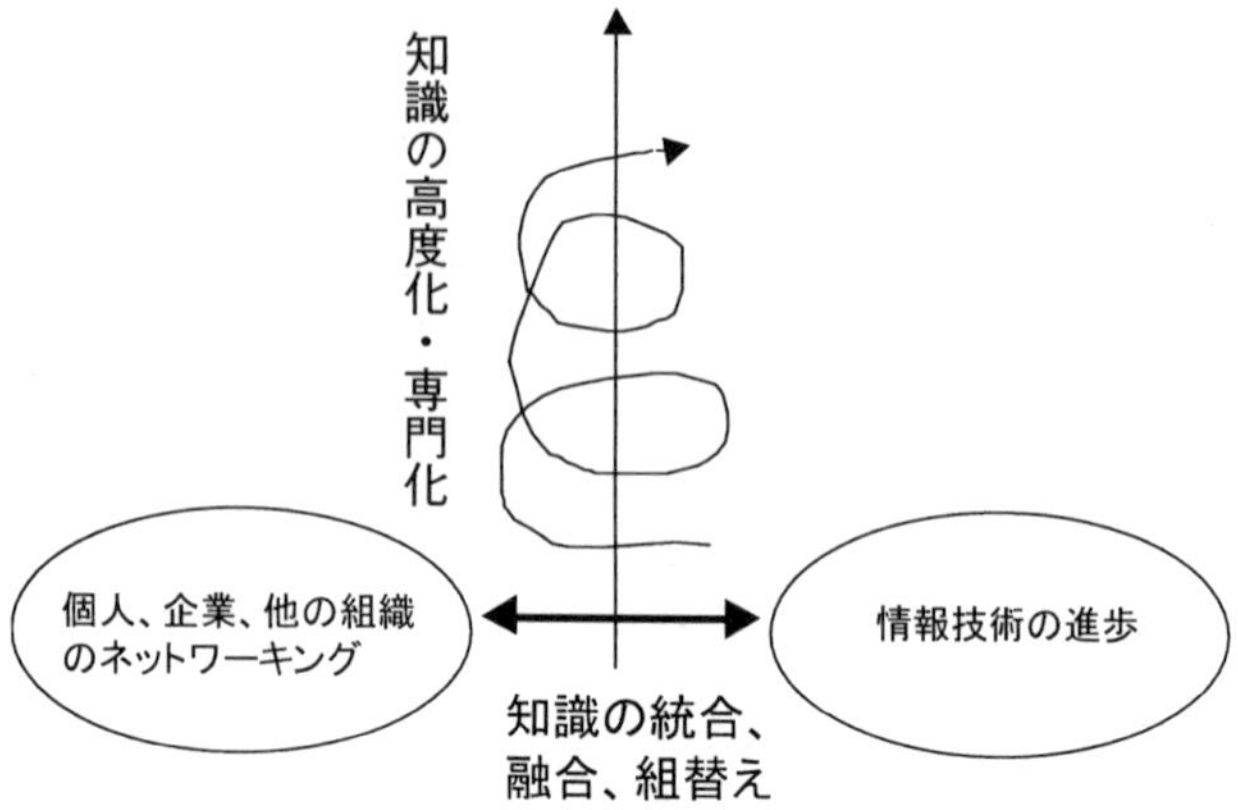

図表２―２　知識の高度化プロセス

参考にすることができる。その結果、情報と知識を持っている患者は担当医と対等に話し合い、自分の病気の治療に積極的な責任を持つ「知のリバイアサン」になれるのである。インターネット上にも数多くの病気・治療情報が掲載されている。例えば、アメリカ政府が構築したCancerNetでは臨床試験中の新しい抗がん剤や治療オプションの情報が丁寧に説明されている。その他に、サーチエンジンの大手のヤフーでCANCERをサーチすれば一一〇個のカテゴリ（大分類）が検索される。これらのカテゴリの下にさらに多くのサブやサブ・サブカテゴリがあり、その中にまた数え切れないほどのガンに関する個別のウェッブサイトがある。

企業や個人に対してだけではなく、第四節で取り上げている「国境なき医師団」のような非営利団体にとっても知識の創造がますます欠かせないものになっている。「国境なき医師団」は世界中の知識人（医者、看護婦、水・衛生専門スタッフ）を集め、「天災、人災、戦争、政治虐殺、ジェノサイド、あらゆる自然・人工災害」への援助を提供している。[10] また、「国境なき医師団」の目的は直接援助活動することだけでなく、活動地域で見たこと、聞いこと、経験した悲惨な状況（虐殺、弾圧など）を知識としてグローバル社会に訴えることでもある。

このように知識の重要性が増していることで、そのマネジメントが社会にとってますます重要となっている。

どのようなナレッジマネジメントが、知識創造プロセスに効果的・効率的かがポイントである。それにに大きく影響するのは知識の二面性（科学的面と神秘的面）である。このことについては次の節でもっと詳しく説明する。

二　神秘的・科学的知識のダイナミックスとその影響

1　知識の神秘性と科学性の二面性

この節では「知識のリバイアサン」が創造する知識が、どのようなメカニズムを通じて、どのように社会に影響するかを理解するために、知識創造のダイナミックスを議論する。知識創造プロセスに大きく影響するのは知識が持つ二面性（科学性と神秘性）である。

この章のここまでは活字やコードで現わすことができる知識のことを主に取り上げてきたが、知識を大別すると二つのタイプに分かれる。一方では、数学や生産技術のような活字で表わせる部分が多い知識（コード化できる知識）がある。その例として、エレクトロニックス技術、コンピュータプログラム、医薬品の研究開発技術などがある。これらの知識は技術資料などで保存することができ、他の人間や組織に移転・伝達することが比較的容易である。また、比較的簡単にその知識の受け取り側がその知識を客観的、論理的に理解することができるのである。

もう一方では芸術、文化や価値観としての知識がある。このような知識は簡単にコード化できず、口で説明することさえ容易ではないものである。そのため伝達することは比較的難しいのである。例えば、油絵をいくら勉強しても、もともと美術のセンスが無ければ、人は天才画家にはなれない。なぜなら、画家の才能は文面や口頭で伝えられるものではないからである。日本の伝統・風土（茶道、生け花、歌舞伎、能など）は文章で説明しようとしても、日本の文化に触れたことが無い外国人にとっては、頭で言葉の意味を理解できても、その心を理解することはできない。また、直接触れても、理解が難しいのは異文化のような神秘的知識である。留学生が陥り易いカルチャーショックの一つの原因も、いくら外国の文化にたっぷり漬っても、それを完全に理解することができないからである。

この知識の二面性をこの本では科学的知識と神秘的知識と呼ぶ。コード化できる科学的知識は論理的や客観的に説明できるものである。その知識を紙や他の情報伝達媒体に写せば、時間や空間を超えて、他の人や組織に共有することができる。逆に、コード化できない芸術のような神秘的知識は一人一人が客観的に個別に評価、感じるものである。神秘的知識には何か説明のできないものが秘められている。

知識には科学的と神秘的の二タイプがあると説明してきたが、この二タイプは相反するものではなく、複雑で複合的な知識の場合にはこの両方の性質が備わっているっている知識が多い。その一例として、一九九九年一月にファーストライトされた、日本政府がハワイ島で構築した世界最大の望遠鏡「すばる」の技術がある。[11] 今まで届かなかった遠い宇宙の微かな光・赤外線を捉えるためには、今まで無かったスケールの天文望遠鏡が必要であった。その大きさの限界のカギとなっていたのはそのプライマリー鏡の製造の難しさであった。プライマリー鏡を大きくするとその曲面が重力によって歪んでくる。また、完全な曲線がなければ、微妙な宇宙の情報を正確に捉えることができない。このことを踏まえ、「すばる」構築プロジェクトにおける最大の課題の一つは、プライマリー鏡の完全性を犠牲にしないで、鏡の直線をさらに大きくすることであった。「すばる」のこのディレンマを克服したのは技術者の科学的知識と神秘的知識の融合であった。

技術的に重要であったポイントは巨大なプライマリー鏡の基本製造、研磨、そしてその鏡の重量をサポートする多数のアクチュエーターであった。直線八・二メートルのプライマリー鏡に完全な曲線をもたらすためには四年以上の技術者による厳密な研磨が必要であった[12]。また、二二・八トンあるプライマリー鏡にはかなりの重力がかかり、何らかの設置無しでは、曲面がかなり歪むと予想されていた。そのための対策として鏡を押さえる多数のアクチュエーターが設置された。「すばる」の技術者は数時間かけて数々のアクチュエーターを少しずつ動かし、重力からくる鏡の歪みを完全に取り除かなければならなかった。〇・一ミリメートルの狂いも許されない、芸術的な完成度が必要であった。最終的には「すばる」のプライマリー鏡の理想面からの総合誤差は〇・〇〇〇一四ミリメートルに納まった。技術者の科学的と神秘的知識の融合により、世界最大の宇宙望遠鏡が実現した。

申表2—3　知識の二面性

科学的知識	科学的、論理的知識であるから、言葉や図面で説明しやすいもの。客観的評価ができるもの。
神秘的的知識	美術や文化のような非科学的、非論理的知識であるから、言葉や図面で説明しにくいもの。　感観的な評価が要するもの。

個人の「知のリバイアサン」による例として、霊長類学者のジェーン・グドール博士（Jane Goodall）がいる。彼女の研究にも神秘的と科学的要素があった。グドールはチンパンジーの観察・生態研究をするため、まわりの反対を押し切って、大学に進まず母と一緒に育ったイギリスからアフリカ・タンザニアのゴンベ自然公園に移住した。グドールのチンパンジー社会の観察は今では四〇年近くにわたっているが、研究初期には研究対象のチンパンジーの村は彼女を恐れ、彼女が近づくことを許さなかった。そのため、村の観察は思うようにはいかなかった。この問題を解決するためグドールはまず、毎朝早くから何時間かかけてキャンプ地からチンパンジーがいる村まで行き、望遠鏡を使って村の行動を暗くなるまで

遠くから観察した。目的は、まずチンパンジーたちに自分の存在を少しずつ慣れさせることであった。

グドールが同じことを何ヵ月も繰り返しているうちに、チンパンジーの村の彼女に対する不信感が薄れ、彼女の存在が受け入れられるようになった。その時グドールによる研究に一つのマイルストーンが起きた——メスのチンパンジーがグドールに、自分の子供に触れることを許可したのである。これはチンパンジーの村がグドールを受け入れた印でもあった。彼女のこのような努力と辛抱強さの甲斐があって、一九六〇年秋頃、グドールは生物学者や動物学者を驚かす発見をした。グドールはあるチンパンジーが餌である昆虫を木の中から取り出すため、葉っぱを剥いた細い枝を道具として使ったことを発見したのである。それまで殆どの生物学者や動物学者が信じていた、「人間しか道具を使えない」という説が覆されたのである。その後の研究でも、グドールはチンパンジーの村社会の構造は人間社会によく似ている点が多いことも発見した。

このようにグドールはチンパンジーとの間の神秘的な友情と信頼を築いてから、科学的観察研究に入ることができた[13]。その結果、人間の一番近い生き物の一つであるチンパンジーの行動、社会構成が初めて明らかになり、人間の行動・社会性の由来が少しずづ見えてきたのである。これは、神秘的知識と科学的知識が融合して、初めて可能となった研究である。グドール氏のこのような努力が認められ、大学に通ったことが無かった彼女は名門ケンブリッジ大学の博士課程に入学し、一九六五年には博士号を受理した。このことは、ケンブリッジ大学史上、学位を取らずして博士号を得た六人目のケースであった。

今後、このような神秘的知識と科学的知識の融合・統合が増えることが予想される。今後の情報技術進歩（ソフト、チップ、ケーブルなどの進歩）により、大量な活動映像データをリアルタイムで処理することができる一般用の電話、コンピュータ、携帯情報端末が実現する。それにより神秘的知識と科学的知識の両方の送信・受信が今以上に可能となり、両タイプの知識の融合・統合がますますおこなわれるようになる。そして、社会の今以上のボーダレス化、グローバル化が進むようになり、「知のリバイアサン」の影響速度や範囲は今以上に増加することになるであろう。

このように知識の社会的意義が増し続けていることを考えると、その育成やマネジメントが社会のあらゆる構成要素（個人、組織など）にとって非常に重要な課題となってきていることは明らかである。次項で科学的知識と神秘的知識の育成・マネジメント双方の違いについて論じる。

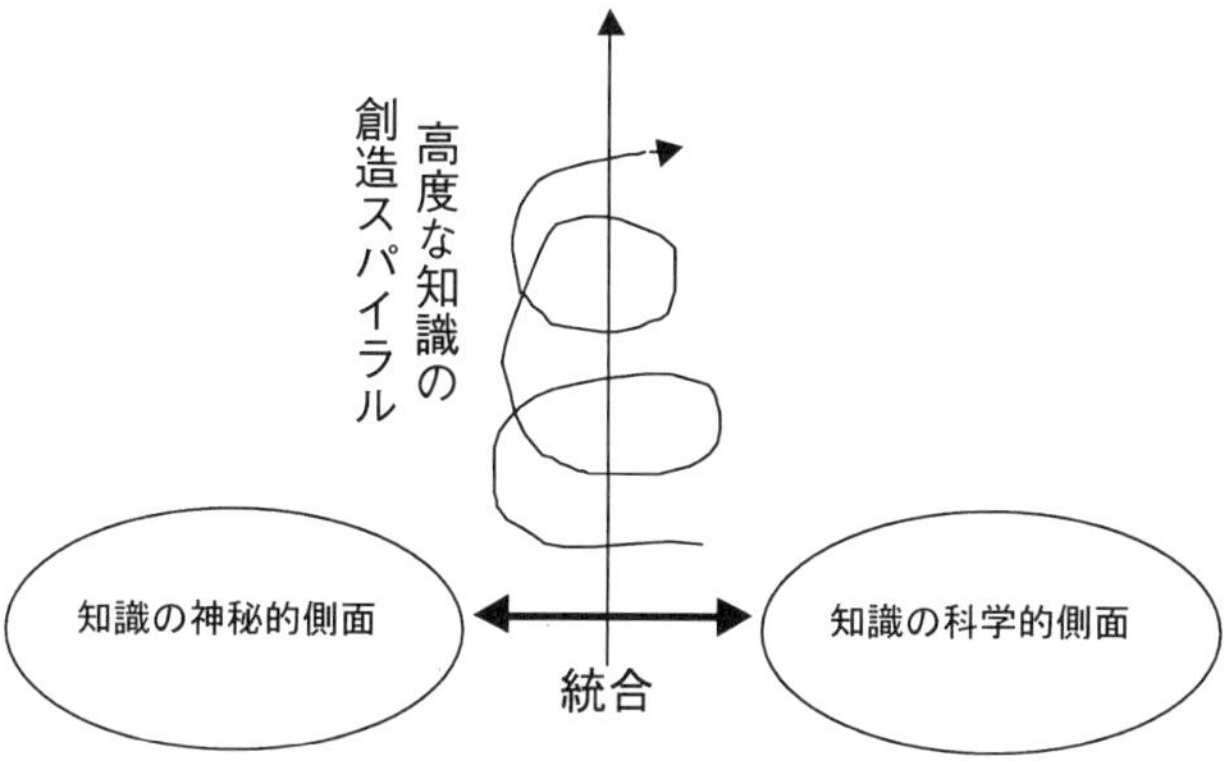

図表２―４　知識の二面性の相互的影響

２　ナレッジマネジメントの重要課題

前項で記載したすばるやグドールの例のように、知識の神秘的部分と科学的部分がお互い影響し合って、高度な知識が生まれるのである。このような新しい知識を創造するため、科学的知識と神秘的知識のことなる特徴を考えなければならない。その特徴は、１）論理性と非論理性（客観性と主観性の違い）、２）伝達可能なスピード、３）影響の空間的・時間的範囲である。

（１）　論理性の違い

論理的な要素が多くある科学的知識に関しては、文面、コード化できる部分が多く含まれているので、その知識を管理する戦略はハンセン、ノーリア、ティアニーがいうペープル・ツー・ドキュメントのアプローチが有効的である。[14]それは、知識がドキュメント化されることによって、その知識を所有している人・組織がその場にいなくても、その知識を多くの人や組織に伝達・共有することができるからである。また、知識は物理的財産とは異なり、消耗されないので、何人でもその知識を利用することができる。

ドキュメント化された知識はこのように多重利用が容易に可能であるから、ドキュメント化できる知識をもとに競争している企業にとっては、その知識の再利用を促進するビジネスモデルが、その企業の経済性の重要な要因になる。[15]例えば、システム、人事や会計系のコンサルティング会社（アンデルセンコンサルティング、アーネスト・アンド・ヤング、など）の知識は論理的で、顧客間で流用できる部分が多いのであるから、その知識を再利用するため、知識のドキュメント化を図ることが有効な知識マネジメント方法である。

このように、過去のプロジェクトにおいて蓄積された知識がデータベース化されていれば、新しいプロジェクトは効率的に進めることができる。経験が少ないアソシエイトコンサルタントでもコンサルティングプロジェクトに貢献できる。比較的高いアソシエイト対パートナー（高い位のコンサルタント）の比率で会社を運営することができ、コンサルティングフェーも安く押さえることができるのである。顧客を増やして売上を伸ばすビジネス戦略が可能になる。具体的なドキュメント化の方法として、紙媒体、電子媒体、映像媒体やこれらの複合したマルチメディアなどのさまざまな保存メディアが利用できる。

逆に神秘的側面が多く含まれる知識に関しては、言葉や暗号に置き換えるのが難しいのである。そのため、このような知識を他人や他の組織に伝達するにはパーソン・ツー・パーソンが一番有効的な方法となる。つまり、面と向かい、直接その知識を伝えることが必要である。先程のコンサルティング業界の例では、マッケンジーやボストンコンサルティンググループのような経営戦略系のコンサルティング会社では、プロジェクトごとにユニークでクリエイティッブな知識が多く要求され、知識のドキュメント化は難しいものとなる。そのため、このようなコンサルティング会社では過去のプロジェクトをそのまま流用することができず、そのビジネスモデルは経営のエキスパートが高い価値のあるカストマイズドされたビジネスソリューションを高価格で提供するというものである。社内トレーニングも経験あるパートナーやシニアコンサルタントがプロジェクトを通してまだ経験の浅いコンサルタントに直接教えるという仕組みである。その結果、プロジェクトチームは少人数で構成され、アソシエイト対パートナーの比率は比較的低いものとなる。採用は、ビジネスの管理者としての経験や経営修士号（MBA）を持つ人を少人数雇い、ワン・ツー・ワンでトレーニングをするのが普通である。

企業だけではなく、個人の知識人にとっても科学的知識と神秘的知識の違いは重要である。科学的知識は紙や電子メディアなどで、世界中の何人にでも伝達することができる。それに比べ、神秘的知識は受取人と直接会って伝達するのが一番有効な伝達方法である。例えば、ミケランジェロのシスティーン礼拝堂の天井画や壁画の美しさ、恐ろしさは直接見ないと本当の意味で感じることができないものである。

（2） 伝達のスピードの違い

科学的知識はコード化すれば他人と直接会って伝達する必要が無いため、早いスピードで多数の人・組織に伝達することが可能である。また、インターネットを利用すればその知識を瞬間的に世界中に伝達することができる。それに比べ、神秘的知識には直接経験しなければ分からない部分が多いので、多数の人に伝達するには比較的長い時間を要する。このことを考えると、科学的知識をベースに競争優位性を保っている企業や組織は、知識の早い転換、創造サイクルを築かなければ日々進化するマーケットの競争環境に勝ち続けることがでないのである。例えば、前節で述べたデルも、マーケットに対する知識をほぼリアルタイムで蓄積することによって、部品調達・製造などを日常的に調整することができているのである。

逆にレストラン、高級ブランドや映画のような神秘的知識をベースにしている企業は、その知識を顧客や他の人と共有するにはかなりの時間と宣伝努力が必要となる。サービスや商品に満足した顧客が他の潜在顧客へ自主的口コミをするのが一番効果的な宣伝の方法となる。また、高級美術品やファイナンシャルプラニングのような高度なセンスを要する神秘的知識になると、営業マンが顧客と直接会って知識を伝えなければならないケースが多いのでさらに時間がかかる。そのため、従業員の教育やトレーニングが重要な要素になり、それに比較的長い日数が必要となる。例えば、弁護士の仕事に要する知識はケースごとに異なり、弁護士は法律が定める範囲の中からクライアントのために最適な和解・裁判・訴訟戦略を選ばなければならないのである。社会状況、人間の感情、証拠状況、裁判所の立場などを取り入れた神秘的判断が必要である。そのため、日本では一番難しいと言われる司法試験に合格しても弁護士を目指している人は二年間の現場教育が義務付けられている。新人弁護士はその間、先輩弁護士に付いて仕事の進行の方法を学び、弁護士として必要な知識に触れるのである。

個人の場合でもこの知識伝達のスピードの違いが重要課題である。科学的知識は新聞、雑誌やインターネット上で簡単に入手することができる。例えば、株価指数や最新ニューズはこれらのメディアから常時受信することができる。逆に、文学のような神秘的知識は時間をかけて味わい、そして、それに再度触れるたびに新しい発見をするものである。

(3) 空間的・時間的バリアの違い

科学的知識はドキュメント化が可能であるからその知識は時間的、空間的バリアを超えて伝達することができる。ドキュメント化さえすれば、遠い場所にいる未来の人に知識を伝達することができる。これは、科学的知識をベースに戦っている企業にとっては、その知識を世界中の顧客やビジネスパートナーと共有することができることを意味する。例えば、アメリカの『ワールストリートジャーナル』は世界中にいるジャーナリストがあつめた知識を記事の形で世界中の経済に興味ある読者に提供している。

高価なアンティークを扱っているギャラリーは神秘的な知識が濃縮された商品を扱っているので、商売は主にフェイス・ツー・フェイスで行われている。顧客は実際に商品を直接見てその価値を判断するのが普通である。イギリスの老舗のアークションハウス、ササビーズ・ロンドンもこのような神秘的知識をメインに商売している企業であり、顧客とは対面の取引が主である。とは言っても、今日ではササビーズはホームページ上で商品の映像や説明を掲載し、ある限定した商品においてはフェイス・ツー・フェイスではなくオンラインでオークションを行っている。だが、ササビーズがこのように高額で美術性のある商品をオンラインで売ることができるのは、今まで従来のビジネス（オフライン取り引き）で築いた信頼性、ブランド価値・認識度があるからである。従来のフェイス・ツー・フェイスビジネスにおける成功により始めてこのようなオンライン形式で神秘的商品を販売することが可能になったのである。

三　ダーウィン——知の進化を探ったリバイアサン

1　世界のパラダイムを変えた知のリバイアサン

この節では一九世紀を代表する自然科学者チャールズ・R・ダーウィン（Charles Robert Darwin）を取り上げている。ダーウィンは、世界の生き物に対する基本パラダイムを変えた「知のリバイアサン」である——ダー

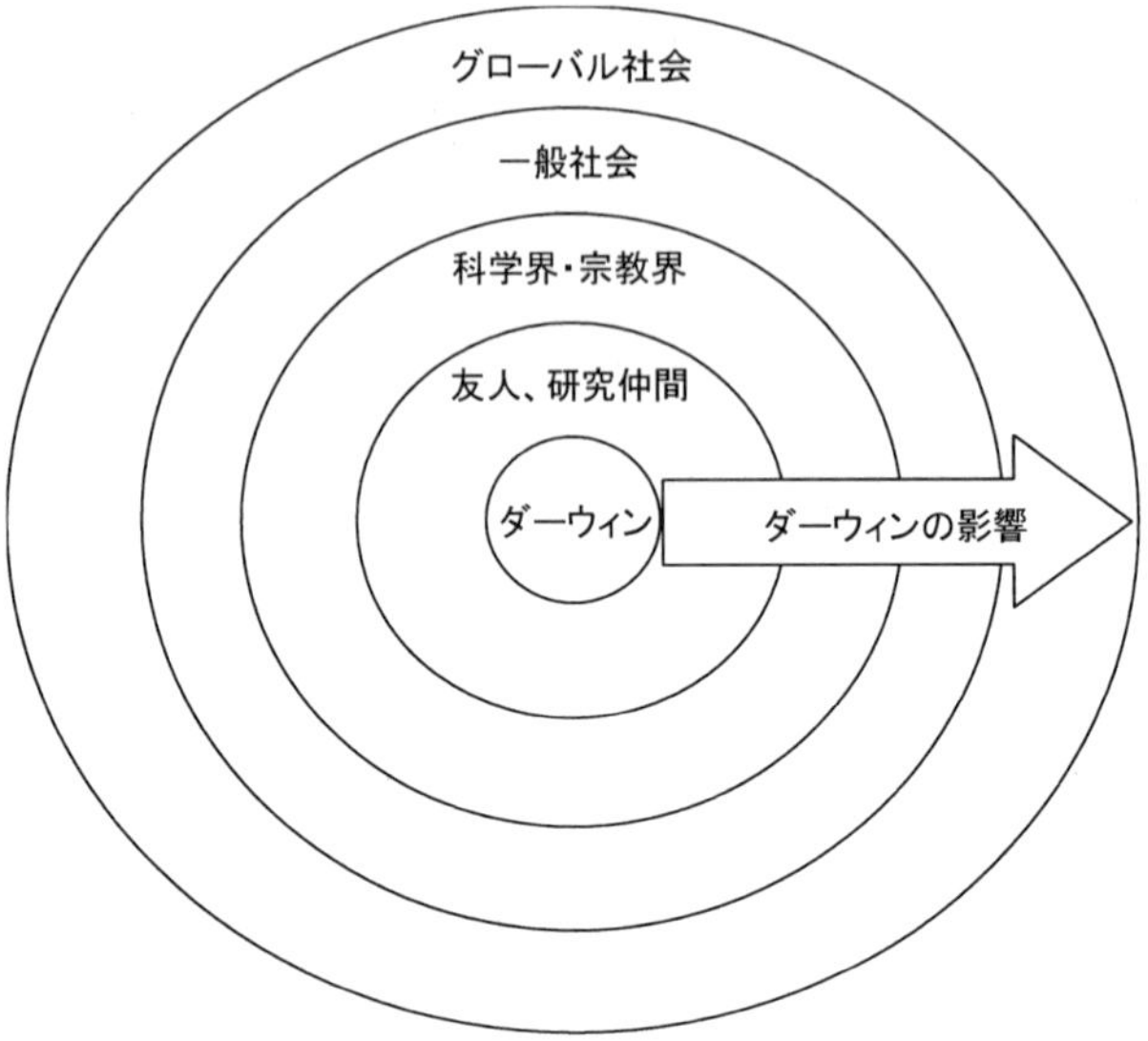

図表2―5　ダーウィンの知識の社会的影響の流れ

ウィンの『種の起源』[16]は、自然科学界がそれまで信じていた生物の種の起源に関する理論を真っ向からひっくり返した。また、その影響もアカデミック界だけではなく、欧米の社会全体に大きい波風を立てた。それは彼が主張した進化論が、キリスト教、ユダイヤ教などの社会が信じていた人間の由来、地球上の位置に関する考え方に疑問を投げ掛けたからである。ダーウィンが創造した新しい知識は、まれに見る社会的影響をもたらしたのである。[17]ダーウィンは社会全体の価値観、考え方を変えた「知のリバイアサン」である。彼の死後百十数年以上たった今でも、彼が主張した進化論は、世界の自然科学、生物学の基本となる知識を秘めている。

キリスト教の旧約聖書・ユダイヤ教の聖書によれば、神は六日間で宇宙を創造し、そして人間と他の生物を創造した。その中でも人間は特別な存在であって、教義によると神は人間を自分に似せた姿で、男は土から作り、女はその男の肋骨から作った（キリスト教旧約聖書、ユダイヤ教聖書、「創世記」）。当時の欧米の自然科学会のメインストリーム理論は、この教理を取り入れた神を中心とした自然神学（Natural Theology）であった。特に有名な理論はウィリアム・ペイリーの「Natural Theology: or Evidences of the Existence and Attributes of the Diety」であり、その主張では、自然の美しさと合理さ、複雑さは神にしか創造することできないというものであった[18]。複雑である生き物の生態や環境への適応性などは全能の神にしかデザインすることができないとの持論であった[19]。この本を知識論的に言えば、このような自然神学の理論は科学的なものよりも、宗教をベースにした神秘的信念、教理に基づいたものであった。

このような知識に比べ、ダーウィンの進化論は彼の神秘的知識（ダーウィンの自然科学者としてのずば抜けたセンス、観察力）から始まるが、その基本となるのは科学的知識である。ダーウィンの進化論は彼がビーグル号（HMS Beagle）での五年間の探索の旅で得た、膨大な量の化石、標本や地理データの分析をベースにした科学的知識である。その、科学的分析に基づいた自然淘汰をベースにした進化論は、「創世記」が論じている「慈善の神が宇宙・生物を創造した」という神秘的知識を否定した。また、その理論は人間を「神に選ばれた生き物という特別な地位」から降格し、人間を他の生物と歴史を共有するただの動物の一種に位置付けたものである。

『種の起源』を発表する前から、ダーウィンは自分が考えた進化論は社会全体を脅かすパワーを持っていることを認識していた。社会のあらゆる分野からの批判が殺到することも予想していた。キリスト教が社会的に大きい役割を果たしていた一九世紀のヨーロッパやアメリカでは、教義に反対する知識は許されないものであり、その知識を主張する人は異端者と呼ばれていた。この環境の中でダーウィンは約七年間、自分が構想している進化論を誰にも打ち明けず、進化論に関する論文を出版することを拒んだ。ダーウィンは、生物の種の進化について初めて友人（ジョセフ・D・フッカー）に告白したときの心境を「殺人を告白したような気持ちだ」と語っている[20]。

実際にビーグル号の探索の旅から戻って、進化論の構想を練り始めてから、その理論を発表されるまで結局二〇年以上の年月がかかった。その発表に踏み切ったのは、ライバルの出現があったからである。一八五〇年代の中旬ごろにアルフレッド・ワリス（Alfred Wallace）が独自に研究したダーウィンの進化論に似た自然淘汰の理論をじき発表することを知ったダーウィンは慌てて、『種の起源』を発表することを決心したのである。ワリスとの話し合いの結果、ダーウィンとワリスは一八五八年にイギリスの科学協会で同時に発表することになった。ワリスもダーウィンも紳士的な態度を取り、自然淘汰をベースにした進化の理論に対する今で言う知識所有権の争いは避けられ、ダーウィンの優先権が認められた。

その後、『種の起源』が一八五九年に出版されると、ダーウィンの予想通りに欧米のあらゆるセクターから異端者扱いされ、批判を受けた。例えば、一八六〇年に開かれたオクスフォードのセミナーで、イギリスのアングリカン教会のウィルバーフォース主教とダーウィンの友人である自然科学者ハクスリー（T. H. Huxley）が進化論の信憑性について激しく議論をした事件が有名である。ウィルバーフォースは、公的な場所で皮肉を込めてハクスリーに「父親方と母親方、どちらの親族が猿か」と問い掛けた。ハクスリーはそれに対し、「宗教的美辞と差別を用いて、重要な科学的発見を却下するような人より猿の方が祖父としてまだましだ」と反論をした。[21] マスコミもダーウィンを猿学者として罵声を浴びせた。

アングリカン教会からだけでなく、批判はイギリスの科学界の中からも数多く寄せられた。当時イギリスで権威ある解剖学者リチャード・オウィン（Richard Owen）はエディングバーグレビューで、ダーウィンの理論を科学的観点から積極的に批判した。だが、このような科学界からの批判の多くは、ダーウィンが述べた理論を直接批判をしたものではなく、科学的根拠が無いと評価されていた以前のラマルク（Lamarck）やロバート・チェ

図表２―６　知識が融合できず、衝突する

ムバーズ（Robert Chambers）の種のトランズミューテーション論への批判を誤って再度持ち出したものであった[22]。これらの学者たちはダーウィンの新しい知識を理解しようとせずに（或いは理解できずに）、自分たちの神秘的宗教心のフィルターを通して、ダーウィンの理論を判断したのである。

このような社会情勢の中でも時代は変わり、アングリカン教会の科学界への影響や自然神学に反対する若い学者たちが現われはじめた。進化論が発表されるとまだ考え方が柔軟な若い学者の間に、ダーウィンの科学的に立証されていた進化論が浸透するようになった。その一番の要因は、ダーウィンの理論のベースになっているデータのあまりにも多い量は若い科学者たちにとって否定することができないものであった。以前に提案されたトランスミューテーション論は、データが少ないものであったか、解釈に誤りがあったものばかりであった。それに比べ、ダーウィンの『種の起源』は、現在の科学論文の中でも最もデータ量が多いものの一つである。

その後、比較的短い期間でダーウィンの進化論は世間にも幅広く浸透した。その一つの理由は、進化論を証明するデータ・分析結果は科学的知識であり、それは前節で述べたように幅広い社会に伝達し易いものであったからである。『種の起源』では生き物の種がどのように生まれてくるのかを一般の人々にでも分かりやすいように書かれている。

ダーウィンの知識創造のタイムライン

先に説明したようにダーウィンが自然科学の研究を始めてから、進化論を発表するまでには、かなりの年月がかかった。下記でその創造のタイムラインを示しておこう。

① 一八二五から一八二七年：ダーウィンは父と祖父の後を継ぐため、エディングバーグ大学で医学を学ぶ。医学には関心が無かったダーウィンは、二年で大学を退学する。ここで、ラマルクの理論を支持するロバート・グラントと出会う。

② 一八二八から一八三一年：父の強い勧めで宗教学を学ぶため、ダーウィンはケンブリッジ大学のクリストカレッジに入学する。この時期に、幼い頃から興味を持っていた昆虫を熱心に研究する。また、昆虫学を学んでいた従兄弟ウィリアム・D・フォックスと植物学者のジョン・ヘンズローから多大な影響を受ける（次項でもっと詳しく説明する）。

③ 一八三一年から一八三六年：ヘンズロ教授の推薦で探索船ビーグル号の研究員として、五年間の調査・探索の旅に出る。主に南米やその周辺の島（ガラパゴス諸島など）を訪れ、各地の植物、動物、地理を調査し、そこで得た情報をジャーナルに書き移す。また、標本（骨、化石など）を集め、イギリスにいるヘンズローへ送る。これらは学会に紹介され、ダーウィンの名前がロンドンの自然科学会に広がり始める。

④ 一八三六から一八五三年：ダーウィンはロンドンに戻り、データや標本を整理し、進化の理論の構想を練り始め、ビーグルの旅のジャーナルを含め多数の本を出版する。

⑤ 一八五四から一八五八年：ダーウィンは進化論の大型論文の制作に取り掛かる。一八五八年にアルフレッド・ワーリスがダーウィンと似た論文を発表することでダーウィンは論文の完成を急ぐ。一八五八年七月にダーウィンとワリスはそれぞれロンドンで論文を発表する。

⑥ 一八五九年：『種の起源』が出版される。

⑦　一八六〇年から一八八二年：ダーウィンは『種の起源』の二版から五版を含めた多数の本を執筆する。
⑧　一八八二年：七三歳でダーウィンは死去する。ウェスミンスターアビーでアイザック・ニュートンの近くに葬られる。

2　知のリバイアサンの教育

（1）「知のリバイアサン」の家庭環境

人は真空で生きているものではないので、周囲の環境に触れながら知識や知恵を収集する。そして、収集した知識をもとに更に新しい知識を生み出しているのである。そのため、情報や知識に満ちた環境で育った人は、そうでない人よりもさまざまな知識を容易に吸収するチャンスがある。（もちろん、知識に満ちていない環境で生まれた人でも、知識人に育つ可能性は大いにあるが、それには本人によるかなりの努力、もともとの才能と強い意志が必要である。ただ、環境に恵まれた人は比較的容易に教育を受けることができる。）「知のリバイアサン」たちも例外ではなく、親、兄弟、先生、友人などから多様な科学的知識や神秘的知識を得たり、共有したりして、大人になっていく。

チャールズ・ダーウィンも知識に溢れた家庭環境の中で育てられ、幼い時から自然科学や宗教学に親しんだのである。父親方の祖父は、名の知れた医者・生物学者のエラスマス・ダーウィン（Erasmus Darwin）であった。エラスマスはチャールズが学者になる前から、生き物の種の誕生というテーマに興味を持ち、独自の生物のトランズミューテーション論を主張した「Zoomania」を執筆していた。チャールズは子供の頃から祖父の自然に対する考え方に触れ、大人になっても祖父のこのテーマ（生き物の起源）に大いに興味を持ち続けた。祖父と同じように、チャールズは人間と他の生物の近い関係を感じるようになった。

チャールズの父親、ロバート・ダーウィン（Robert Darwin）も当時の評判の医師であった。ロバートはチャールズと彼の兄弟の教育にとても熱心であって、チャールズのエディンバーグ大学やケンブリッジ大学の入学を決めた。チャールズはこのような父を大変に尊敬し、自伝の中で父親の最も優れた知的才能はその観察力と人間に対するシンパシーである。そして自分はその才能を超えることはできなかったと書き残している。そうは言っても、チャールズ自身もこのような才能が無ければ、ビーグル号の旅は単なる旅に終わって、チャールズは進化論のベースになっている知識を集めることはなかったであろう。

チャールズは母親方の祖父からも影響を受けた。名門陶器家のウェッジウッド家の出身であった祖父ジョン・ウェッジウッドは、宗教心が深く、チャールズの母親スザンナーにキリスト教の信教心を植え付けた。スザンナーの強い勧めで、チャールズと彼の兄弟は教会に通い、チャールズは若い頃はオソドックスなキリシタンであった。ビーグル号の旅の初めの頃は、聖書の言葉がモラルに関する問題の権威であると語ったことで、乗組員に笑われたことがあるとチャールズは自伝で告白している。(23)

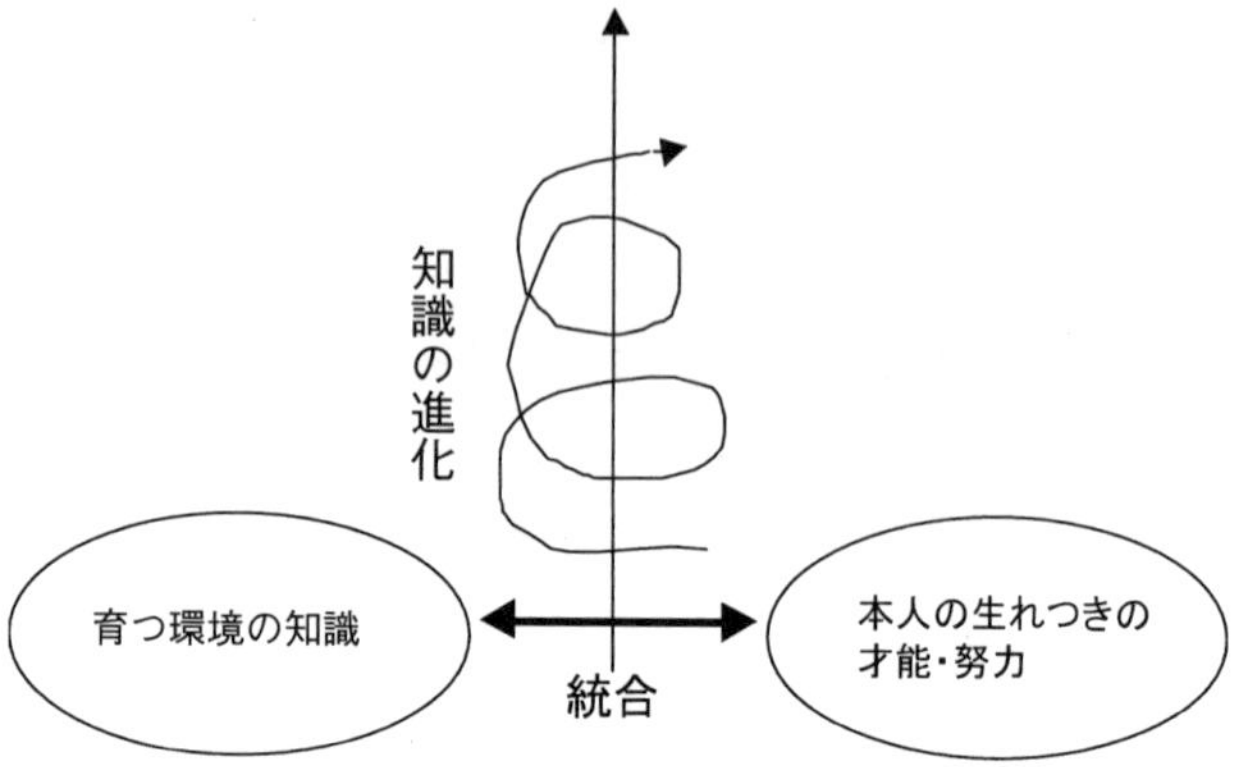

図表2―7　個人の知識創造のプロセス

ビーグル号の旅から戻ってきたチャールズは旅で得た情報・知識とキリスト教の教えを深く考え始めると、「創世記」で書かれている宇宙の始まりに関する教義に疑いを持つようになった。これはチャールズの科学的知識が彼の神秘的知識を変えたということである。最終的にキリスト教を否定した不可知論者になったチャールズは、[24]神という存在を受け入れる余地を完全に無くしたというわけではなく、人間は神より完全な形で創られたのではないが宇宙の始まりにはファースト・コーズ（造物主）が存在したかもしれないと言う考えをもった。今の知識ではそれを結論付けることや否定することは出来ないと述べた。（家族は、チャールズがこのように進化論の研究を通じて、キリスト教の神の存在を疑うようになったことを自伝に書き残したことは、チャールズの名誉を傷つけるものと判断し、その部分の出版を辞めてもらった。この部分が再度自伝に取り入れられたのは、チャールズの孫の時代の一九五八年であった。）

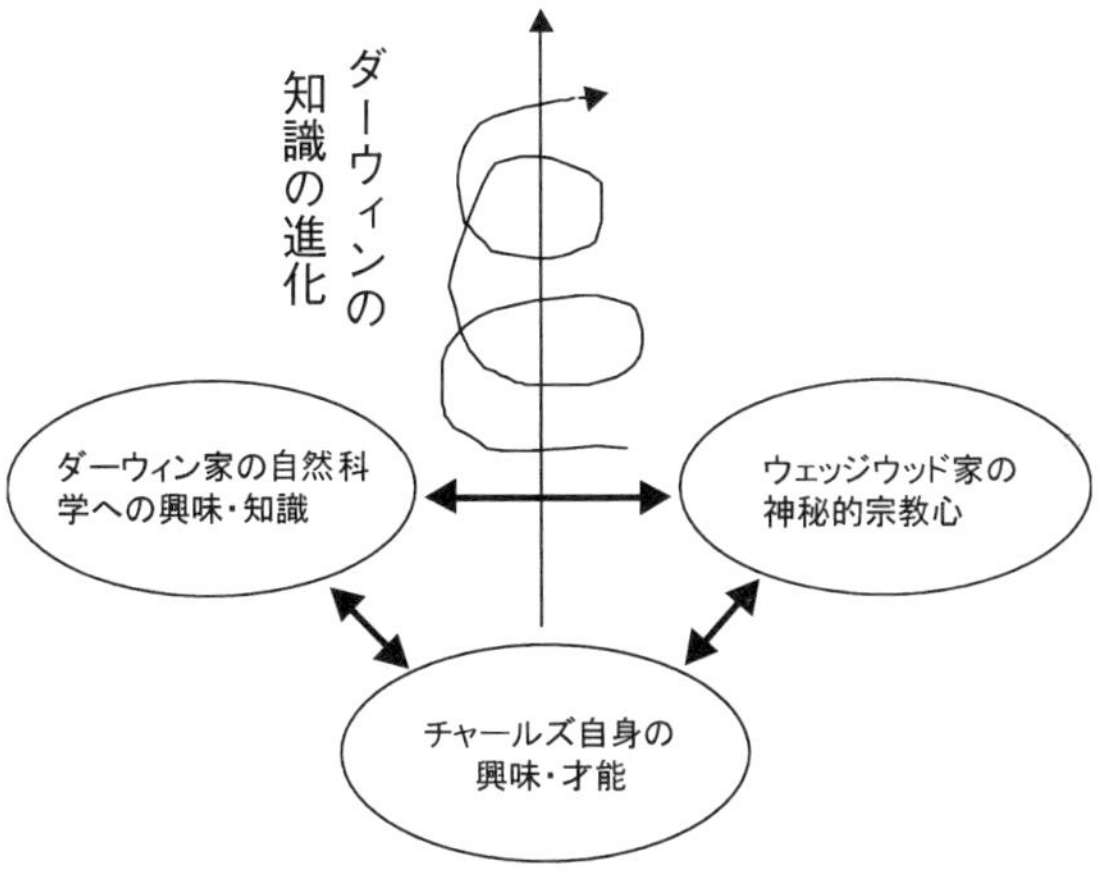

図表2—8　子供時代にダーウィンの知識造に影響した要素

このように、チャールズは幼い頃から豊かな科学的知識（自然科学）と神秘的知識（神学）に触れ、生物界の中でもっとも知的レベルの高い人間という種の存在の意味・由来を死ぬまで追求し続けた。つまり、チャールズはこの両方の知識をベースに自然界に対する好奇心を育成し、世界の生物に対するパラダイムを変えた偉大な知識人に成長したのである。

（2） 大学時代

ダーウィンは親戚からだけではなく、青年時代に受けた教育や友人からも知識的にかなり影響を受けた。まず、父親の強い勧めで、一八二五年にエディンバーグ大学にて医学を勉強した。だが、ダーウィンは医学にはあまり興味が無く、医学の授業には力が入らなかった。その代わりに、少年時代からコレクターであったダーウィンは昆虫や海洋生物に対する興味を深めた。ここでラマルクの種のトランズフォーメーション論を支持した、自由な発想をする動物学者ロバート・グラント（Robert Grant）と知り合いになり、彼のフィールドワーク（浜辺などで解剖できる標本を集めたりした）に参加するようになった。この出会いで、ダーウィンは始めて急進的な自由な発想に触れ、祖父エラスマスの「Zoomania」を再認識したという。グラントとの研究を通して、ダーウィンは生物学者として始めての発見をした――ある海洋生物の卵だと思われていたものが、実際には独自で運動することができる幼生であったことを発見したのである。

エンディングバーグ大学を退学した後、父、ロバートがチャールズの将来を心配し、ダーウィンに安定した教会に入る道を強く薦めた。神学を勉強するため、チャールズはケンブリッジ大学キリストカレッジに入学した。ここでもチャールズはあまり授業に熱心ではなく、趣味の昆虫集めに力を入れた。この時、ダーウィンは自分の一生を大きく左右するケンブリッジ大学の植物学者ジョン・ヘンズローと出会った。ダーウィンはヘンズローが毎週金曜日に開催していた自然科学を議論するためのオープンハウスに積極的に参加し、ヘンズローの気に入りとなった。金曜日会以外にも、毎週のようにヘンズローの自然界の生態を観察するための散歩にもお供した。

ヘンズローはダーウィンに地理学の勉強を勧め、科学的知識だけでなく、フィールドワークや授業を通じて科学者としての心構え（神秘的知識）も教えた。ダーウィンはヘンズローとのやり取りで、既存の知識を否定するような発見をした時、その発表の仕方に注意しなければならないということも覚えた。神が生物に命を与えていると信じていたヘンズローは、顕微鏡で花粉の自己活性を発見したダーウィンに、「生物は自己活性できない、生き物は神から力を与えられている」と反論した。自然神学に疑問に持っていたグラントから生物は自己活性できると聞いていたダーウィンは、新しい発見を世間に伝えることの難しさを感じた。(25)

それでも、ヘンズローによる一番の影響は、ダーウィンにビーグル号の船長フィッツーロイを紹介し、自然科学者としてビーグル号の探索に参加することを推薦したことである。ダーウィンはこのチャンスをつかみ、自分のライフワークになる進化論のもとになる旅にでた。

3　異端者としての「知のリバイアサン」

一八三六年にビーグル号の旅から帰ると、ダーウィンは二十数年かけて集めた標本やデータを分析し、論文や学会発表の形で学界にその科学的知識を紹介した。このプロセスを通じて、ダーウィンは、生き物の種は長い時間をかけて変化することを少しずづ認識し、進化論の構想を固めていった。特にダーウィンの理論において重要であった動物は、南米で集めたアトリ科の鳥（フィンチ）やフジツボであった。一八三七年の三月頃、ガラパゴス諸島の島ごとに、フィンチが何らかの理由で少しずづ変化したことを理解し始めた。

ダーウィンは自然神学を否定した学者がケンブリッジから追放されるなどのひどい扱いを実際に見ていたので、自分が考えはじめていた進化論、種の変化を他人に漏らすことはしなかった。数々の論文の中でもそのことについて触れなかった。ようやく進化論を学者仲間に話したのは、前に述べた南米の旅から戻って七年後の一八四四年に若い植物学者ジョセフ・D・フッカー（Joseph Dalton Hooker）にその秘密を打ち明け、フッカーの学者としての意見・知識を求めた時である。

アングリカン教会の自然学会への支配を嫌っていたフッカーは、段々とダーウィンの理論に興味を持つようになって、若い知り合いの学者仲間をリクルートした。彼らの共通の目的は当時の教会の自然学界への影響を無くし、科学界を変えることであった。Xクラブと呼ばれるようになる彼らは、ダーウィンの欠かせない議論の相手になった。進化の理論の内容についてだけではなく、どのようにその理論を発表すれば一番効率的なのかについても討論をした。例えば、ワリスの論文がじき発表されることが明らかになった時、どのような対策をとればいいのかを話し合った。早く発表しないとダーウィンの優位性が怪しくなるが、内容が濃い大型なドキュメントでなければ、多くの人を説得できないと彼らは思った。話し合いの結果、前に述べたように、ワリスと同時に発表することで問題を解決した。

その後間もなく『種の起源』が出版されると、それは一般社会で幅広く話題となったが、アングリカン教会、カトリック教会、マスコミや自然学界の指導者たちからの批判を受けた。実際にそれまでの自然科学への貢献を表彰するため、ダーウィンの名前は騎士の候補者リストに上がっていたのだが、『種の起源』が発表されると、ヴィクトリア女王の宗教アドバイザーが異端者のダーウィンは騎士にふさわしくないと彼を却下した。

ダーウィンの進化論を世間に認めさせるためXクラブのメンバーらは、自然神学の権威らの反論があった度に逆反論文を書いた。一つの例として、ローマ法王が進化論に反対する宣言をした時、彼らは新聞にそれに対する抗議文を発表した。それは、神秘的知識と科学的知識の戦いであった。彼らの努力とダーウィンの進化論の科学論としての強さにより、ダーウィンの生存中に彼の理論は多くの学者や一般人から段々と評価されるようになった。最終的には社会的立場も回復し、偉大な科学者として認められた。保守的であった母校ケンブリッジ大学も一八七七年に大勢の学生の前でダーウィンに名誉博士号を受与した。

その数年後、教会からの批判も薄れ、ダーウィンの葬式は英国教会の権威あるウエストミンスターアビーで開かれ、政治家、学者、一般人など数千の人々が参列した。カトリック教会も、ダーウィンのデータから導かれた知識を否定することができず、進化論をある程度認めるようになった。ダーウィンの死後半世紀以上たった一九五〇年に、パイアス一二世ローマ法王は人の肉体部分に対してのみ、自然科学者や神学者の進化論研究を否定しないという回状を発表した[26]。だが同時に、パイアスは人間の魂の部分については神が意志的に最初から完全な形で創造したものであるという伝統教義を相変わらず主張した。また、一九九六年に現ローマ法王ジョンパール二世はもっと踏み込んだ形で進化論を認める発言をした。ヴァチカンの科学アカデミーに向けた文章の中で法王は、最近の新しい知識は、進化論はただの仮説ではないということを認識させられる[27]と発言した。これは、教会が自己の神秘的知識をダーウィンの科学的知識と融合させた発言である[28]。

それでも、ダーウィンは自分の進化論は完全なものではないことを理解していた。ダーウィンは親友フッカーに『種の起源』に書かれている進化論の構想は最終的なものではなく、時間があればまだまだ訂正したいところがあると伝えていた。生き物の起源についてはまだ分からない部分が多くあるので、推測するしかない部分があるとも言った。例えば、変化はどのような現象で子に現れるかは不明であった。その答えはメンデルが発見した遺伝の仕組み(両親の遺伝の要素は混交されないまま、子に受け継がれる)が一九世紀終わり頃に再度認識されるまで不明であった。メンデルのこの発見やその後のDNAの発見はダーウィンの進化論を更に裏付けた。このように進化論自体も新しい知識との融合・統合により進化し続けているのである。

四　国境なき医師団——緊急事態と立ち向かう知のリバイアサン

1　知識を武器に苦しみと被害に立向う歴史

科学や情報技術の進歩により、知識は常に高度化・専門化されていると第一節で述べた。そのため、一人の人間や組織が習得することのできる技術分野・学問が段々と狭くなっている。個人、企業や他の組織が力を合わせ、新しい知識を創造することが重要になっている。この節で取り上げている非営利団体、「国境なき医師団」(Médecins Sans Frontières) はその一つの例である。この団体は世界の知識をネットワーキングし、その知識を苦しんでいる人々の救済のために役立てている。地域紛争や先進国と非先進国の経済的ギャップが増加すると予想される二一世紀では、このようなグローバル知識ネットワークがますます活躍することになるであろう。

「国境なき医師団」(ＭＳＦ) は世界最大の独立系の国際医療援助団体である。その活動は天災、人災、戦争、極度な貧乏、政治虐殺、ジェノサイド、他の自然・人工災害を被った人々に、緊急医療や衛生技術を直接提供することである。[29] そしてもう一つの重要な活動は、現場で遭遇・経験した悲惨な状況（難民の悲劇、弾圧など）を知識としてグローバル社会に訴えることである。実際の援助の内容例は以下の通りである。

①　大型なワクチン接種の実行
②　現地の医療スタッフのトレーニングや監督
③　水、下水処理と衛生管理の教育や設備の構築
④　被害、感染、医療データの収集

⑤　難民や被害者（特にこども）の食事の提供
⑥　患者、妊婦や幼児に対する医療サービス、カウンスリングの提供
⑦　薬や医療サプライーの提供、病院やクリニックの回復

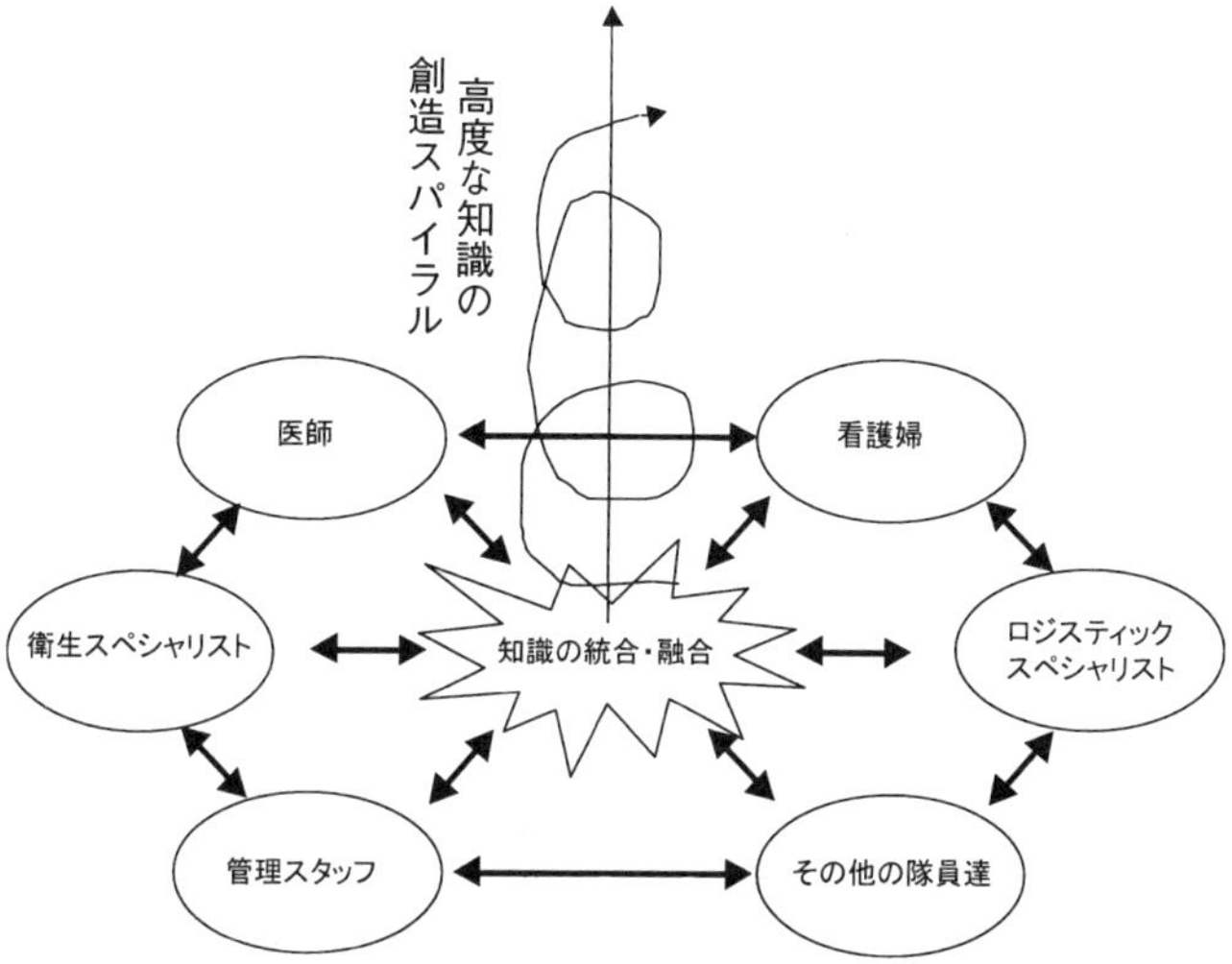

図表２―９　ＭＳＦの知識ネットワーキングのプロセス

⑧　ＡＩＤＳの予防プログラムの実行
⑨　被害者の悲惨な状況の主張

現在では、年間約二千五百人の医師、看護婦、助産婦、物資調達要員などが世界各地で援助活動を続けている。[30]一九九九年の活動例は以下の通りである。[31]

①　南スーダン：国際連合（国連）のスーダンでの活動を官僚的であると批判し、その活動の見直しの訴え
②　アンゴラ：再開された内部紛争の被害者に緊急医療の提供
③　シエラレオネ：一九九七年のクーデター以来、援助活動を継続
④　コソボ：ＮＡＴＯのセルビア攻撃による難民に援助を行うと共に、難民の帰国準備をするため、医療設備を構築
⑤　東ティモール：独立を指示するという選挙結果によ

り内紛が激化した。いったん、国際援助団体の全てが国から追放された後、九月に入国が再度許された時MSFは真っ先に復帰した。家を失った人々のために医療援助を提供

MSFの創立のきっかけは、赤十字国際委員会のナイジェリア活動に参加したフランスの医療従事者と、フランスの植民地であった東パキスタン（現バングラデシュ）の津波災害の援助を行っていたフランスの医療従事者達がそれらの活動に限界を感じたことであった。赤十字国際委員会の当時の主な活動は、実際に援助隊員を派遣するのではなく、紛争している国がジュネーブ条約に基づいて捕虜や市民に対し医療を提供しているかどうかを調査することであった。また、赤十字国際委員会の規制により、隊員達は活動している国・地域の政権・権力者の了解なしでは活動することができず、活動中に見た人権侵害やジェノサイドの事実も公的に発表することが許されなった。そのため、赤十字では、隊員たちは思うように積極的に被害と立ち向かうことができなかった。この二グループの隊員たちは緊急時にもっと自由に直接医療活動ができる知的組織を作るため、一九七一年にMSFを創立した。

この経験を通じて、MSFの創立者達は特定国の意志や利益が緊急医療活動の妨げになっていると結論づけ、どこの国、政党、組織や宗教にも属していない国際医療援助団体を作ることにした。外部からの圧力や規制なしで、緊急時に真っ先に医療援助を提供できる組織を目指した。そのため、活動は主にボランティアを中心に行っている。この理念に基づいたMSFの国際憲章は以下の通りである。(32)

① 「国境なき医師団」は、天災、人災、戦争など、あらゆる災害に苦しむ人々に、人種、宗教、思想、政治全てを超え、差別することなく援助を提供する。

② 「国境なき医師団」は、普遍的な医学倫理と、人道的な救済という権利の名のもとに、何にも妨げられる

ことなく、その職務を中立と公平な立場で行う。
③「国境なき医師団」のメンバーは、その職業道徳に従い、全ての政治、経済、宗教とは関わりなく任務を遂行する。
④「国境なき医師団」のメンバーとその権利の継承者は、任務中に生じる危険及び損害に関し、「国境なき医師団」によって支払われる補償以外のいかなる補償権利も要求しない。

2　ネットワーク型の知のリバイアサン

(1)　国境なき医師団の組織

フランスで生まれたMSFは現在では二十カ国に拠点を持っている。その内、六つの国の組織をメインの支部(フィルドオペレーションセンター)としている。——フランス、オランダ、スペイン、ベルギー、スイス、ラックシーンバーグ。日本、オーストラリア、カナダやアメリカを含む他の十四支部は、アフィリエート組織として位置付けられ、メイン組織のオペレーションをサポートしている。だが、各国の組織は比較的独立して運営され、支部ごとで活動資金を調達している。例えば、フランスやオランダは主に個人からの寄付で活動資金を賄っていて、ベルギーやカナダはまだ主に政府からのグラントに頼っている。全支部を合わせれば、一九九九年では資金の約五八%は個人寄付、四二%は公的資金(国連難民高等弁務官事務所、欧州連合、各国政府など)で賄っている。(33)

このような柔軟で独立性の高い組織を通して、MSFは紛争被害にあった人々に対し、どの援助団体や政府組織よりも早く緊急医療を提供することができるのである。また、自由運営の中で各国のMSFは独自の知識を他の支部と共有し、ネットワーキングによる知識創造プロセスに参加することができるのである。それに比べ、官僚的である国際連合（国連）では、メンバー国のさまざまな利害によって活動が大きく妨げられる場合が多いのである。例えば、一九九四年の春、ルワンダでツッシーのジェノサイドが激化したとき、国連は隊員たちを呼び戻し、わずか一人のみを国内に残した。その後、六ヵ月間、国連のメンバー国が対応を議論し合っていた。その間、国連の援助活動がないまま、ジェノサイドがほぼ完了した(34)。

ＭＳＦで実際に活躍している人（知識を提供している人）は医者、看護婦、感染予防スペシャリスト、衛生スペシャリスト、設備のスペシャリスト、ロジスティックスペシャリスト、管理スタッフなどである。衛生スペシャリストの役割は、地域の人に衛生管理の教育や水の管理方法などを教えることである。ロジスティックスペシャリストは医薬品、医療サプライー、水などの運送を担当する。ＭＳＦは比較的フラットな組織であるが、これら隊員たちを監督するのはカントリーマネジャーである。カントリーマネジャーの役割は、活動対象国でのＭＳＦ活動をコントロールし、その国の権力者、行政などと話し合い、活動ができるようにネゴシエーションをすることである。例えば、隊員たちの活動中や移動中の安全を保証するための約束を権力者から取り付けることなどである。

隊員たちのこのようなさまざまな科学的知識が世界中から集められ、援助活動が続けられている。また、強い正義感、博愛心や義務感を持って命にかかわる危険や病原菌の感染の可能性を承知の上で、かなりひどい状況の中、活動をしているのである。彼らの働く環境は、日本の若者が一般的に嫌う3Kを備えている――汚い、危険、きつい。知識のある彼らは、安全で高い給料と地位を得ることができる母国を離れ、月々せいぜい数百ドルのお小遣い程度しかもらえない援助活動を続けている。つまり、この本の知識論的に言えば、彼らの被害者への救済活動は彼らの科学的知識（医療、管理、運送などに関する知識）と神秘的知識（苦しんでいる人々を助けたいという精神）が融合して初めて可能となっている。

（2）柔軟な対応が可能なネットワーキング

ＭＳＦのメインの強さはどこの国、団体からも影響・妨害なしで、緊急時に即隊員たちを派遣できることである。しかし、このことはＭＳＦの弱みでもある。即座に援助活動を実行するということは、その緊急状況を詳しく把握することができないまま隊員たちをその場に派遣するということを意味する。そのため、ＭＳＦは必ずしも一番いい計画でオペレーションを始めることができない。場合によっては、無駄な資材や人力を派遣することもある。だが、どの組織よりも早く現場に行くことができるので、被害者たちが一番必要な時に援助を提供することができるのである。ＭＳＦオランダのカントリーマネジャー（ケニヤ担当）は、知識人であった創立者たちはいつまでも座って質問をするのではなく、直接行動をとるためにＭＳＦを創立したと述べている(35)。

この問題を克復するため、緊急時の現場では朝のローカルブリーフィングが開かれている。このミーティングでは、隊員たちは危険や被害状況を話し合い、その日の活動を決定する。日々変わる緊急状況にすばやく対応するため、リアルタイムでオペレーションのやり方を変えていくのである。現場で活躍しているカントリーマネジャーをはじめ、医師、看護婦、衛生・ロジスティックスペシャリストが参加するローカルブリーフィングでは、隊員たちも自分の担当している分野に対し、意見や知識を他の隊員と共有することができる。これは隊員たちの安全や命にも影響する重要な知識ネットワーキングであるから、どの隊員たちも平等に議論に参加することができ、看護婦、医師、また他の隊員たちの意見は同様に検討される。時には権威ある医者もロジスティックスペシャリストの意見や指示に従うこともある。フラットな現場レベルのネットワーキングなのである。

このミーティングとは別に、どの隊員をも呼びかけることができるイマージェンシーラウンドテーブルがある。緊急時は定義からしてカオスの状況であるため、誰も状況を正確に分析・判断することができないものである。とりあえずアクションを取ってから、そのアクションの結果を見て、アクションプランを変更していくのが効果的である。MSFはこのようなミーティングを通して、隊員たちの知識を融合し、日々変わる現場の状況に対応しているのである。

このようなミーティングだけではなく、各支部でのナショナルミーティングと年に一回の国際ミーティングがある。ナショナルミーティングは、その国での活動を全体的な視野から話し合い、もっと中期的な観点で活動を再検討し、再構築する場である。国際ミーティングでは、各国のメンバーたちが集まり、団体全体の方向性や将来の活動を話し合ったりするのである。また、実際に活動がどのように社会に影響をしているかも検討される。

3　知識を発信する「知のリバイアサン」

MSFのもう一つの重要な役割は、活動の現場で見た被害、虐殺などを世界に伝えることである。被害者たちが誰にも知られず、苦しんで死んで行くことを避けるためである。MSFはこの知識を伝えることで、世界が被害を無視することができず、なんらかの対応をしなければならなくなることを望んでいるのである。赤十字では内部規制によって、このようなことができず、MSFの創立者はその活動の限界を感じたのである――つまり、彼らは活動中で得た知識を世界に発信しなければ、活動を最後までやり遂げたとは言えないと思ったのである。

被害状況を伝える一つの媒体は、まずマスコミである。マスコミを利用すれば、手取り早く世界各国に被害者が置かれている状況を伝えることができる。また、マスコミにおいてもMSFからの情報・知識を期待しているのである。例えば一九九四年のルアンダーのジェノサイドでは、MSFのほうが国連よりも被害・紛争現場に近く、現場の状況を伝えることができたはずである。

MSFが使用しているもう一つの知識の発信媒体は、定期的に出版しているレポートである。MSF（アメリカ）では現在「World in Crisis : Populations in Danger at the End of the 20th Centruy」、「Clinical Guidelines– Diagnostic & Treatment」他一五の本を出版している。またMSF（国際事務局）は全支部の活動を集約した「1999 Activity Report」を提供しているとともに、興味のある人に、世界の活動や被害状況に関する情報・知識を定期的にE―メールで送信するサービスも行っている。日本の団体では、登録メンバー（登録費年間一万円）に対し、定期的に講義やミーティングを開くなど、月間のニューズレターも発行している。

また、MSFの各支部のホームページでもリアルタイムの緊急プレスリリースや活動レポートが掲載されている。二〇〇〇年八月現在、MSF（国際事務局）のホームページではスーダンの二〇〇〇年八月七日の爆撃、チェチェンとロシアの戦争、コソボの悲劇、コロンビアでの医療活動などのレポートが掲載されている。各支部もホームページでMSF全体として行っている必須医薬品のキャンペーン活動を宣伝している。このキャンペーンと同時に、MSFは先進国首脳会議で感染症対策が議題に挙げられることを受け、沖縄サミットにメンバーを派遣し、森総理大臣をはじめとする各国政府代表団、感染症・熱帯病の専門家に会うなど積極的に国際的支援を呼びかけた。

このようにMSFは世界の知識人が活躍できる自由なネットワークを創造し、自然・人工火災の被害者に、どの組織よりも早く緊急医療を提供している。また、世界に被害者の悲惨な状況を訴えるため、積極的にそのことを知識として世界に発信している。このような活動が世界的に認められ、MSFは一九九九年度のノーベル平和賞を受賞した[36]。創立時以来、どの被害者もプロフェッショナルな援助を素早く、効率的に受ける権利がある基本理念に基づいた活動が表彰されたのである。

五 「知のリバイアサン」の未来

知識は他の知識と統合・融合され、更に新しい知識を生みだす現象を考えると[37]、最近の情報技術の進歩により、社会の知的イノベーションのレイトは今後も指数的に伸びると予想できる。それに伴い、知識は高度化、専門化され、社会も段々と複雑になっていく。その結果、新しい知識は一人の人間や一つの企業・組織だけで創造するのが難しく、ネットワークによって創り上げられるようになっていく。そして、ソクラテス、アリストテレスや二〇世紀のキュリー夫人のような個人の「知のリバイアサン」よりも、多数の個人や組織の能力が集められたネットワーク型「知のリバイアサン」が多くなるであろう。

このネットワーキングの現象の重要性を唱えたのは、ＩＢＭの会長ルイス・ガースナーである。ガースナーは近年株主への手紙で「パソコン時代が終わりつつある」、そしてネットワーク時代が始まったとの持論を述べた[38]。ガースナーのこのコメントは「モノ」と「モノ」――例えば、パソコン、テレビ、ゲーム機や他の家電など――のネットワーキングを指しているが、「モノ」をネットワーキングするためには人間の知識のネットワーキングが重要である。

「モノ」と「モノ」を繋ぐことで今まで無かった付加価値を提供することができ、新しい知識が創造される。例えば、日本ではＩ―ｍｏｄｅ対応の携帯電話が普及し始めている。それに対応するため、数多くの企業は携帯電話対応のホームページや電子商取引のシステムを構築している。人は株価情報、ショッピング、就職に関する情報・知識をどこからでも受信、送信できるようになっている。

このネットワーキング現象の重要点は、企業同士の提携だけでなく、個人、企業、非営利団体、行政などのあらゆるコンビネーションの知識ネットワークが数多く見られるようになることである。また、これらは異なる能力を持ち合わせているので、多様性に満ちたネットワークが数多く現れるであろう。そして、異なるタイプのメンバーがネットワーキングすれば、今までになかった、ユニークな価値ある知識が生み出されるのである。それぞれの強みを合わせれば、それぞれの弱みを補うことができる。例えば、個人には利用できる資産は限られているが、個人は比較的自由な行動をとることができる。外部圧力が比較的少ないのである。逆に企業や団体は個人よりも資産があるが、多くの場合は複雑な利害関係（経営者、従業員、パートナー、投資家、後援者の異なる利害など）や規制により自由な行動をとることができない。

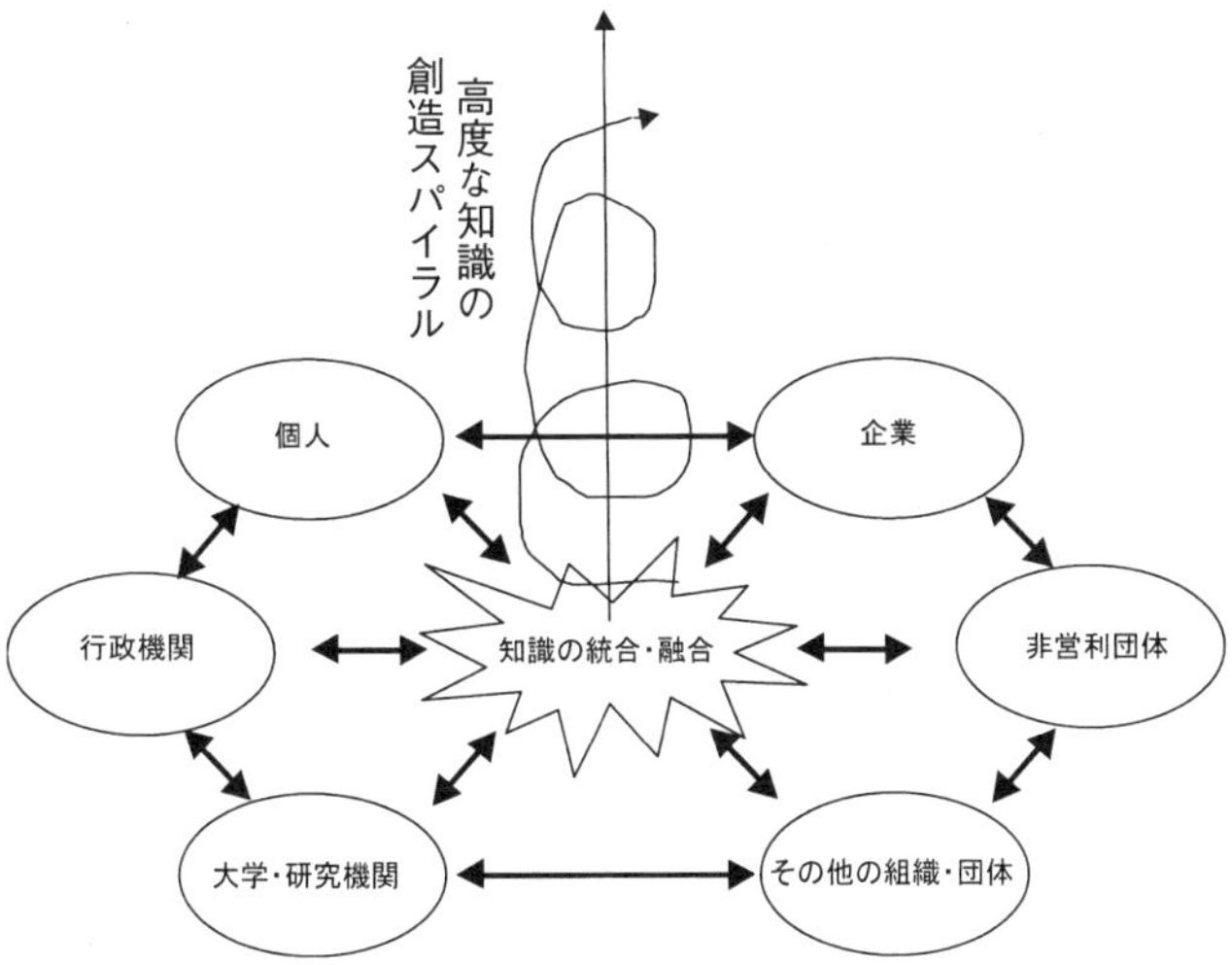

図表２―10　社会の知識ネットワーキングのプロセス

　個人のネットワークの例として、アメリカで流行っているゲーミングの世界がある。スポーツ、コンピュータゲーム、やロールプレイングゲームのファンクラブがオフラインとオンラインイの世界に数多くある。ここでは世界中からファンがあつまり、情報交換をしながら、ゲームを楽しんでいるのである。ビデオゲームもネットワーキングにより、違う場所にいる相手と勝負ができるようになっている。

ボランティアネットワークによって開発されたリナックスは、個人のネットワーキングの成功例である。リナックスはもともとフィンランド人のライナス・トーバルズが自分のニーズに合うように作ったオペレーティングシステム（ＯＳ）である。初期バーションができたところでライナスはそのソースコードをインターネット上で公開し、世界中のプログラマーが開発に協力できるようにした。その結果、リナックスは今ではマイクロソフトWindowsのＯＳ市場の支配を脅かす存在までに育った。

また、リナックスの成功は個人のボランティアプログラマーの努力のみで実現できたものではない。企業もそのネットワーキングに参加している。フリーウエアであるリナックスのベースに、付加価値のあるリナックスＯＳを有料で提供している企業は数々ある。例えばレッドハット、ターボリナックスやカルデラはさまざまな新機能を付け（グラフィカルウィザードを利用して簡単にインストールできる機能、インターネットへのアクセスを簡単にする機能など）、個人や企業顧客に販売している。大手パソコン会社もリナックスのネットワークに参加している。ＩＢＭ、ヒューレット・パッカード、デルコンピュータや富士通も、ＯＳとしてリナックスを採用しているパソコンを販売している。

企業と非営利団体のネットワーキングの例として、最近日本では大学と企業の提携が話題となっている。欧米では昔からよくあった現象だが、系列間や財閥間の提携が普通であった日本では、大学と企業の間に研究協力があまり無かったのである。イノベーションがすさましいスピードで行われる将来では、企業は勝組に残るため、他の研究機関と提携を結ぶことが重要となり、日本でも企業と大学の提携が促進されている。一九九八年八月に「大学等技術移転促進法」が施行され、今日では日本の政府の助成を受ける「認定技術移転機関（TLO）」が一四機関存在する。TLOはまだ試みの段階で、実際の成果はまだ出ていない。一年五カ月間で京都大学の教授らが設立した関西ティー・エル・オーでは約五〇件の特許が出願されているが、実際に企業に技術が移転されたのは二件にすぎない。そうは言っても、二〇年の歴史があるアメリカではおよそ二〇〇のTLOが活動し、一九九八年に約三四〇億ドルの経済効果と二八万人の雇用をもたらしている[39]ことを考えると、日本でも大学から産業界への技術移転はより活発になることが予想できる。最近の例では、二〇〇〇年六月に第一勧業銀行はハイテク分野（情報通信やバイオテクノロジーなど）のベンチャー企業融資ビジネスのため、東京工業大学の技術評価システムを導入することを発表した。第一勧業銀行は対象企業の技術が独創的で汎用性があるかどうかの判断をするための知識を東京工業大学に求め、それを融資や取引の判断材料にするのである[40]。

政府と個人の協力関係の例として、アメリカのNASAが一九九四年に設置した商業技術ミッション（NASA Commercial Technology Mission）がある。目的は民間企業や組織と提携し、NASAの宇宙開発事業に役立つ新技術・知識を促進することと、新技術・知識を民間企業や組織に活用してもらうことである[41]。その一貫としてNASAは全国の商業技術ネットワークを構築した。ここでは技術移転の情報を民間企業に提供している。NASAの雑誌 Spinoff によると、三十年間という技術移転の歴史の中で、NASAの技術・知識を民間の製品やサービスの形で多重利用できた成功例は一千二百件以上ある。ちなみに、NASAの一九九九年のベスト商業発明は美術品や彫刻のための紫外線妨害コーティングであった。

上記の例のように今後はさまざまなタイプの組織や個人が知識を共有し、新しい価値を生み出すことになる。

共有される知識も科学的なものだけでなく、神秘的知識も伝達されるようになる。特に、アメリカの政府機関、産業と一七〇の大学が行っているインターネット2の開発（次世代インターネットアプリケーション、インフラなど）が実現されれば、現実に近い動画映像や音も伝えることが可能になり、神秘的知識も空間的・時間的バリアを超えて伝達できるようになるのである。コード化された知識の伝達だけでなく、現実にほぼ近いバーチャルリアリティも再現できるようになる。例えば、名人芸を持つ工芸の先生の神秘的知識にも、その場にいなくても触れることができるようになる。その結果、両タイプの知識が容易に統合できるようになり、今まで想像がつかなかった新しい高度な知識が生まれるはずである。

（キャロライン・ベントン）

注

（1）Rice University：*http://es.rice.edu/ES/humsoc/Galileo/ galileo_timeline.html*、二〇〇〇・五・二九アクセス
（2）ユダヤ聖書、ヨブ記四一：一—三四
（3）Hobbes、Thomas（一六五一）、Leviathan
（4）活版印刷は一一世紀に中国で初めて使用されたが、金属ではなく粘土が使用されていた。（Miller Freeman plc：*http://www.dotprint.com/fgen/history 1.htm*、二〇〇〇・五・八アクセス）
（5）福井県印刷工業組合：*http://www.surfboard.co.jp/techno/step.html*、二〇〇〇・一〇アクセス
（6）U.S. Department of Energy：http://www.ornl.gov/ TechResources/Human_ Genome/home.html、二〇〇〇・五・三一アクセス
（7）Schwartz, E., (1999), Digital Darwinism, Broadway Books

（8） eBay : http : //pages.ebay.com/community/aboutebay/overview/index.html、二〇〇〇・六・一七アクセス

（9） Priceline.com : *http : //www.priceline.com/*、二〇〇〇・七・三一アクセス

（10） 国境なき医師団（日本）：http : //www. japan.msf.org/html-01/outline-1. HTM、二〇〇〇・五・一七アクセス

（11） すばる望遠鏡：*http : //www.subarutelescope.org/Introduction/j_history. html*、二〇〇〇・六・八アクセス

（12） すばる望遠鏡：*http : //www.subarutelescope.org/Introduction/j_outline.html*、アクセス二〇〇〇年六月一一日

（13） The Jane Goodall Institute : http : //www. janegoodall. org/jane/jane_bio_gombe. html、二〇〇〇・五・二九アクセス

（14） Hansen, M, N. Nohria, T. Tierney (1999), What's Your Strategy for managing Knowledge, Harvard Business Review, March–April 1999.

（15） ibid

（16） 「種の起源」の英語題名は「The Origin of Species」

（17） キリスト教の社会では知識のクライサスは三回ほどあった。一回目は十二・十三世紀の合理的・知的・科学的アリストテレス哲学のリバイバル。二回目は十六・十七世紀の地球を宇宙の中心から外した、規制的に原因と結果を調べるような科学的研究モデルを産んだ科学革命。　三回目はダーウィンが提案した進化論である。（Burrow,　J (1968), in the Introduction The Origin of Species, (Charles Darwin) Peguin Books

（18） ロンドンで一八〇二年に出版された本。おおよその日本語訳は「自然神学：神の存在、特徴の証拠」

（19） Burrow, J (1968), in the Introduction to The Origin of Species (Charles Darwin), Peguin Books

（20） Desmond, A., J. Moore (1994), Darwin : The Life of a Tormented Evolutionist, W. W. Norton & Company

（21） Burrow, J (1968), in the Introduction to The Origin of Species (Charles Darwin), Peguin Books

（22） ラマルクは新しい必要性が動物に新しい組織を突然に起こすと主張したが、その根拠やメカニズムを科学的に説明できなかった。チェムバーズは新しい種は奇形の誕生からも生まれると提案した。

（22） Darwin, C. (1969), The Autobiography of Charles Darwin 1809–1882, Norton Paperback

(24) ibid
(25) Desmond, A., J. Moore (1994), Darwin : The Life of a Tormented Evolutionist, W. W. Norton & Company
(26) Vatican : http://www.vatican.va/holy_father/pius_xii/encyclicals/documents/hf_p-xii_enc_12081950_humani-generis_en.html、二〇〇〇・七・一四アクセス
(27) American Atheists Inc. : *http://www.california.com/~rpcman/POPE.HTM*、二〇〇〇・七・一七アクセス
(28) すべてのキリスト教が進化論を指示しているわけでない。保守派のプロテスタント教はこのカトリック教の立場を批判している。今だに進化論を認めてないプロテスタントの宗派が多くある。
(29) Doctors Without Borders (USA) : *http://www.doctorswithoutborders.org/intro.htm*、二〇〇〇・八・四アクセス
(30) 国境なき医師団：http://www.japan.msf.org/、二〇〇〇・八・四アクセス
(31) MSF International Office : *http://www.msf.org/events/review/1999/*、二〇〇〇・八・四アクセス
(32) 国境なき医師団：*http://www.japan.msf.org/html-01/outline-1.HTM*、二〇〇〇・八・五アクセス
(33) 国境なき医師団：http://www.japan.msf.org/html-01/outline-1.HTM、八・一〇アクセス
(34) Leyton, E., G. Locke (1998), Touched By Fire, McClelland & Stewart Inc.
(35) ibid
(36) ノルウェーノーベル財団：*http://www.nobel.se/peace/laureates/1999/press.html*、二〇〇〇・八・一〇アクセス
(37) ベントン・キャロライン（二〇〇〇）、ブランド・オン・ザ・ネット、ブランド経営、同友館
(38) 日経産業新聞（一九九九）、「ＩＢＭパソコンなくなるの？　昨年赤字一〇億ドルお荷物部門に――部品供給にシフト」、日経産業新聞、一九九九・三・三〇
(39) 日本経済新聞（二〇〇〇）、「特集――産学連携「知の循環」模索、技術移転機関、各地で設立、日本経済新聞、二〇〇〇・五・五
(40) 日経金融新聞（二〇〇〇）「東工大の技術評価活用、ＩＴなど新興企業投融資、「高度化」に対応――第一勧銀提

携」、日経金融新聞二〇〇〇・六・二八

（41）　NASA, *http://ctd.hq.nasa.gov/start/index.html*、八・一〇アクセス

第三章　知のボランタリズム

「知」と合理主義との同盟は、未完のプロジェクトというよりも、不可能きわまりないミッションだったようである。

近代の合理主義は、あらゆる知に対して、理性的思惟による基礎づけと普遍性とを要求した。だが、知はしばしば暗黙の次元に存する。M・ポラニーは、われわれは語ることができるより多くのことを知ることができると し、暗黙知（tacit knowing）の重要性を熱情的に説く[(1)]。知はまた、感覚的経験にも起源を持つ。J・レイヴとE・ウェンガーによれば、学習とは、事実に関する知識の受容ではなく、実践共同体（community of practice）への参加なのである[(2)]。知は、客観的に妥当な命題よりもはるかに広範な概念である。

さらに知は、あらゆる状況、そしてあらゆる人にとって普遍的に妥当するものでなければならないとする合理主義の側からのプロポーズを拒絶した。T・S・クーンのパラダイム論は、科学が真理に向かって単線的に発展するという合理主義的科学史観を退け、パラダイムが他のパラダイムに取って代わられる革命的科学史観を提唱している[(3)]。知は、科学者集団のものの見方、信念、技法としてどれだけ受け容れられ共有されるかによって評価されるのであって、普遍的真理か否かの基準によって評価されるのではない。

知識社会と呼ばれる現代の社会において、しだいに重要性を増しているはずの知は、ますます合理主義から遠ざかっている。合理主義的と形容される知は、今日でもその重要性を低下させているわけではない。しかしそれ以上に、普遍的ではないところの断片的で散在した知の価値が増大してきているのである。時と場所に特殊な、とうてい科学的とはいえないような知こそ、複雑な社会において重要であると説くのは、経済学者であり哲学者のF・A・ハイエクである。(4)

合理主義と離反する暗黙的でローカルな現代社会の知は、われわれ人間社会の認識論にいかなる影響を及ぼすのであろうか。

明証性と普遍性を偏重する合理主義の社会観は、次のようなものである。第一に、科学的発見の受動性が示唆される。われわれは、観察対象が発信するデータを「正しく」受信できさえすれば、真理に接近できるのである。(5)第二に、社会の発展はある法則にしたがう。ある法則とは、社会が理性的な秩序へと向かう軌跡を描くということである。第三に、知の探究はごく少数の専門家＝科学者の手に委ねられる。その他大勢の人々は、至高の知としての科学的知を模倣するにすぎない。

他方、知の暗黙性とローカル性への着目は、これと正反対の社会観を提示するであろう。第一に、科学的発見は個人の能動性に基づく。個人の情動、意思、コミットメントが、「見えない真実を見る」ことを可能とするのであって、(6)真理は誰かに発見されるのをひたすら待ちわびている実在ではない。第二に、知の軌跡は存在しないか、あったとしてもきわめてランダムである。社会の進歩は偶然に左右される傾向が強く、必然性や秩序からは遠く離れている。第三に、あらゆる人々の知が、状況に応じて価値を生む。科学の専門家が創造した知のみが偏重されることなく、局在した特殊な知が有益な役割を果たす。

以上のような対照的な二つの社会観は、哲学上の古くからの二項対立である決定論とボランタリズム（自由意思論）をそれぞれ表出したものであることに、読者は気づかれるであろう。すなわち、合理主義の決定論的社会観は、知の受動性、必然性、上意下達性（知を創造するエリートと模倣する大衆の二分法）を特色とし、知の生起は外的諸要因によって規定されていると見なす。暗黙でローカルな知をも尊重するボランタリスティックな社会観は、知の能動性、偶然性、非成層性を特色とし、人間の自由意思の作用を信ずるのである。

一　ボランタリズムの諸相

決定論的社会観とボランタリスティック社会観との対比に類似した分類は、M・ギボンズ他による知のモード論においてもなされている。彼らは、知識生産における伝統的なモード1と新たなモード2とを対比させる。モード1は、近代以降に確立された「科学」の正統性と同義であり、そこでは知とは大学という機関で研究されるディシプリナリな科学のみを指す。これに対してモード2では、知がアプリケーションのコンテキストで生産され、トランスディシプリナリな性質を持ち、知の拠点は大学以外の場に散在する。そして、今日ではこのモード2が、知の生産においての支配的な様式となりつつある。[7]

1　ボランタリズムと決定論[8]

モード1からモード2への移行が認められるならば、決定論的社会観はボランタリズム社会観によって駆逐されてしまうのであろうか。ここで、ボランタリズムと決定論の対峙の歴史を概観しておくことは、それぞれの見方の背景を探るうえで有効であろう。

何が行為を決定するのかは、哲学上の古くからの問題である。ボランタリズム（voluntarism）と決定論（determinism）は、対極の立場に位置する思想である。ボランタリズムが主体の自由意思（free will）を強調するのに対して、決定論は主体の行為の背後に貫かれた法則を重視する。その法則とは、全知全能の神によって規定される性格のものである。

もっとも、この考え方は、十七世紀に入るとそれまでとは異なる様相を呈するようになった。宗教改革にまつわる形而上学的な混乱は、人々の関心をしだいに科学へと向けさせた。ところが、神学からは独立し、理性に基づいて観察されはじめた自然は、明らかになればなるほど、秩序ある整然とした法則に支配されているのである。世界は、あいまい性のない数学的方程式によって記述、説明、予測されることが可能となった。

かくして、物理学の基本法則が一応の完成を果たした十七世紀には、決定論的な世界観がよりいっそう栄華を極めることとなった。コペルニクス、ケプラー、ガリレオ、ニュートンは、信仰に厚く、神は秩序だった美しい自然界を創造したに違いないというヴィジョンを抱いていたからこそ真理に到達したのかもしれない。そのかぎりでは神の影響力は多大であった。

ホッブスによれば、人間は自己の意思することを行えるが、実はそれは神の意思による必然である。自由意思は、究極的には神の意思に包摂されているのである。彼にとって、自由とは対外的な作用ではなく、外部からの妨害がない状態であり、自由な振る舞いと必然とは両立する。

スピノザは、デカルトによる神、精神、物質の並列を否定し、精神と物質は神の属性に他ならないとして、「神即自然」を標榜した。スピノザによれば、精神的な領域における自由意思や、自然界における偶然など存在しないのである。なぜなら、あらゆる事象は絶対的な神の本性の実現であり、神によって規定されているからである。

デカルト主義者は、物質世界に関する理論体系においては厳密に機械論的、決定論的視座をとる。そして、並行論的に思考するならば、有機体も物質と同様の法則に支配されているとして、人間の自由意思を否定したのである。デカルト主義者のような並行論ではなく、精神を物質に還元してとらえる唯物論に立てば、ボランタリズムの否定はよりいっそう強固なものとなろう。

これら決定論の攻勢に対するボランタリズム側からの反撃は、十九世紀のベルクソンの登場を待たなければならなかった。フランス唯心論の伝統を汲み、スペンサーの進化論に惹かれた彼は、進化とは、合目的で現状外挿的な軌跡ではなく、予測不能で真に創造的な本質を有するという。知性とは区別してとらえられる本能は、自己の純粋持続、つまり他の何者からも決定されない自由意思に基づく時間的実在である。

十七世紀以降、哲学が自然科学にリードされるかたちで展開されてきたことは、まぎれもない事実であった。近代以前は、哲学と科学とは未分化であり、哲学者は同時に科学者でもあったのだが、固有のディシプリンを持つ自然科学の成立と発展は、哲学をしだいに片隅へと追いやっていった。哲学が対立する思想に反ばくを加えるためには、自然科学に基礎づけられた正統な理由を必要としたのである。

その意味で、ボランタリズムの復権は、二十世紀半ば以降にようやく始まったムーブメントである。I・プリゴジンは、システムの秩序はしだいに崩壊して混沌へ向かうとする熱力学の第二法則に反して、平衡から遠く離れた物理化学のシステムでは、ゆらぎから秩序が形成しうるという散逸構造論を打ち出した。生命を持つ有機体ではなく、意思とは無関係なはずの無機的世界における自己組織化力を示した点で、彼の功績は画期的である。

現在から振り返れば、決定論の擁護は合理主義的バイアスだったといえる。しかしだからといって、われわれはボランタリズムを押し売りできるものでもない。ボランタリズムの方が、「よりよい」真理であるとの主張も、合理主義的なバイアスにとらわれているのである。他方で、決定論とボランタリズムの間のギャップは解釈の差異に由来するという言明は、それ自体に反合理主義、主観主義が反映されているためナンセンスな命題となってしまう。こうした隘路を打破する試みは、本稿の範囲を大きく超えている。

そこで、以下ではこの問題にこれ以上立ち入ることをせず、ボランタリズムという一つのパラダイム――客観的真理ではない――に立脚して、現代社会における知のメカニズムを解明していくこととする。ありのままの観察は不可能に思える。それでは、決定論とボランタリズムのうち、いずれの代替案を選択すべきか。この意思決定機会において、私は後者を選択する。なぜならば私は自由意思論者だからである。

2　知は価値を創出するか

先ほど、知の拠点に関して、決定論的社会観では科学者に限定されるのに対して、ボランタリズム社会観では社会のあらゆる成員へと拡張されると述べた。また、知は状況に応じて価値を生むとも述べた。そしてこのことが今日、知に対する関心の増大となって表れている。

一般に、社会の進歩は知の創造と模倣とが両輪となって起こるものである。知の創造――探査（exploration）と模倣――活用（exploitation）は、対になってはじめてシステムの存続と成長を可能にする。(9) なぜならば、探査なくして活用だけに傾注するシステムは、将来の成功を約束されないし、逆に探査のみを強調するシステムは、探査によって発生する潜在的利益の実現を享受できず、資源の浪費を招くからである。

この探査と活用は、決定論的社会観とボランタリスティック社会観とでは、そのパターンをいちじるしく異にする。決定論的社会観では、探査はごく少数の科学者に限定され、活用はそうした一部の人間を源泉とする知が、教育のプロセスを通じて大衆に波及する「散布」(broadcast)のかたちをとる。他方、ボランタリスティック社会観では、探査の拠点は広く散在し、活用は、知を欲している人が必要なときに知の源泉へとアクセスする「接触」(contact)のかたちをとる。(10)

われわれの実践と知との連関は、二つの社会観の間で大きく相違する。決定論的社会観では、知は重要ではあるが、大多数の人にとっては外生的なものである。他方、ボランタリスティック社会観では、知はわれわれの実践に密着し、実践そのものとも考えられるのである。とすれば、ある主体のパフォーマンスの源泉が、知であるという認識が説得力を有してくるようになる。価値が重要性と希少性の関数であるとするならば、現代の知はまさにこの条件を満たしている。なぜなら、知は象牙の塔から解放されてわれわれの日常生活を広く覆うものであり、この点で重要性を持ちながら、同時に暗黙でローカルなものであり、それだけユニークで希少だからである。

しかし、知と価値の間に相当因果関係を認める知識価値説は、ボランタリスティック社会観に派生するものでありながら、ボランタリズムの立場からは二つの側面で否定されるのである。

第一に、知と価値とがリニアに結びつくのは、社会の価値基準が客観的で固定的な場合に限られるのである。なるほど、われわれが事を成し遂げられるのは、知のおかげである。そこまでは認めてもよい。だが、行為(パフォーマンス、以下では行為とパフォーマンスとを同じ意味で互換的に用いる)とそれがもたらす価値は同義ではない。価値の基準が明確であり、変動しないのであれば、主体は逆算によってその評価基準に合致するようなパフォーマンスを実施することが可能である。その場合には、知と価値はパフォーマンスを介して対応関係を有する。しかし、価値基準は主観的、あるいはせいぜい間主観的であって、しかも移ろいやすい。客体としての価値基準もまた知の一形態なのである。主体と客体の間の相互作用、相互浸透を強調することがボランタリズムのあるべき姿勢であって、客体の不変性や受動性を想定することではないのである。

第二に、知の生産、移転、結合といった作動は、価値に誘導されているわけではない。何が価値あるパフォーマンスであるか、主体は前もって完全に知ることができない。特に、知が従来とは違った応用をなされるとき、このことはいっそう当てはまる。また、知によって創出される価値を知りえたとしても、主体がその知をいかに扱うかは当人の選択の問題である。知が価値負荷的であるとすれば、それは主体の内部でのみ起きることである。そして、主体の価値体系が複雑であるほど、知の目指す方向も一意的には決定されないのである。多様な人間の価値体系の一本化を図ろうとする人間モデルもまた、近代合理主義的バイアスの所産である。

3 ボランタリズムの遍在

ところで、今日「ボランタリズム」とカタカナで表記されるところの語源としては、本来の voluntarism よりもむしろ volunteerism が該当するようである。volunteerism は、ボランティア活動を意味する。おそらく、ボランタリズムと聞いて何を想像するかと問われれば、人々の多くはボランティア活動に関連する言葉、例えば、介護、福祉、NPO、NGO、環境保護、などを挙げるであろう。

われわれは、voluntarism と volunteerism との混同を歓迎すべきではなかろうか。なぜならば、このことは従来の自由意思という「ボランタリズム」概念に対して、無償性という新たな光を投げ与えるからである。

知と価値の間の確定的な連結は否定されるが、それらの中間に位置するパフォーマンスと知との対応関係は認めてよい。つまり、価値の源泉は必ずしも知であるとは限らないが、パフォーマンスの源泉は知である。知―パフォーマンス―価値の三要素間の関係を考えたとき、後二者の間には弱い結合しか働いていないが、前二者の間には強い結合が働いている。科学論文を例にとって説明しよう。その論文が、学会で評価されるか否か（価値があるのか否か）は確定しがたい。しかし、論文執筆というパフォーマンスの背後には、執筆者の持つさまざまな知が存在していよう。路上ミュージシャンの演奏を例にとってみよう。演奏が、聴衆の喝采を浴び、おひねりを投げさせるかどうかは不確定である。しかし、演奏が可能なのは、そのミュージシャンが演奏にとって有用な知を持っているからである。

ポランタリスティック社会観に基づく知の特質である暗黙性とローカル性は、コインの表と裏の関係である。つまり、知が暗黙的ならば、移転や模倣がきわめて困難となり、ローカルのまま留まるのである。知の運搬は、物質の運搬よりもはるかに低コストに見えるが、その暗黙性を考慮すると実はそれほど楽な作業ではない。知の暗黙性の帰結は、社会における問題解決の場所と知とが同居するということである。誰が真の問題解決者か。この問いに対して、推理小説を愛読する者は、受益者＝真犯人の恒等式を当てはめるであろう。だが、パフォーマンスと価値とは弱い結合である。パフォーマンスと強く結合しているのは知であり、真の問題解決者はその遂行に関する知を保有している者となるのである。(11)

次にわれわれが考えなければならないのは、知をパフォーマンスへと駆り立てる動機である。知は自動的にパフォーマンスを導くわけではない。そこに作用する力が解明されなければならない。今述べたとおり、パフォーマンスと価値とが弱い結合である以上、知とパフォーマンスとの間に、価値からのフィードバック矢印を引いて主要動機と見なすことは無理がある。

よりシンプルで明快な図式は、知とパフォーマンスの間に、価値からではなくてパフォーマンスからのフィードバック矢印を引くことで完成する（図表3―1）。人はなぜ知をパフォーマンスに適用するのか。答えは、そ

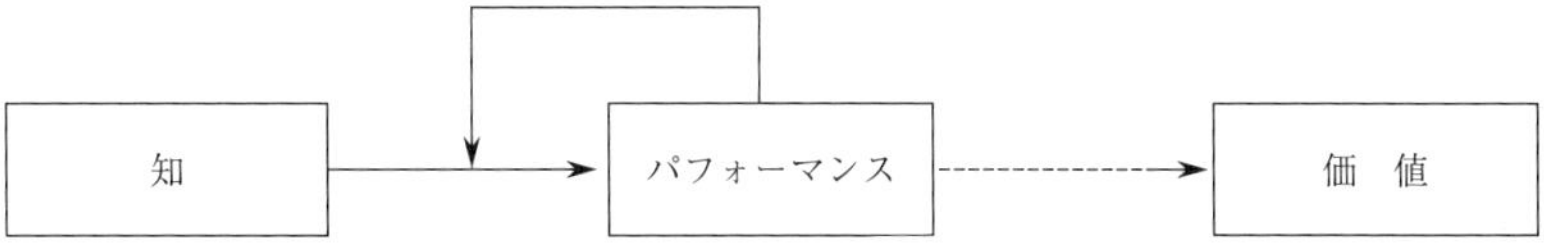

図表3―1　知、パフォーマンス、価値の連鎖

のようにしたいから、ということなのである。これこそが自由意思の本質である。

個人がそれぞれ孤立せず、相互依存しながら暮らす社会においては、ロビンソン・クルーソーが行ったような自助的なパフォーマンスよりも、他者奉仕的なパフォーマンスに焦点が当てられがちである。だが、パフォーマンスが自己に向けられている場合であれ、他者に向けられている場合であれ、動機は本質的に変わらないのである。

図表3―1にしたがえば、科学者が論文を執筆するのは、そのこと自体が目的だからであって、論文が他者からいかなる評価を受けるかは二の次の問題である。また、ミュージシャンが路上で演奏をするのは、そうすることに意義を見出しているからであり、周りに受けるとか人気者になれるといった期待に基づいているわけではないのである。

正確ではない「ボランタリズム」概念、つまりvolunteerismは、図表3―1の持つインプリケーションを明らかにする意味で有意義である。ボランティア活動とは、自発的かつ無償の行為であり、誰かに強制される性質のものでもないと同時に、功利的な計算に基づいてなされる性質のものでもない。無償性は、従来のvoluntarismからは抽出困難な特性であり、volunteerismの援用によってようやく明示化される。たとえ、知が適用されたパフォーマンスに何らかの価値が付随するとしても、それは意図としてではなく結果としてにすぎないのである。

人間の行為に何らかの法則や秩序を発見しようとする決定論的視座とは反対に、われわれの社会にボランタリズムは広く観察されうるであろう。主体は、自身が保有する知を自由意思にしたがってパフォーマンスへ適用している。その意思に価値創出法則が影響することはない。

意思の背後に普遍的な法則が貫かれているとするならば、究極的には決定論に立脚していることになるからである。各種のボランティア、サブカルチャー、インターネット上にある星の数ほどのウェブサイト、これらの行為は大部分がボランタリズムによって支えられている。

二　資本主義・社会主義・ボランタリズム

旧ソビエト連邦の解体、ベルリンの壁の崩壊によって、資本主義と社会主義の間のイデオロギー論争は、ほとんど消滅したかのようである。だが、ボランタリズムへの注目は、市場と政府が、それぞれ知の適用に際していかなる特性を有するのかを改めて問う。

営利を目的とした民間部門（private sector）とも政府が関与する公共部門（public sector）とも異なる、あるいは両部門の中間に位置するという意味で、ボランティアあるいはNPO（非営利組織）が属しているフィールドは第三セクター（third sector）と呼ばれることがある。第三セクターは、市場（民間部門）の柔軟性・効率性と官僚制（公共部門）の公正・予測可能性といった両部門の利点を組み合わせることで、民間・公共部門が持っている弱点に対するオルタナティブを提供しているとされる。今や多くの国は、資本主義の特色と社会主義の特色に加えて、ボランタリズムの特色をもあわせ持つ「混合経済」となっているのが現状である[12]。

ボランタリズム概念には、volunteerism が後押しするかたちで、本来の自由意思の次元の他に無償性の次元が析出された。ボランタリズムは、自由意思という次元では社会主義よりも資本主義の親戚のようである。だが、無償性という次元では、ボランタリズムは資本主義との間に深い溝を形成しており、むしろ社会主義に近いようである。ボランタリズムという理念上の経済体制があるとすれば、それは資本主義および社会主義といかなるかたちで対比されるのであろうか。

1 イノベーション——経済における自由意思

一見すると、イノベーションと自由意思とは不釣合いなカップルである。イノベーションと最も相性の良い教義は企業者精神（entrepreneurship）であろう。経済学者J・A・シュムペーターが述べたように[13]、イノベーション、別名「新結合」は、日常業務を指揮する単なる経営管理者とは明確に区別される企業者によって担われる。

だが、決定論への明らかな反抗という意味において、イノベーションとは自由意思に貫かれた行為なのである。シュムペーターは、完全な競争市場の力によって均衡が達成されるのは静態的経済においてのみであると言う。それは、主体がさまざまな与件に対して順応するにすぎない、必然性に支配された世界なのである。アダム・スミスの有名な言葉である「神の見えざる手」は、まさに人々の行為が究極的には神によって規定されるという決定論をたくみに表現している。経済主体は、他人への慈悲心からではなく自己の利益を求めて活動する。その際、経済主体の行動を決定づけるのは、他のなにものでもなく、当事者の自由意思のはずである。

哲学の歴史上、決定論者は自由意思の愚を説き、公共の利益を優先すべきであると説いてきた。個人の自由と社会の利益とは相容れないし、だからこそボランタリズムと決定論は長らく敵対関係にあった。市場メカニズムは、個人の利益と社会の利益とを両立させうる。一見すると自由意思に駆り立てられたかに見える個人行動が合成された結果は、神の見えざる手によって落ち着くべきところに落ち着くのである。

経済学が力学から借用してきた「均衡」の概念は、自然界だけではなく経済体系においても、整然としたエレガントな秩序が成立していることを証明するのに多大な功績を残した。自由意思——経済学者は自由放任（レッセフェール）と呼ぶ——は、完全競争市場の下では、社会の厚生——パレート最適と呼ぶ——を実現する。経済主体は自身をとりまく環境を操作することは不可能であるし、経済主体の行動は、決して偶発的な性質のものではなく、効用最大化という唯一の原理にしたがっているのである。経済学の理論体系は、自由意思を決定論によって包含し、機械論的社会を描いているのである。

他方、イノベーションとは、受動的適応ではなく創造的反応であり、経済体系の自発的かつ非連続的な変化と均衡点のシフトをもたらす動態的な現象である。イノベーションを遂行する企業者は、既存の秩序への挑戦者なのである。

では何が人を企業者へと変貌させ、イノベーションへと駆り立てるのであろうか。ただちに思いつく解答は、イノベーションからの利益（利潤）である。人の行動の背景には何らかの動機があるという公理を受け容れるならば、きわめて経済的な事象であるイノベーションの遂行を、経済的な利潤動機へと帰属させることは不自然ではない。たしかに、循環的な静態経済では、超過利潤は発生しえないとされるから、イノベーションと利潤の間には相関がありそうではある。しかしわれわれは、相関がありそうだとは言えるけれども、利益獲得動機という原因がイノベーションという結果をもたらすとは言えない。そういう見方は、あまりにも単純化されている。シュムペーターによれば、企業者を動機づけるものは、①私的帝国を建設しようとする夢想と意志、②勝利者意志、そして③創造の喜び、だというのである。(14) 利潤という動機は、それらの背後に追いやられているのだ。

シュムペーターは次のようにも述べている。

「われわれは、企業者が特殊な社会現象として存在するような特定の歴史的時代における企業者のみを問題とするのではなく、この概念と名称をその機能に結びつけ、またどのような形態の社会においてであろうと、事実上この機能を果たしているあらゆる個人にこれを結びつけるのである。したがって、彼らが社会主義共同体の機関であろうと、封建賦役農場の領主であろうと、原始的種族の首長であろうとかまわないのである。」[15]

資本主義とは切っても切り離せないはずのイノベーションは、必ずしも資本主義社会に特有の現象ではなく、企業者が存在するかぎりにおいてあらゆる社会に普遍の現象だというのである。

2　専有可能性

だが、イノベーションは必ずしも利潤を目的としていないということは、個別の現象であって、資本主義という経済システム全体は、利潤獲得を原理としてデザインされているのである。

イノベーションとは、知の新たな応用である。それは知のルーティンな利用とは正反対に、知の新結合、従来とは異なった用途への投入を行うことである。上述した知識価値説は、規範論としては存立しうる。イノベーションの遂行者には、それに応じた価値が帰属されるべきであり、価値が他者の手に渡るとすれば問題である。知の専有可能性（appropriability）を考慮することが資本主義の設計思想に他ならない。そしてこのことは、決定論的社会観ではなくボランタリスティック社会観に立脚したときに重要なイシューとなるのである。

決定論に基づく資本主義観は、知の専有可能性をほとんど省みない。なぜならば、そうした社会では、知はもっぱら大学において経済の動向とは無関連に生産され、科学的知の生産者は、知の経済への利用を念頭において探究しているわけではないからである。実用化段階での知は、公共財であり実用者にとって与件である。資本主義の特色をなす所有権（私有財産権）は、有形の資産のみに設定されればよい。

だが、ボランタリズムに基づく資本主義観に立てば、知のリーダーとフォロワーの二分法は成立せず、知は民主化される。生産へのインプットとしての知は、生産者自身が創造し、あるいは内部で蓄積しているものであり、コウノトリが運んでくるわけではないのである。所有権は、無形の知に対しても設定される必要が生じてくる。暗黙知は直接的に所有権による保護を要しない。というのは、暗黙知はその性質上、模倣がいちじるしく困難だからでもあり、存在が証明できないものの権利を保護することは行き過ぎだからでもある。だが、科学的・理論的な知に限定されないローカルな形式知、例えば商標、デザイン、特許などは、競争優位にとって重要な資産であるがゆえに、所有権の設定によって保護される必要が生じてくる(16)。

知識資本主義社会と称される現代社会は、従来の資本主義とは異質のものと認識されがちである。しかしそれは、従来の有形資産に対する所有権に加えて、無形の知に対しても所有権を認める社会である。知識資本主義の発生は、これまでの資本主義に取って代わる革命ではなく、それを強化・延長させた進化にすぎない。

理念的な経済体制として、資本主義に対抗するボランタリズムがあるとすれば、それは知の専有可能性を考慮しない体制を指すであろう。混乱を避けるために議論を整理すると、ボランタリズムに立脚した資本主義経済は、知の専有可能性を考慮するのに対して、ボランタリズムに立脚したボランタリズム経済――同義反復的であるが――は、そのような体制になっていない。資本主義とボランタリズムとは、上述のように知の応用に際しての自由意思――主体的選択――という点では共通性を有しているが、応用の結果として発生するであろう価値の保護という点では対照的となる。資本主義が価値の保護を保障する制度的メカニズムを構築する一方で、ボランタリズムの経済体制はそうした制度的メカニズムを発達させない。ボランタリズム経済の下では、主体は知の応用を自発的に行うのであるが、価値を囲い込むことには無頓着なのである。もちろん、価値が誰にも帰属しない経済は想定しがたく、価値は知の応用に随伴するであろう。しかし、行為と価値の対応は、はなはだ不完全であり、主体は期待価値から逆算して行為するのでもないし、行為に見合う、遡及して考えれば知に見合うと主観的に認知する価値を手に入れなくても気にしないのである。

3　外的影響力

知の専有可能性を権利化しないという点で、理念型としてのボランタリズム経済は社会主義経済と類似する。社会主義経済では、主体が剰余価値を受け取るとすれば、政府からの配当金のかたちをとる。行為と剰余価値は、直接リンクしているのではなく、中央の政府を経由して主体に再分配されるのである。こうした剰余価値の分配のあり方は、政府が完全合理性を有する場合にのみ、主体の行為と価値との正確な対応を成し遂げる。

政府による剰余価値の分配という行為もまた、インプットとしての知を必要とするが、この種の知の性質は、暗黙性やローカル性とは著しく対照的である。暗黙でローカルな知を中央に集約することは、論理的に不可能である。したがって、社会主義経済に適合する視座は、自由意思論ではなく決定論に落ち着くことが示唆されるであろう。

実際には、政府は限定された合理性しか持たないであろうから、経済主体の行為と、成果として分配される価値との対応関係は不完全なものとならざるをえない。社会主義は、この点で知—行為—価値（図表3—1）の連鎖を断絶する。同時に、社会主義は知と行為の間のリンクも断絶する。資本主義経済ならびにボランタリズム経済では、知と行為は密接に重なる。ローカルで暗黙的な知を保持する主体は、何を行うかを自発的に決定し、自己の知を行為に適用するからである。だが、社会主義経済にあっては、経済主体が何を行うか――価値創造の側面――に関しても、価値分配の側面と同様、政府の意思決定に基づくのである。経済主体は、内発的に行為を成し遂げるのではなく、政府の意思決定結果を所与として、外的な影響力の前提に即して行為の意思決定を下す。社会における諸行為の布置は、集権的に決定される事項である。ここでも、政府が完全合理性を有するとの仮定は非現実的であり、ある行為が適切な主体、つまり適切な知を保有している主体によって遂し遂げられている保証はない。もちろん、ルーティンな行為の場合には、主体は過去の学習経験によって、それなりの知を蓄積しているであろうから、知と行為とのリンクは深刻な問題とはならない。しかし、知の創造的な応用であるイノベーションの遂行に際して、政府は適切な主体を発見しうるのであろうか。政府による発見は、恣意的にならざるを得ないであろう。このとき、知と行為とのギャップは深刻さを増す。

知と行為の同居の原則は、二つの側面を含んでいる。第一の側面は、上述したように、関連する知を保有している主体が行為するという側面である。この側面は、資本主義経済、および架空のボランタリズム経済では、主体の自発性に委ねられているのに対して、社会主義経済では、政府の選択に委ねられている。だが、行為のインプットとなる知は、主体にとってさえ暗黙的性質を備えているのに、他者である政府がそれをどのようにして知ることができるのであろうか。

知と行為の同居原則の第二の側面は、行為に必要な知を行為者のもとに収集するという側面である。資本主義経済とボランタリズム経済においても、実際には主体が行為をなすのに十分な知を持っているわけではなく、知と行為の間のギャップは存在する。だがこれらの経済では、主体はここでも自発性に基づいて、必要な知の創造や獲得に従事するのである。他方、社会主義経済では、ギャップ克服のために主体が自発的努力をはらう保証がない。とすれば、行為は知の不足のせいで不完全なものとならざるを得ない。あるいは、行為割り当ての責任者である政府が、行為者に足りない知を補填する場合があるかもしれない。だが、政府によって媒介されるこのプロセスは、主体が自発的にギャップを埋めようとする資本主義経済やボランタリズム経済でのプロセスと比べて、かなり非能率なように思える。

4 ボランタリズム経済は可能か

以上で述べた理念的な資本主義・社会主義・ボランタリズムの三体制は、知の自由意思と知の専有可能性の二次元を交差させることにより、図表3―2に配置される。

資本主義は、知の自由意思を認め、知の専有可能性を保護する経済システムである。社会主義は資本主義の対極に位置しており、主体の知の応用は政府の影響力の下に置かれ、知から得られるリターンの決定も政府に集約された経済システムである。ボランタリズムはこれら資本主義と社会主義の「間」に位置づけられる。「間」とは、①分析的に見れば、ボランタリズムは知の自由意思という次元では資本主義と共通し、知の専有可能性という次元では社会主義と共通しているから、二つの経済システムの中間物である、②しかし総合的に見れば、ボランタリズムは資本主義とも社会主義とも異なる、という二つの意味を持っている。

図表3―2では、セルⅢは空白地帯である。セルⅢは、理想的にはセルⅣに位置する社会主義国が、人々を動機づけるためにシフトしようとした方向性であり、修正社会主義とでも呼ぶべき経済システムである。だが、それでも歴史は社会主義の失敗を露呈した。この事実を前提とすると、社会主義が資本主義と比べて有効に機能し

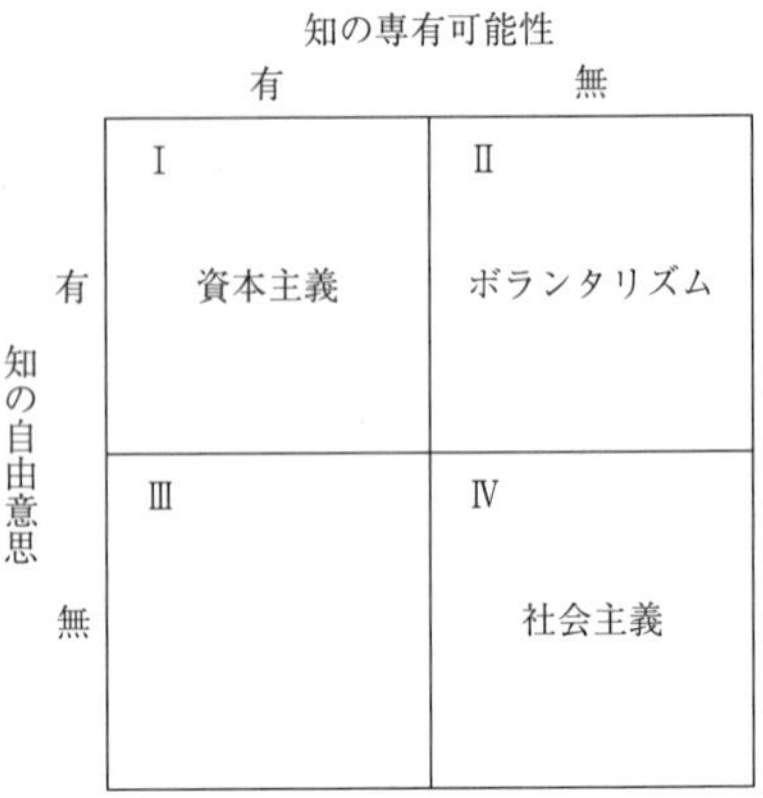

図表3―2　資本主義・社会主義・ボランタリズム

なかった原因は、知の専有可能性に由来するのではなく、知の自由意思の有無に由来するのではないかとの解釈が可能である。つまり、誰が何をなすべきかの決定が、社会主義ではすべて中央当局によってなされるために、関連する知のあるところに行為が生起せず、経済が停滞したか、もしくは必要な知の不足が不十分な行為（欠陥、遅延といったロス）を招いたと見なすことができるのである。

後発国がしばしば社会主義体制に基づいて成長している事実は、このような解釈を支持する証拠として提示されうる。行為の先行モデルが存在し、またそれに必要な知がいかなるものかが明らかならば（形式化されていれば）、中央当局は知と行為の同居問題に頭を悩まさずに済む。当局は、すでに成功が立証された行為を適当な主体に割り当て、不足する知をその主体に移転すればよい。あるいは、政府自体が行為に必要な知の移転に直接関わらないとしても、どこに関連する知があるかに関する知を主体に提供すればよい。形式知の移転は、暗黙知の移転に比べてはるかに容易である。だが、この方式は、どのような行為が成功するか不確定な状況、そして行為に必要な知が不確定な状況、つまり国が他国との競争上フロントランナーになったときには破綻してしまう。

ところで、現実にも資本主義国と社会主義国は存在していたし、今も存在している。理念的な「ボランタリズム国」は果たして実現しうるのか。結論を先取りすれば、ボランタリズムが一国全体を覆う経済制度となることは不可能である。そのような国は、空想上のユートピアである。

ボランタリズム国では、人々は知の専有可能性に無頓着である。ただし、このことは、知的所有権の概念が存在していないことではなく、存在しているが眠っていることを意味するのである。知の濫用者が現われた場合、いかに罰せられるべきか。多数の人から構成される国民国家は、知の濫用者を法で裁くしかない。とすれば、眠っていた知的所有権を起こさざるを得なくなり、ボランタリズム国の体系は成り立たなくなる。さもなければ、知の濫用を事前に阻止するために、人々の行為を規定し指揮する機関を設置する必要がある。だがこれは、いうまでもなく社会主義への転化である。知の自由意思と知の専有可能性の放棄とを、国家レベルで両立させることは非現実的である。

法や機関に基づかずに、知の濫用者を罰するあるいは阻止するためのメカニズムは、国家よりもはるかに小規模な社会でなければ機能しない。機会主義は仲間外れにされる、しっぺ返しにあうといったリスクは、人間が継続的に相互作用するような限定された範囲のコミュニティでしか知覚されない。コミュニティの住人は、皆が善人だから相手を出し抜く行動をとらないのではない。そうではなくて、相互に相手の顔が見えるコミュニティでは、短期的利益を獲得しようとする裏切り行為は、いずれ必ず報復を招くため割に合わないのである(17)。

三　知と組織

ここまでの議論はすべて、方法論的個人主義に基づいた、つまり個人の行動を分析単位とする社会考察である。だが、個人と社会の間には、人々の協働体系である組織が存在する。現代社会の考察に際し、個人と社会というわずか二つのレベルを措定することは適合性を喪失している。社会の基礎的構成単位は、今や個人から組織へとシフトした。われわれの生活は、企業、官庁、学校、病院といった人々の協働体系に大きく依存している。また、社会は原子論的な個人の集合としてよりも、組織間ネットワークとして理解されるのである。

1 知の統合機関としての組織

繰り返し述べるように、知は行為に対するインプットである。行為主体が個人の場合には、個人は自身が持つ知を行為へと投入することで、事を成し遂げる。では、行為主体が組織の場合にはどうなるのであろうか。組織は、組織それ自体が持つ知を行為へと投入するのであろうか。

組織を擬人化してとらえるこの考え方は、必ずしも誤謬ではない。

「組織は頭脳を持っていないが、認知システムや記憶を持っている。個人が時間とともにパーソナリティーや習慣、信念を発達させるのと同様に、組織は世界観や理念を発達させる。構成員が集合・離散し、リーダーが交替しても、時間の経過とともに、組織の記憶は行動、メンタル・マップ、規範や価値観を蓄積していく。[18]」

組織は個人を構成要素とするが、要素の単なる総和ではなく、要素には還元できない創発特性を有する。そこにわれわれは組織的知の存在を認めてよい。だが他方で、組織を構成する個々人も知を有していることは、紛れもない事実である。そして、組織的な知は、組織を構成している個々人が持つ知を統合する役割を果たすのである。[19]

相互にまったく異質の文化的背景を持つ諸個人が集まり、協働しようとするとき、彼らのチームワークはひどくチグハグなものとなるであろう。だが、時間の経過とともに、メンバーは事の運び方、相互理解、共通のものの見方といった組織的知を発展させていくことになる。協働は、当初と比べて能率的になる。また、メンバーの一部が交替したとしても、新参者は当該組織に固有の方針、行動様式、スラングをやがて学んでいくであろう。こうした組織的知は、メンバー間のコミュニケーション過程を通じて創造され浸透する。だが、より重要な点は、その因果関係の逆転が果たされることである。つまり、組織的知があるからこそ、メンバー間のコミュニケーションは促進されうるし、それと同時に、コミュニケーションの必要性を減じることにもつながる。

伝統的な組織観では、組織的知は、以上で述べたようなメンバー間の接触によって創発する知ではなくて、「作業」(operation)とは明確に区別される「管理」(management)に関する理性的な知であるとされてきた。管理とは、他人を通じて事を成し遂げることであり、モノに物理的な働きかけを行う作業を方向づけ、調整し、統制する過程である。そしてこの管理技法としての組織的知は、管理者によって保有されている。個々の管理者が保有しているとしても、知の獲得・蓄積は、個人的ではなく全体的視点からなされた行為である点で、管理知＝組織的知なのである。

創発的に形成された組織的知と、一意的に定められた管理知としての組織的知のコントラストは、自由意思論と決定論のコントラストと相似である。実際の組織における組織的知の様相は、これらを両極とする連続体上のどこかに位置づけられるであろう。つまり、諸個人の知を組織的行為に向けて統合するための体系的な知は、一方で管理者に保有され展開される側面を持ちながら、他方でメンバー間の集合学習過程を通じて生成し発展する側面を持っているであろう。しかし、組織論・管理論の変遷を回顧したとき、組織的知は階層の上位に位置する管理者の手から、メンバー全体の手へとシフトしていった歴史を読み取ることができる。決定論的な組織観はしだいに廃れ、ボランタリスティック組織観が現われてきたのである。前者を代表するのは、M・ウェーバーの官僚制論、F・W・テイラーの科学的管理法、H・フェイヨルを始祖とする管理過程学派であり、後者を代表するのは、非公式組織の重要性を説いたE・メイヨーやF・レスリスバーガーによる人間関係論、C・I・バーナードの近代組織論[20]、一連のモティベーション理論、組織文化論などである。

上位からの働きかけなくして、メンバーが自発的に組織的知を創造し、自らを律するというボランタリスティック組織観は、経営学が開発してきた理論モデルであるが、経営学の学際性ゆえに、自己組織化の理論にも基盤を負っている。自己組織化理論は、システムの要素が自生的秩序を形成する根拠を、要素が持つ自己言及性に求める。つまり、各要素は、これら要素から構成されるシステムの全体像を内部に保有することで、相互参照（＝組織化）を実現する。システムは、要素レベルにおいて、その要素から構成されるシステム像が観察されうる入れ子構造をなしているのである[21]。

2　知の自由意思と組織の両立可能性

組織的知は、管理の形態をとるにせよ、メンバー間の共約知の形態をとるにせよ、組織の存立を前提としてはじめて創造される知である。他方、この組織的知によって、協働行為に向けて統合される諸個人の知は、どこに由来するのであろうか。個人的知とは、全体的観点ではない知ということであるから、専門的な知、例えば生産、研究開発、営業といった各機能（職能）に関する知であると定義しておけばよいのであろうか。

厳密にボランタリスティックな組織観は、個人に本来から備わった知として個人的知をとらえる。個人は組織に先行していなければならない。自然状態における個人から出発して、組織の成立が説明されなければならない。単に専門知として把握される個人的知は、当該組織の以前の協働行為の学習成果を含むため、矢印の方向が逆転する（個人→組織ではなく、組織→個人となる）。こうした専門知を持つ個人は、組織から完全に独立しておらず、真の自由を体現していない。組織から授かったのではない、いわば自然権的な知を個人的知と見なすべきである。

だが、自然状態の個人的知の想定は、かなりの虚構性に満ちている。この想定を大幅に緩和して、個人的知とは、個人が持っており、しかも個人が貢献しようとする組織の影響を受けていない知と定義しよう。つまり、当該組織以外を源泉とする知、例えば、大学で習得した知、独学に基づく知、日常生活で会得した知などが、個人的知と見なされる。こうした個人的知を持った個人を前提としてはじめて、ボランタリスティック組織観が成立すると考えるのである。当該組織にはまったく借りがない状態の個人が、真に自由意思に基づいて個人的知を提供し、組織的知がメンバー間の相互作用によって創発することで組織的行為を成し遂げるというのが、ボランタリスティック組織のイメージである。

当該組織にはまったく負債がない状態の個人とは、組織への新参者を指す。だから、メンバー全員にまったく負債がない状態は、新たに組織が生成される際にのみ現われる。しかし、新しく誕生した組織には、メンバーの個人的知を統合するための組織的知が欠落している。この場合、組織がある行為を成し遂げるためには、メンバー間で共約可能な知を急遽採用する必要がある。異質なメンバーが受容できる共約知は、おそらく人類普遍の理念や信念となるであろう。

設立から時間が経過した組織には、諸条件をもう少し緩和した上で、ボランタリスティック組織観を当てはめることにしよう。組織的行為を通じて、個人は学習する。先ほど述べたように、その学習結果は個人的知と呼べず、それを次回の組織的行為に応用するときには、真の自由意思は存在しない。しかし、もしも学習結果が、個人が他の機会で獲得してきた知（個人的知と呼べる）に比べて微少であり、また当該組織の次期の協働にインプットされるのはもっぱら他の機会で獲得してきた知である場合には、不完全ではあるが自由意思の存在を認めて構わないであろう。

現実に、この種の組織は観察されるのであろうか。今日の典型的な組織である企業の実像は、この状況とはあまりにもかけ離れている。しかし、ボランティアによって構成される組織Aに関してはどうであろうか。Aの構成員は、企業や官庁などで週四十時間の労働に励む一方で、余暇を利用して協働でボランティア活動を行う。協働現象は、ときどき見受けられるのみで、日々反復されるわけではない。その上、Aの構成員が協働のために適用する知は、企業や官庁での仕事を通じて獲得された知である。組織的行為を通じて、構成員は学習するが、それは週四十時間の労働から得られる知と比べて微々たるものである。もちろんAでは、構成員に備わった個人的知を統合するための組織的知を発達させていく。

組織にはまったく、あるいはほとんど借りをつくっていない基本的に自由な個人を想定することは、以上のように随分と特殊な状況下でのみ可能なのである。なぜ、このように七面倒な思考をする必要があるのか。それは二つの理由に基づいている。

第一の理由は、厳密な意味での自由意思と組織とは、今述べたような特殊なタイプの組織[22]でしか両立しえないからである。組織を分析する科学者は、元来、組織に対してシニカルな態度を示していたはずである。組織は合目的性や有効性を有する一方で、個人を抑圧するものであると。ところがいつの日からか、組織科学者は個人と組織との関係をかなり楽観視するようになってしまった。自己組織化理論や進化論、量子論の安易な引用が、この傾向に拍車をかけたことは疑いない。自由意思と協働との両立を考察するのに妥当な対象は、エスタブリッシュされた大企業ではなく、突発的に形成され短期間のうちに解消されるような組織、もしくは本業を別に持った人々から構成され、散発的に活動する組織である。

第二の理由は、組織に対する個人の絶対自由が、個人の当該組織以外の場からの学習に依存していることの意義を主張したいがためである。組織は多様な個人の知を統合する「知の求積器」であるが、裏を返せば、個人は、多様な組織へ向けて自身の知を応用する「知の放射器」である。

3　知の放射器としての個人

人口に比して組織の数が増大する社会——組織社会とは、組織がわれわれの生活のありとあらゆる側面に幅を利かす社会ととらえることができる。しかし、個人の視点から発想すれば、組織社会とは、個人が数多くの組織にマルチプルに参加する社会である(23)。

あらゆる参加が、知の提供をともなうとは限らない。例えば、個人がある組織に顧客として参加する場合には、個人と組織とは、金銭と引き換えに商品を受け取る以上の関係にはならないかもしれない。だが、マルチプルな参加を前提とすると、個人は特定の一組織に対してのみ知を提供していると考えることは非現実的である。そして、提供される個人の知が、特定の一組織における経験を通じた学習結果と把握することも非現実的なのである。

個人は多様な組織を源泉として知を習得し、多様な組織に向けて放射する。再び組織の側の視点から見れば、複数の組織が個人の持つ知を多重利用していることになる。同時に、個人の持つ知は、複数の組織によって育てられていることにもなる。こうして、知の獲得と利用に関しての多元性を有する個人は、獲得と利用のサイクルが特定の組織の意図に決定されていない点で自由であり、組織の影響力からは独立した自由意思を有することができる。

以上の考察は、組織論の今後の展開にいくつかのヒントを提供するであろう。

個人を中心とした組織論は、従来のような管理者の観点からではなく、組織の中の個人の観点から、モティベーションや学習プロセスを解明しようと試みているようである。だが、個人を単一組織の文脈のみにおいて考察するのは、経済学のアナロジーを借りれば、単一の財市場を分析する部分均衡分析にとどまっているのである。個人と組織との関係で、個人を尊重する研究スタイルを採用するのであれば、一般均衡分析を目指す必要がある。つまり、複数組織の文脈の中に個人を置き、個人に主たる焦点を合わせながら、個人が関わりを持つこれら複数の組織の動向が解明されなければならない。

上述したとおり、現代の社会は、組織間ネットワークとして把握可能である。組織論は、ミクロの個人レベルへと視点を移動することもできる一方で、マクロの社会レベルの解明にまで昇華することもできる。この組織間ネットワークとしての社会分析に際して、複数の組織が個人の持つ知を多重利用しているという前提に立つことは、分析結果にいかなる影響を及ぼしうるのであろうか。知の多重利用の影響はほとんど無視しうるのか、それとも重大なのか。現時点では不確定であるが、ただ一つ言えることは、経済学の社会分析は、分業をカギ概念として社会を微分したアプローチであるのに対し、組織間ネットワークとしての社会分析は、社会を組織単位に微分しつつ、他方で知の多重利用という積分も用いるということである。

四　ビッグビジネスにおけるボランタリズム

以上のとおり、厳密に自由意思を強調した組織分析は、非常に特殊な状況を想定する必要があり、それゆえ未開拓の領域である。ここでもう一度、自然権的な自由意思概念から、もう少し不可能性の低い自由意思概念に話を戻そう。つまり、個人が強制を意識しないという意味での自由意思概念を利用しよう。今日高揚するvolunteerismの潮流と相まって、本稿でのボランタリズムは、知の自由意思と知の専有可能性の看過の二次元で把握される。こうしたボランタリズムは、もっぱら企業を対象としたこれまでの経営学説の中に散見されうる。仮説的虚構としての企業像ではなく、リアルな企業像を提示しようとする経営学は、企業の中に芽生えたボランタリズムをすでに発見しているのである。

1　企業と自己実現

組織のイメージと、組織を構成する人間のイメージとは、密接に関連している[24]。

企業を利潤追求機関と見なせば、それを構成する人間もまた経済的動機に満ちた存在と見なされる。この「経済人」は二つのタイプに細分化される。第一のタイプは、経済的目的に駆られ、その目的を達成するための合理的な手段を知っている冷徹なエリートである。第二のタイプは、状況を把握して適切な手段を選択できるような頭脳は持っていないけれども、手段さえ教えてもらえば金銭動機に駆られて自動的に働く人間機械である。これらの人間像はそれぞれ、教育がそれほど充実していない社会における組織の経営者と労働者とを理念化したものであり、二つのタイプを結合することで上意下達の組織観が生まれる。二十世紀初頭の伝統的な管理論は、多かれ少なかれこうした人間観、組織観に彩られており、受動的だがカネには目がない賃金労働者を管理するための手法や原理を提示してきた。

従業員の行動を支配している論理は、能率ではなく感情であると主張した人間関係論は、伝統的な管理論に対するアンチテーゼであった。従業員のモラール（士気）は、照明度や休憩時間といった物的な環境や金銭的な報酬ではなく、職場に自然発生する非公式組織での帰属意識や連帯感に左右される。一九三〇年代に開発されたこの理論は、それまでの伝統的な管理論の限界を打ち破るものとして産業社会に広く受け容れられた。

伝統的管理論から人間関係論への移行は、金銭的誘因に代わって非金銭的な誘因を打ち出したという点で、前掲した図表3―2の横軸とほぼ並行的である（社会主義の修正方向とはベクトルが逆である）。しかしながら、人間関係論が暗黙裡に想定する人間像は、伝統的管理論と同様に、受動的で未成熟な子どもなのであった。

第二次世界大戦後に生まれた行動科学は、人間関係論を批判的に継承するかたちで、組織における人間観に新たな地平を開拓した。行動科学的なモティベーション理論は、心理学者のA・H・マズローによって提唱された「自己実現」（self actualization）の概念に集約されうる。マズローによれば、人間の欲求は五段階の階層をなしているが、その最高峰に位置するのは、挑戦、達成、成長といった自己実現欲求であり、充足されれば解消する他の欲求と異なって、再帰的に現われしだいに高度化する性質を持つというのである。

D・マグレガーは、伝統的な管理論における人間観をX理論と呼び、自己実現欲求を持った人間観に基づくY理論と対比させた。X理論にしたがえば、人間は生来仕事が嫌いで、できることなら責任を回避し、野心を持たず、安定を求める。このような性格の人間は、命令や統制を受けなければ働かない。他方、新たなY理論では、人間は進んで目標達成に向けて働き、問題解決のために高度な想像力を駆使し、創意工夫をこらす能力を備えた存在と見なされる。にもかかわらず、企業においては、従業員のこうした能力は一部しか活かされていないのである。

H・ハーズバーグは、従業員の仕事意欲に関する刺激を、衛生要因と動機づけ要因とに分類した。さまざまな刺激は、仕事意欲に対してプラスにもマイナスにも働くはずなのに、彼の実証研究結果は意外な事実を示した。会社の方針や運営、監督、作業条件、給与などは、多くの人にとっては不満を生む要因であるが、たとえそれらが改善されても人々を積極的に動機づけることはなく、ちょうど衛生状態のように、健康の悪化を防ぐものであっても増進するものではないような要因である。人が強い満足を感じ、人の成長を促進するような動機づけ要因は、達成や承認、責任といった仕事それ自体に内在している。

従業員が何を欲しているかがわかれば、管理者はそれを報酬として従業員の目の前でちらつかせることにより、従業員の勤勉を引き出すことができるであろう。この考えでは、従業員にとって仕事は欲求充足のための手段にすぎない。しかしハーズバーグの研究は、仕事そのものが人を動機づけることを明らかにした。この研究結果を受けて、仕事のあり方の見直しを図る職務再設計の議論がさかんに展開されはじめた。細分化、パターン化された職務ではなくて、やりがいや面白味に満ちた職務への転換が模索されたのである。

伝統的管理論や人間関係論の前提にある受動的な人間像は、モティベーション理論の興隆によって、創造的で主体的な人間像へと転換を遂げた。このシフトは、図表3―2における縦軸とほぼ並行である。同時に、仕事意欲は、遂行の結果としての金銭的刺激によって高められるのではなく、仕事そのものに埋め込まれた。このシフトは、図表3―2の横軸とほぼ並行であり、かつての人間関係論が促したトレンドをいっそう強化するものであった。かくして、モティベーション理論によって提示された新たな人間像は、異なった二つの軸の上を同時に移動することで、ボランタリズムの特性を強く打ち出したのである。

2　進化論的戦略

受動的で、複雑な感情を持たない人間観に基づくと、組織は部品を寄せ集めた「機械」としてイメージされる。機械の稼動はオペレーターを必要とし、管理者がその役割を果たす。他方、主体的で創造的な人間観は、動態的に活動する「有機体」としての組織観と結びつく。

有機体としての組織は、内的および外的の二側面で、自由意思の特徴を持つであろう。まず、対内的な自由意思は、さらにミクロとマクロの二つのレベルに分けて論じることができる。ミクロのレベルとは、上述のとおり、複雑な認知や自主性を持ち、進んで仕事に取組む個人に自由意思を確認しうるということである。マクロ・レベルの内的な自由意思とは、組織が自己を変革できる可能性を指す。

モティベーション理論を応用しつつ、組織の中の個人ではなく組織全体に変革をもたらすための手法として導入されたのが、組織開発（organizational development；ＯＤ）である。ＯＤは、組織の有効性や健全性を増進するために、組織のプロセス（コミュニケーションや意思決定、リーダーシップなど）へと介入し、変化を創り出すことである。もっとも、この変化の努力は、有機的（organic）というよりも人為的（inorganic）であり、トップマネジメントや外部コンサルタントの推進に基づくものである。だが、とにかく組織がＯＤを通じて自身を再活性化できる可能性は、組織全体の内的な自由意思を示唆している。

他方、外的な自由意思とは、組織による環境選択・変革の能力である。自由意思論と決定論の対峙は、主体の行為の原因は何かをめぐる論争であるが、主体と環境の間の因果関係をめぐる論争として説明することも可能である。決定論が、環境を第一義にとらえ、主体の行為は環境の影響力によって規定されるという視座をとるのに対して、自由意思論は、主体を第一義にとらえ、主体は環境を選択あるいは創造（enact）できるという視座をとる点にコントラストがある。

対環境的な自由意思論は、有機的組織観において存立する。では、逆に環境決定論は機械的組織観において成立するのかと問われれば、どうやらそういうことにはならないようである。機械的組織観には、そもそも環境という概念が希薄である。環境の存在は、有機体というメタファーの登場によってはじめて認識される。有機体（生物）というメタファーから、生存や進化の概念が連想され、そこから気候、食料、天敵といった有機体を取り巻く環境が連想されうるからである。

環境の選択や創造を果たすのは、組織の戦略の役割である。経営戦略論は、一九六〇年代のアメリカで、組織内部の個人に焦点を合わせたモティベーション理論とはまったく異なった背景から、A・D・チャンドラーやH・I・アンゾフによって提唱された。企業の多角化、資源配分、市場での競争などの経営戦略論のトピックは、企業による環境の主体的選択や環境に対する創造的適応の重要性を示している。

また、上述のODに代わって登場した組織変換（organizational transformation；OT）は、対外的な戦略と連携した組織要因、例えばミッションや目標、文化などをターゲットとし、それらのラジカルな変革を促す手法である。このOTの提示によって、組織の対内的な自由意思と対外的な自由意思とが歩み寄った。ただしOTは、微調整的なODよりもいっそう衝撃的であり、その過激さと全社的性質ゆえにますますトップマネジメントのコミットメントを必要とした。対外的な自由意思と融和しはじめたのはマクロ・レベルの自由意思であり、ミクロ・レベルの自由意思は忘却された。

ところが、組織における三層の自由意思、つまりミクロ・レベルの自由意思、マクロ・レベルの自由意思、対外的な自由意思が見事に統合された現象が一九八〇年代に着目されはじめた。それが、社内ベンチャーである。

社内ベンチャーは、自由志願制に基づき、新製品や新事業開発のアイデアを持った人間がリーダーとなって、リーダーにタスクと資源管理の責任権限をあたえる制度である。開発リーダーは、社内企業家と称されることもある。この社内ベンチャー制度は、①企業内の個人の自発性に基づく、②企業の新しい戦略を打ち出す、③成功の伝播によって、組織文化を変革する可能性を持つ点で、三層の自由意思を調和するものであった。つまり①はミクロ・レベルの自由意思、②は対外的な自由意思、③はマクロ・レベルの自由意思にそれぞれ対応する。

よりゲリラ的な現象として、会社の資源をくすねたり自腹を切ったりしながら、秘密裡に新製品を開発してしまうような「密造酒づくり」(bootlegging) や「スカンクワーク」が脚光を浴びたのも、一九八〇年代のことである。[25]

経営戦略論が開発される以前は、戦略は経営者の直感にゆだねられていた。理論の洗練とともに、戦略は演繹的・分析的に開発されるようになった。だが、いずれの場合にも、戦略とは、組織のトップで策定されるものであり、下位のメンバーにとっては与件であった。社内ベンチャーは、戦略のイニシアティブを組織の上位から下位へと委譲した。社内企業家および開発メンバーにとって、仕事は、自らの意思で世界を変えうるという点で、いっそう夢とロマンに満ちたものとなった。

3　幻のボランタリズム

だが、社内ベンチャーは今となっては伝説である。ベンチャーは、本来あるべき場所、つまり新興の独立企業へと帰巣した。かつて、あれほどもてはやされた社内ベンチャーは、歴史の中に埋没してしまった。

われわれは、社内ベンチャーをどのように評価したらよいのであろうか。立場が異なれば、評価も自ずと異なるであろう。ここでは、自由意思論者の立場から社内ベンチャーを独立ベンチャーとの比較で論じてみよう。

先ほども述べたとおり、社内ベンチャーは、ミクロ・レベルの自由意思、マクロ・レベルの自由意思、そして対外的な自由意思の三層を統合させようとする試みである。いや、正確には試みであったというべきであろうか。

第一のミクロ・レベルの自由意思に関しては、本章の三節で議論したとおり、自由の意味を根本的に考えると、自身の所属母体への負債が大きい社内企業家よりも、そうした負債のない独立企業家の方がより高度な自由意思を有しているといえよう。しかし、次のようにもいえる。つねに採算を考えなければならない独立企業家よりも、懐の深さを持った大企業の社内企業家の方が、妥協せずにやりたいことを行う自由意思を発揮できるかもしれない。

第二のマクロ・レベルの自由意思に関しては、独立ベンチャー企業と独立企業家はほぼイコールであり、企業家の自由意思はそのまま企業の自由意思につながる。他方、社内企業家の場合には、母体企業の文化と社内企業家の理念とは、等号で結ばれるどころかむしろ対立している。社内ベンチャーの失敗は、もっぱらこの対立から来る「内なる敵」に帰せられることが多い。第二のレベルでの自由意思の発揮を、独立企業家と社内企業家の間で比較するのは公正ではない。

第三の対外的レベルの自由意思に関しては、次のように考えられる。対環境との関連で、社内企業家と独立企業家の間にある差異は、環境がそれらに対して抱く先入観の程度の差として把握される。もちろん、環境が抱く先入観の程度は、独立企業家よりも社内企業家において大きい。なぜならば、社内企業家は母体企業の中では異質であっても、環境から見れば社内企業家は母体企業の一部であり、母体企業のイメージは、独立企業のイメージよりもはるかに環境に知れ渡っているはずだからである。対外的レベルの自由意思の発揮度を、先入観変革のインパクトととらえることにしよう。とすれば、潜在的には独立企業家よりも社内企業家の方が、対外的レベルの自由意思をより強く持っているのである。ただし、それは潜在的にというだけで、実現されるかどうかはまた別の問題である。

環境が抱く先入観がもしもネガティブなものであるならば、社内企業家は社外企業家に比べて不利である。これはもちろん仮定であるが、実際にそうである場合が多いかもしれないのである。というのは、組織内の個人がイノベーションを模索するのは、不満に基づくことが多いからである。[26] 環境の抱く母体企業に対するネガティブな先入観と、それを諦観する母体企業の体質を、理想主義者はとうてい肯定できないであろう。彼は不満を解消するために立ち上がるであろう。彼が社内企業家へと変貌した場合、二重の闘いを強いられるのである。一つは先に述べた「内なる敵」との闘いであり、もう一つは環境との闘いである。内なる敵だけを強調することは、事実の半分しか観察していない。

他方、環境が企業に対してポジティブな先入観を抱いている場合、その企業の個人は威信や満足を感じるはずである。彼に、あえてイノベーションを模索する誘因は働かないから、社内ベンチャーは創発しないのである。だが、もしも社内ベンチャーを起こせば、ポジティブな先入観を抱く環境の追い風のおかげで成功する可能性が高いのである。また、社内企業家と母体企業との間に大きな摩擦は発生せず、内なる敵には遭遇しなくて済む。

つまり社内企業家は、成功確率が低い状況で発生しがちなのである。だからわれわれは、成功した社内企業家には惜しみない拍手を贈らなければならないし、失敗した社内企業家を嘲笑ってはならない。彼らはボランタリズムの旗手である。現状を打破しようとする強い意思、なかんずく、環境に存する決定論者――組織のフィルターを通してしか個人を観察できない、「所詮あいつは○○組織の人間なんだろう」と思考する人々――に痛烈な打撃を加えようとする意思を、われわれは尊ばなくてはいけない。

五　NPOの興隆

一九七〇年代の末、経営戦略研究家のアンゾフは、営利企業と非営利組織(当時はNPOという表現は浸透していなかった)との収斂仮説を提示した[27]。彼は純粋に組織の対外的側面、つまり戦略行動について述べているのだが、組織内の成員の行動についてもこの仮説は当てはまりそうである。上述のように、モティベーション理論は、自発的で仕事それ自体に有意義感を見出す人間像を提示した。この人間像は、古典的企業の賃金労働者から遠く離れ、むしろボランティアに近づいているのではなかろうか。

1　クランの解体と生存

だが、営利企業とNPOの成員行動に関する収斂仮説は棄却される。収斂は、営利企業が安定成長を達成できている平和状態にのみ当てはまる傾向であった。そうした時代はすでに過去のものとなった。厳しい競争に直面した企業は、機関投資家のブーイングに屈し、血のにじむようなダイエットをこなさなければならなかった。従業員は恐怖と不安にさらされた。すでに充足され、解消済みと思われていたマズローの低次欲求が、人々の間で再び頭をもたげはじめた。

個人の側の生理欲求や安定欲求と、企業の側の苦しい懐具合とを勘案し、企業は個人の短期的なパフォーマンスを査定して報酬を支払う成果主義制度を採用しはじめた。組織的な行為の結果に対する、個人の限界生産性を測るというのである。個人にとって、仕事は目的から手段へと退行してしまった。

諸個人の持つ知を統合するための組織的知は、共有された理念や信条から、ブランド、情報システムといった唯物論的な知へと転化した。かくして、W・G・オオウチがクラン（clan）と呼んだ組織――成果測定のあいまい性を許容し、文化的に統合された有機的な組織[28]――は解体された。

組織において、個人の成果測定を厳密に行おうとすると、個人は機会主義的行動をとる。そもそも、個人の成果を厳密に測定できないことに、組織の優位性が潜んでいるのである。個人成果の測定不能性は、組織的知を通じて、諸個人の知が高度に統合されている事実を示すのであり、こうした高度の統合は、組織以外の代替メカニズム――市場では困難だからである。

成果を無理に測定しようとすることは、機会主義の横行により、知の統合を困難にする。特に、メンバー間に共約的な理念や規範による統合はむずかしい。メンバーの機会主義をコントロールし調整するのは、同僚ではなくて管理システム、手続、ルールとなる。つまり、伝統的で機械的な組織における組織的知が復活するのである。

ここにパラドックスが存在する。組織は、市場メカニズムを内部に浸透させようとすると、官僚的な特徴を有するようになるのである。オオウチは、市場と官僚制を対極に位置づけていない。対極をなすのは市場とクランなのであり、官僚制はそれらの間に潜む存在なのである。[29] 組織内に完全な市場を創出するのは無理であるから、市場主義の徹底は不完全にならざるをえない。クランと市場の間に位置する官僚制は、組織内部の不完全市場の弱みにつけこんで、組織に触手を伸ばしはじめるのである。

成果測定のあいまい性と目標の一致とによって特徴づけられるクランは、企業の中では解体される一方で、NPOの中では根強く息づいている。NPOにおいては、成果測定のあいまい性は、無給のボランティアの存在によって、また目標の一致は使命（ミッション）によって、それぞれ達成されている[30]。

このように、企業とNPOとは、クランの解体と存続という別の道を選び、大きく乖離することになったのである。だが、われわれはもう一歩分析を進めなければならない。今日のNPOは、メンバーの一部あるいは大部分が有給の職員で構成されていたり、必要な資金を得る目的の範囲内で収益事業を行っている[31]。しかも、それまではNPOに固有であった事業領域に、企業が進出してくるようになった。介護はその典型例である。NPOは、顧客の獲得と創造をめぐって企業と競争しなければならなくなったのである。これらの要因は、NPOの企業への歩み寄りを導く可能性を示している。

2　NPOの組織デザイン

だが私は、アンゾフが仮説として提示したような企業とNPOとの戦略行動面での収斂は起こっても、組織面での収斂は起こらないと思う。つまり、NPOがクランを解体して、「官僚制市場」へと向かう可能性は薄い。NPOがメンバーの組織への貢献度を評価する際に、測定できるはずがない限界生産性ではなくて、組織の使命との適合性を重視することは、メンバーの機会主義を抑制するであろう。よって、機会主義防止のための官僚制を発達させる必要性は生じない。使命は、同時に共約知としてメンバーに浸透するから、このことも官僚制を不要にする。使命が成果測定の基準として、また組織的知として機能しているかぎり、NPOはクラン解体への道を進まない。

だが、NPOの使命は時間の経過や環境変化にともなって、しだいに形骸化するかもしれない。その場合、使命は効力を失い、修正を余儀なくされる。NPOの使命には、決して変更すべきではない普遍的価値が含まれているかもしれないが、現実との適合性を失った部分については変えなければいけない。修正された使命は、当たり前のことであるがメンバーによって受容されなければならない。メンバーに受容されるためには、使命はメンバー自身によって民主的に決定されなければならない。小規模なNPOにおいては、民主的な決定はさしたる問題ではない。だが、大規模なNPOにおいて民主的な決定を行うことはむずかしい。そして、使命の形骸化が起こりうるのは、設立から時間が経過し、またさまざまな事業を展開した結果、規模が大きくなったNPOにおいてである。間接民主制ではなく、あくまでも直接民主制の採用にこだわるならば、大規模なNPOにとって必要なことは、組織をさらに小規模なユニットに分割し、各ユニットに使命をつくり直させることである。

ところが、NPOにおける民主制の貫徹は、組織をユニットに分割する基準の決定に全メンバーを参画させることを余儀なくする。全メンバーの参画に基づいた分割基準の決定が可能ならば、新たな使命を全メンバーで決定することも可能であり、組織分割の必要性は消える。逆に、全メンバーによる分割基準の決定が不可能ならば、組織分割は達成できず、使命の改訂も実現されない。

よって、NPOが民主制を貫徹するために、小規模ユニットの使命変更の権利を認めうるのは、ユニットがもともと使命に関する権利を有している場合のみである。つまり、組織の成立に先立って、ユニットが存在していなければならないのである。ここにNPOの成長プロセスの特徴——ボトムアップ——を見いだすことができる。

そして使命とは、企業でいえば定款に相当するものであり、使命を保有する権利、利用する権利、変更する権利を持っているユニットは、アイデンティティを備えた一つの自治体（autonomy）であることがわかる。

だが、それぞれのユニットが一つの自治体であるならば、なぜそれらが集合して組織を形成するのであろうか。その理由は、各自の使命の共約性に求められるであろう。各ユニットは独自性、自律性を有しているから、使命はユニットごとに異なる。しかし、差異化された各ユニットの使命に共約性が見出される場合には、ユニットは連帯可能である。共約性は、当初はユニット間の相互接触によって発見され、それらユニット間の連帯を生む。やがて連帯するユニットが増えていくと、共約的な使命を持ち、利用し、変更する権利を備えた中枢ユニットが発生する。

こうして、ボトムアップ的に形成されたNPOの組織デザインは、一方でユニットが自律性を有しながら他方では連帯し、また連帯を象徴する中枢ユニットを備えた「連邦」（federation）となる[32]。

連邦というNPOの組織デザインは、営利企業の組織デザインとは明らかに異なる。たとえ、営利企業が「分権化」され、連邦化されたNPOと見かけ上似ているとしても、両者の実態は大きく相違する。連邦は中枢からローカルへと権限を委譲したのではなくて、主権がローカルに存するのである[33]。

ところで、NPOの中枢ユニットにおける共約的な使命に関する諸権利は、誰が決定するのであろうか。われわれはこの決定にのみ、間接民主制を認めることができる。中枢のユニットは、各ローカル・ユニットの代表者によって構成されることとなる。

連邦を特徴づける自律と連帯は、それぞれ図表3―2に示された知の自由意思と知の専有可能性の看過というボランタリズムの二次元と対応する。ユニットが自律しているとは、メンバー自身が民主的に決定し、決定されたことを責任もって遂行することである。これら決定と遂行に対しては、自由意思に基づいた知の応用が発現するであろう。ユニット間が連帯しているとは、ユニットは完結性を持った実体でありながら、知の囲い込みをせず、使命（組織的知）を共約している他のユニットに知を提供することである。この扶助行為に、知の専有可能性の看過を見出すことは可能であろう。

3　NPOへの挑戦的課題

NPOにとっての知の重要性は、それが環境に直接向けられている事実によっていっそう喚起される。企業は、知を製品に体化する。企業の側の知と顧客の側の知には、製品という媒体が介在しており、両者は直接結びついているわけではない。他方、NPOは知をダイレクトに顧客に提供する。

メーカーではなく、ユーザーがしばしばイノベーションの源泉となることは、E・フォン・ヒッペルによって実証された[34]。NPOに関しても、この現象が生起する可能性は否定できない。いやむしろ、NPOは顧客に対して、知をダイレクトに適用しているから、顧客は「メーカー」としてのNPOの知をより多く習得できる有利な立場にあるかもしれず、イノベーションの源泉となりうる確率は営利企業のユーザーの場合より高いかもしれない。

ところが、この知のダイレクトな提供は、伝統的な見方では教育のプロセスであり、教師から生徒への一方的な知の移転プロセスと見なされるのである。このような通念には、相互に学ぶという視点が欠けている。教師と生徒との区別は便宜的なのであり、その立場が逆転する場合もありうることをわれわれは注意しなければならない。

ＮＰＯが、未だ企業ほどの競争圧力にさらされておらず、環境の中で独占的なニッチを占めているとしよう。顧客は、ＮＰＯによって提供される知のコンテンツに不満がある場合、どのような行動に出るであろうか。Ａ・Ｏ・ハーシュマンが指摘したとおり、不満の表明は「退出」（exit）か「発言」（voice）のいずれかの形態をとる。[35]企業に対する顧客の不満は、「退出」となって現われる傾向が強いのに対して、ＮＰＯに対する顧客の不満は、「発言」となって現われる傾向が強いであろう。

企業の顧客と比べ、ＮＰＯの顧客がよりダイレクトに知を獲得する可能性、および「発言」によって不満を表示する可能性が持つ意義は明らかであろう。ＮＰＯは、顧客の不満に耳を傾けなければならない。不満は、ノイズとして無視されるべきではない。そこにはイノベーションの萌芽があるかもしれない。顧客はＮＰＯの一員である。顧客は、ＮＰＯという実践共同体に対して、周辺的ではあるが正統な参加者なのである。[36]

（西村　友幸）

注

（1）　Polanyi, M. (1966) 'The Tacit Dimension' Routledge & Kegan Paul.（佐藤敬三訳『暗黙知の次元』紀伊國屋書店、一九八〇）。

（2）　Lave, J., E. Wenger (1991) 'Situated Learning' Cambridge University Press.（佐伯胖訳『状況に埋め込まれた学習』産業図書、一九九三）。

（3）　Kuhn, T. S. (1962) 'The Structure of Scientific Revolution' The University of Chicago Press.（中山茂訳『科学革命の構造』みすず書房、一九七一）。

（4）　Ｆ・Ａ・ハイエク、田中真晴・田中秀夫編訳（一九八六）『市場・知識・自由』ミネルヴァ書房

(5) この誤謬を指摘し、観察は認識主体が事前に持っている主観と不可分であることを説いたのはN・R・ハンソンである。Hanson, N. R. (1958) 'Patterns of Discovery' Cambridge University Press.（村上陽一郎訳『科学的発見のパターン』講談社、一九八六）。

(6) Polanyi, op. cit.

(7) Gibbons, M., C. Limoges, H. Nowotny, S. Schwartzman, P. Scott, M. Trow (1994) 'The New Production of Knowledge' Sage Publications.（小林信一監訳『現代社会と知の創造』丸善ライブラリー、一九九七）。

(8) この項の記述は以下の文献に多くを負っている。Russell, B. (1946) 'History of Western Philosophy' George Allen and Unwin Ltd.（市井三郎訳『西洋哲学史1〜3』みすず書房、一九七〇）。

(9) March, J. G. (1991) "Exploration and Exploitation in Organizational Learning" 'Organization Science' 2,71–87.

(10) 接触と散布に関しては以下を参照。Miner, A. S., P. R. Haunschild (1995) "Population Level Learning" in L. L. Cummings, B. M. Staw (eds.) 'Research in Organizational Behavior' JAI Press, 17, 115–166.

(11) von Hippel, E. (1994) "Sticky Information and the Locus of Problem Solving : Implication for Innovation" 'Management Science' 40, 429–439.

(12) 世界各国における非営利セクターの台頭に関しては次を参照。Salamon, L. M., H. K. Anheier (1994) 'The Emerging Sector' Johns Hopkins University.（今田忠監訳『台頭する非営利セクター』ダイヤモンド社、一九九六）。

(13) J・A・シュムペーター（一九二六）『経済発展の理論（上）（下）』（塩野谷祐一・中山伊知郎・東畑精一訳、岩波文庫、一九七七）。

(14) 同上、上巻、二四五—二四八ページ。

(15) 同上、上巻、一九九—二〇〇ページ。

(16) Grant, R. M. (1996 a) "Toward a Knowledge–based Theory of the Firm" 'Strategic Management Journal' 17 (Winter Special Issue), 109–122.

（17）山岸俊男（一九九九）『安心社会から信頼社会へ』中公新書

（18）Hedberg, B. (1981) "How Organizations Learn and Unlearn?" in P. C. Nystom, W. H. Starbuck (eds.) 'Handbook of Organizational Design' Oxford University Press, 1, 8–27.

（19）Grant, R. M. (1996 b) "Prospering in Dynamically–Competitive Environments : Organizational Capability as Knowledge Integration" 'Organization Science' 7, 375–387.

（20）バーナードを継承したH・A・サイモンの意思決定論は、むしろ決定論的組織観を色濃く打ち出している。

（21）今田高俊（一九八六）『自己組織性』創文社

（22）この場合の「組織」は、秩序や安定性を示唆する名詞としてのorganizationよりも、流動性と混沌を示唆する動詞としてのorganizingに近いであろう。Weick, K. E. (1979) 'The Social Psychology of Organizing, 2nd ed' Addison–Wesley.（遠田雄志訳『組織化の社会心理学』文眞堂、一九九七）。

（23）バーナードによれば、個人は少なくとも五〇の組織に参加している。Barnard, C. I. (1938) 'The Functions of the Executive' Harvard University Press.（山本安次郎・田杉競・飯野春樹訳『新訳・経営者の役割』ダイヤモンド社、一九六八）。

（24）金井壽宏（一九九九）『経営組織』日経文庫

（25）例えば、Peters, T. J., R. H. Waterman Jr. (1982) 'In Search of Excellence' Harper & Row.（大前研一訳『エクセレント・カンパニー』講談社、一九八三）。

（26）March, J. G., H. A. Simon (1958) 'Organizations' Wiley.（土屋守章訳『オーガニゼーションズ』ダイヤモンド社、一九七七）。

（27）Ansoff, H. I. (1979) 'Strategic Management' Macmillan Press.（中村元一訳『戦略経営論』産能大学出版部、一九八〇）。

（28）Ouchi, W. G. (1980) "Markets, Bureaucracies, and Clans" 'Administrative Science Quarterly' 25, 129–141.

（29） Ibid.

（30） 小島廣光（一九九八）『非営利組織の経営』北海道大学図書刊行会。また、使命の重要性に関しては、Drucker, P. F. (1992) 'Managing for the Future' Truman Tally Books Dutton.（上田惇生・佐々木実智男・田代正美訳『未来企業』ダイヤモンド社、一九九二）。

（31） 小島、同上。

（32） 連邦については以下の文献を参照。Provan, K. G. (1983) "The Federation as an Interorganizational Linkage Network" 'Academy of Management Review'8, 79–89., Handy, C. (1992) "Balancing Corporate Power : A New Federalist Paper" 'Harvard Business Review' 70 (6) 59–72.

（33） この原理は「サブシディアリティー」（subsidiarity）と呼ばれている。サブシディアリティーとは、キリスト教社会倫理に起源を持つ理念で、まず家族や近隣社会などの小さな組織による相互扶助が重要であり、政府など大きく上部に位置する組織はこれらの間での相互扶助が機能しなくなってはじめて救済に乗りだすべきである、という考え方を指す。山内直人（一九九九）『ＮＰＯ入門』日経文庫、五六ページ。

（34） von Hippel, E. (1988) 'The Sources of Innovation' Oxford University Press.（榊原清則訳『イノベーションの源泉』ダイヤモンド社、一九九一）。

（35） Hirshman, A. O. (1970) 'Exit, Voice and Loyalty' Harvard University Press.（三浦隆之訳『組織社会の論理構造』ミネルヴァ書房、一九七五）。

（36） Lave, J., E. Wenger, op. cit.

第四章　知のアナーキズム

一　パワーとアナーキズム

1　自由への探求勢力としてのアナーキズム

本章の目的は、知識文化論における主体の問題を、特に個人や組織がいかに知識[1]を自由に獲得し活用することが可能になってきたのかという視点から論考することにある。その際に我々が設定するキーワードが知のアナーキズムである。アナーキーは、無秩序や混乱をさす言葉として使われる傾向があるが、本来の意味ではない。古代ギリシア語の語源（an＋archos）からすれば、無支配、無強制を意味しており、社会関係において自由[2]が横溢する状態、強制によらずとも秩序が自生するという、権力や政府を媒介しない自治のありさまのことを指している。

アナーキズムは、「無政府主義」と訳されることが多い。それは個人の自己決定や民衆の自決などといった思想が権力や政府の存在を根本的なところから否定的な立場をとるからであり、結果として歴史的な事実では政府機関やその他の諸権力・権威に対する反抗運動とつながってきた。個々の自由を重視する思想が、特定の秩序や体制を支配の正統的根拠として掲げる政府権力にとって、危険な存在と映り、弾圧の対象となってきたことは、ある意味で不思議ではない。

歴史的に政治権力、あるいはその主体であったり補佐を行う立場であった宗教権力は、「既存の強力な支配秩序の否定」を「秩序一般の破壊」を標榜するものとすり替え、アナーキーを「秩序破壊」ないし「無秩序」、さらにはテロリズムと同義語とさえ規定するようなイデオロギー操作を行ってきたと考えられている[3]。そのために現在では、一般に秩序破壊の危険思想としてみなす通念が存在し、大きな誤解が起きているとも言える。

アナーキズムには、多様な表現形態があり、現代まで連綿とつながる社会運動として展開がなされている。その共通項は、「強権を排して、自由社会に至ろうとする精神[4]」ともいうべきものである。大きな考え方の枠組として、個人の未来の不確実性や変化に対する投企としての行為を重視し、人々の実践的な活力や創造力に重きを置いている。

ここではアナーキズム思想のなかの歴史的議論を繰り返すことを目的としていない。むしろ、我々が着目しているのは、アナキストの主眼的な主張ともいえる一元的な支配的社会組織による階層的形態に対する批判精神と発想が、個人の知識や知性に対する信頼と希望に基づいているという点である。

個々人の理性に信頼を置くアナーキズムの理想は、各人が何らかの支配的構想を受けることなく、平等に、かつ自由な合意によって共同社会を実現することであると考えられている。だが、アナーキズムは、単なる否定的・破壊的な現代文明批判としてとらえられるのは、十分な理解とはいえない。例えば、アナキズムには自由な社会への提案をある意味で建設的に唱えるものもある。エマ・ゴールドマン[5]は、「アナキストの課題」とでも呼ぶべきことを、次のように表現している。

「今日、私たちが直面する問題は、他者と共にありながら、いかに自分自身になるかということ、全人類との共感を深く感じながら、なおかつ、自分の個性を失わずに保って行くにはどうしたらよいか、ということだ。」

言い替えれば、こうした主張は、自由に他者との関係を広げながら、他人を犠牲にせず、個人の潜在的な個性を開花させるような奥行きのある社会はどうしたら創造できるのか、という問題を提示している。文化の概念は、人・モノ・情報などの伝達や伝播にまつわるコミュニケーションの集積から派生する意味の網の目によって成立する。(6) 知識文化を論じるにあたって、我々はその創造性の担い手としての個人や組織にとっての問題の本質は、この自由と統制の関係のバランス（自由度、degree of freedom）の中に鍵があると考える。情報や知識が豊かに生まれるためには、その体系的な継承や新しい転換につながるための多様性と自由度が必要である。つまり、知識が進化論的に変異、淘汰、保持、という循環によって豊かな発展を遂げるとするならば、その一番重要な変異に関わる作用として、知のアナーキズムは着目に値すると考えることができよう。(7)

ブロニスロウ・マリノフスキー(8)によれば、文化は「個人を組織化された、集団につくりかえ、その集団に無限の継続性を与える」ものとして定義される。知識の織物としての文化は、その時代時代による社会経済システムや組織形態によって変容を重ねてきている。我々は、その変化の軸をメディアが媒介するパワーの変化によってもたらされていると考えている。具体的に言えば、文物や価値の一つの体系としての文化を構成する知識は、組織と個人の関係によって、その配分や生産の拠点のパワー変化によって左右されている。アナーキズムの考え方が潜在的に示している楽観的で、個人の自由な知識一般にまつわる活動に対する肯定的な視点を取り入れることによって、パワーの変化によって、知識の分配や生み出され方が展開し始める点がみえてくる。

パワーと自由（個人の自由意思）とは、互いに相補的な概念である。(9) 自由が発見されれば、権力も見出され、一方、権力は自由を妨げ、抑圧することで自らの存在を示していくという関係がある。アナーキズムは、この観点からすると、積極的に自由を新しく発見し続けながら、権力の抑圧に対しても対抗していく働きかけであるといえる。これを実現するためには、必ずしも全ての事柄をトップダウンによって支配される中央集権的ヒエラルキー構造ではなく、人間性に関わる問題は、個人や個人の自発的連合によって運営される社会を構想しなければならない。クリフォード・ハーパー(10)は、次のように言う。

「良い考えは常にシンプルだが、アナキズムもきちんと考えれば、とてもシンプルである。人間は、命令されて生きるより、権力から自由に生きられる時がベストなのだ。」

個人の自由の持つ可能性を最大限に延ばすため、そして社会的自由の追求のために、アナキストは「人々を抑圧するような全ての組織」の対抗を望むのである。

『全てのアナキストに共通なのは、「自由な人間性の発達の前に立ち塞がる、強圧的な政治組織・社会組織」からまったく自由な社会への欲求である』といわれる。アナーキズムは、組織の持つヒエラルキー構造がもたらす抑圧的な性格を徹底的に問題視する。ヒエラルキーの集中したパワー関係は、個人の知識保有や生産活動に対してポジティブな面と同時に大きなネガティブな影響を与える側面がある。企業・官庁・軍隊・政党・宗教団体など現代の組織の多くは、階層的なピラミッド構造のトップにパワーが集中するように組織化されている。

我々は、アナーキズムの主張とその知識の配分と生産に関わる上でのパワー変化と自由度との関連を考察する。そこで、アナーキズムが問題視するヒエラルキー構造やパワーの概念が伝統的にどのように由来するということをみることが、この考察を前進させるであろう。次項では、パワーの問題が情報や知識が個々人の間でいかに獲得され、組織活動のなかでいかに流通されるかに密接に関わっているのかということを明らかにする。

2　パワーとネットワーク

（1）パワー概念のとらえ方

パワーは、近代社会のなかで現実的で十分に明確な概念であるかのように考えられている。パワーというものが何を示しているのか、通念的には誰でもが理解していると思われている。大概において、ネガティブなニュアンスで使われる傾向があるが、パワーはそれ自体として善でも悪でもなければ、人間の関係性において必然的に生じ得るものである。

powerに関しては多くの訳語があり（権力、勢力、影響力、力、パワー）、数多くの定義が存在する[11]。伝統的に多くの研究者のpowerに関する定義に共通しているのは、一人か、あるいはそれ以上の人々の相互作用において「個人（組織）が自己の意図を他の個人（組織）に影響させる能力・潜在的能力」という点である。エチゾーニ[12]によれば、パワー機能が行使されるためには、強制、報酬、規範という源泉がある。個人レベルのパワーの源泉としては、依存関係、資産、情報、個人的資質、経済力があり、たとえば組織のある部門レベルののパワーの源泉としては、組織的に行われる本質的意思決定と不確実性への対処がある。エマーソン[13]は、パワーと依存関係を等置し、AとBのパワー関係は資源の依存度合に比例するとして定式化している。

森[14]によれば、例えば日本の経営学におけるpower概念は、一般にパワーと訳される傾向があり、それは社会学や政治学などの文脈において使用される権力としての「他人の抵抗を排除し、自己目的の達成を行う能力・潜在力」の意味としてよりも、「他人の行動を修正し、組織目的の達成を行う能力・潜在力」というふうに建設的な意味で使われているためであるとされる。既存の理論において指摘されているパワー概念のとらえ方は、ありうる抵抗に対して逆らって結果を実現する作用であるといえる。

たとえばパワーの働かない真空状態の社会空間というものを想像してみるとするならば、複数の行為の可能性としての選択肢は、主体の自由意思によって合理的に行為選択される。現実には、そのような事態はあり得ないことである。我々の生物（身体）的・社会的・経済的実体は、過去の行為の何らかの集合や連結によって成立しているのであって、その歴史は社会空間に多様なパワー関係を形成している。

パワー概念の一つの重要なとらえ方は、本人の意志の如何にかかわらず他者の行為状況を事実的に影響を与える「支配」（control）としてのパワーである。そのような意味でのパワーの作動とは、行為の選択状況というよりも意思決定そのものに対する制御でなければならない。パワーの概念は、それゆえに基本的には、パワーの保持者からその機能や源泉を考えられる傾向がある。それは安定的に作動する前提に基づいてパワーが存在しているということを前提として論じられてきたといえるであろう。だが、パワーの行使における問題状況というのは、優れて主体者間の意思決定問題であるということができよう。

一方、M・ウェーバー(15)は支配としてのパワーについて次のような考察も加えている。

「狭義における支配という概念は、利害状況によって―とりわけ市場的に―制約され形式的つねに自由な利害関心の発動に基づく権力とは真っ向から対立する概念であって、それはむしろ権威をもった命令権力と同義である」

既に指摘したように、権力の定義に関わる共通項は、複数の行為の可能性が選択肢として自由意思によって選択される際の影響力の問題である。逆にもしも純粋に決定論的な状況にあるとすれば、パワーが働き得る余地はない。近代社会は、個別的な人間を自由な権利の主体としてみなす。その個人間における自発的な相互作用や契約によって、社会が形成されていると考える。人は選択肢のなかから自由な選択が可能であるのだが、その選択肢の集合はどのように与えられるのか、によって拘束される。

つまり、その選択肢の集合は、行為者の立つ状況によって変化する。非常に多層的な階層によって成り立つ組織におけるパワーと選択の問題なのか、単層的な市場におけるパワーやその選択かによって、パワー概念のとらえ方は変わるのである。またその際、パワーの源泉をどのように持つとしても、行為者の認知状況の制約によっても大きく左右される。行為者の根ざす組織的状況が集権的か、分権的であるのかが、パワーのとらえ方の前提となってくる。個々の人間の自由な権利主張はそれだけではパワーは十分に作動されない。そこでパワーを発揮できる様に意志を統一し、作業する人間のシステムが官僚制であるといえる。しかしながら、官僚制は意志を統一すると同時に、それ以外の意見を排除し、それによつて一つの指揮系統として有効に働くものである。[16] 結果として、知識の多様性は制約され、複数の知識の組合わせによって発生するイノベーション[17]は阻害される傾向が起きてしまう。

あくまでクローズド・システムとしての組織における行動選択におけるレパートリーの次元の問題としてパワーの概念のとらえ方には限界がある。アナーキズムが既存のパワーに対して自由を求める対抗勢力であり、パワーというものが基本的には、行為者を統制する働きかけとして機能するが、それは主体の組織状況や認知状況によって異なることを確認した。では、次により開かれた組織現象としてのネットワーキングにおけるパワーを議論することによって、知のアナーキズムが求める個人の自由なつながりの可能性とその条件について整理する。

(2) ネットワーキングにおけるパワー概念

階層的な組織のステレオタイプのイメージと比較して、よくネットワーキングは生き物のようだといわれる。[18]

それは機械的な官僚制の組織機構に対して、インフォーマルなネットワーキング組織は有機的なシステムであり、より革新的であるという仮説が共有されているからにほかならない。つまり、分権的で公式の権限にとらわれず即時的に協力しあえる柔軟な組織構造の方が、集権的で規則・手続きが公式化標準化された機械的な組織構造よりも革新を生み出しやすく、環境が不安定で変化率が高くて革新が必要とされる状況では有機的システムが適合し、逆に、安定的環境においては機械的システムが適合するという意味である。

ネットワーキング活動の源流である草の根運動の発想は、個人同士が個別の目標や価値観をもとに自主的にグループを柔軟に組んでいくという考え方である。[19] あくまで個人の発想や連帯に根ざしながら、活動を展開し、なるべく集権的なパワーの論理を働かせることをよしとしない方向性は、極めてアナーキズムの主張との共通するものがある。具体的には、過剰包装の排除や自然食品などに対する関心と密接に関連した自主的な購入・販売活動や、エコロジーとエネルギー問題からの文明の批判的な検討が活動の起点であったりする。個人の内面や精神的成長を重視する社会的活動のアプローチは、思想と方法の源流として類似性を見出すことができるであろう。そこでネットワーキングにおける主体同士が相互作用を行う際の細かな場面場面の特殊性や相互依存関係などについて、そのパワー概念の広がりについて検討してみることが有効であると考えられる。

寺本[20]によれば、ネットワーキング組織に関連するパワー現象には、オーソリティー（権限）を中心とする従来の組織論的なパワーの議論から離れ、二つの異なる次元が含まれている点が着目されるとしている。一つは産業社会全体の中でネットワーキング組織が獲得し、発揮するパワー（ネットワーキング・パワー）であり、その外側に向かって行使されるパワーという意味で「外部パワー関係」と呼ばれる。もう一つは、個々のネットワーキング組織の内部における主体のパワーをめぐる諸関係（ネットワーキングにおけるパワー）が存在し、これらは内側を中心に行使されるパワーという意味で「内部パワー関係」と呼ばれる。これはいわばネットワーキングにおけるパワーの機能論的な説明であるといえる。しかし、重要な点は、これらネットワーキング関連のパワー現象は、この内と外の主体が微妙な境界に介して相互作用を多面的かつダイナミックに相互行為として行う点にあり、むしろパワーの発生論的なダイナミズムをネットワーキング活動は恒常的に抱えているところにある。

パワーのダイナミクス(動態)について、コッター[21]は管理者行動の事例をあげ、関係性の連結点として通常依存する相手に対してもパワーを行使する必要が生じ、それが権限で与えられたパワー以上のパワーが必要になり、対抗パワーの形成が必要となるとしている。また金井[22](1991)によれば、大規模なサーベイ調査の分析を通して変革型のミドルにとっては情報の不確実性より、パワーの不確実性(不足)に直面することの方がクリティカルであることが指摘されている。通常の組織のライフサイクルにしたがって分布が変化する組織のパワー現象においては、フェーズに沿ったパワーを巡る内部連合や外部連合がパワーを形成する変革のプロセスとして記述される[23]。

組織におけるパワー現象は、主体にまつわる情報の非対称性、権限や資源のギャップを巡り、ゲーム論的な主体の結合の組み合わせを通して、パワーのフローあるいは流通の様相を呈する。しかしながら、こうした交換パースペクティブに基づくパワーのダイナミクスに関する議論は、知識のネットワーキングにおける量とともに問題となる質に関する示唆に乏しい。また、パワー関係に関する議論は、えてしてパワーの獲得と行使に焦点が集中しがちであるが、パワーが必要となる目的や理由を問い、その効果や活用を念頭に置きパワーそのものにしがみつかないことが長期的には重要な点であるという指摘もある[24]。殊にネットワーキングを議論する際に、パワー関係の視点が避けられがちであった理由は、それが実にフラジャイル(脆弱)な自発性に根差しているため[25]、強いシステムを指向する議論としてのパワーの論理には適合しきれてこなかった側面があるためであろう。[26]

ネットワーキングにおいては、パワーのベースである外部資源を内部化することと、内部資源を外部化することを同時に実現することによって、資源の多様な結合と連関のダイナミクスを高めようとすることが重要になる。いわばその見える（顕在的）ネットワーキングが拡大化して（潜在的）見えないネットワーキングにつながり、見えないネットワーキングが見えるネットワーキングを培養するような関係にあることは、[27]非常に繊細なプロセスである。これら相互形成的な関係が示すものは、自律性と独立性が重視されるネットワーキングの主体間の関係において、常に新しい差異を求める意味充実こそがパワーの源泉になっており、[28]内発的な動機づけとしてのコミットメントがもっとも重要な要素であると考えられるからである。

3　解放するパワーの働きとしての信頼の力

(1)　エンパワーメントと自律性

自律・協調・分散型の組織現象としてのネットワーキングの協働活動における構造デザインやマネジメント方法上の課題としてのパワーの問題は、むしろエンパワーメントの議論として取り扱われてきた面がある。「エンパワーメント」という言葉の英語における本来の意味は、公的な権利や権限を与えることという意味合いの法律用語として十七世紀に使われ始めたものだといわれている。[29]経営管理上の議論の文脈においては、組織のフラット化やスリム化において、仕事のサイクル・タイムの短縮や顧客満足の向上のために下位スタッフへの意思決定権限の委譲を行うことを直接的には示している場合が多い。

現場のスタッフのパワーが増大することによって、状況に則した効果的で効率的な対応をその場その場で対応することができ、コストの削減が進み、従業員の士気も向上するという仮説が一般的に存在する。特に近年では、主体性のあるメンバーからなるチームが情報技術によって迅速なネットワーキング活動を行うとされる。また、ネットワーキング型組織においては、偶発的な事業活動のパターンをとらえ、明確なビジョンや方針をとることによって意識の共有や共鳴が行われ、メンバーの自律的な興味や努力の方向をそろえ共振を起こさせることが新しいリーダーシップの原理であるとする議論もあるが、必ずしもネットワーキングに特有で実践的な議論が十分されているとは言い難い[30]。

情報技術が導入された様々な企業社会の現場において自律性が実現され、多様な組織メンバーによる自由なコミュニケーションがもたれることが期待され、かつそのことが必要な理由や難しい点なども明示的に議論はされてきている[31]。J・P・モルガン[32]のいう自己組織化の要件の一つ「決まりごとはもっとも重要なものだけの最小限にとどめる」（最小重要規定の原則）にあるように、知識を創造するという観点から考える企業においては、情報の獲得、解釈、関係付けにおいてより大きな自由を確保している可能性が強く、究極的目標を追求するための自己の任務範囲を自主的に設定することができるようにするべきであるとされている[33]。それには個人のレベルでの自由な行動を認めるエンパワーメントが必要とされるということであり、思い掛けない機会を取り込むチャンスを増やすことで、新しい知識を創造するために自分を動機づけることが容易になることが前提としようとしているといえる。そのことによって、個人のエネルギーや想いをより高いレベルへ増幅し、具体的な新しい知識の型やベースへと昇華することができる可能性がある。

しかしながら、大半の企業においてはエンパワーメントへの組織改革も、実際の効果は期待されているほど必ずしも上がっているわけではない。ネットワーキング型の組織へ多くの矛盾が抱えられたまま、組織変更のみが浸透しようとしており、現場におけるコミットメントの本質について議論を行わなければならないという指摘もある。アージリス[34]によれば、コミットメントには二つの形式があり、他者によって作業項目や到達点が決定される外因的コミットメントと主体が自ら考えて、作業の項目や目標を決定する内因的コミットメントでは、全く主体にとっての意味が異なってくるとされる。つまり本来、主体が持っている潜在的なパワー（能力、資質、エネルギー、意欲）を引きだそうとする自由な状態を生み出すためには、エンパワーメントを実施する基盤というものが問われてくるのである。

（2）コミットメントと協調行動の基盤としての信頼概念

キムら[35]（一九九七）は、そうした知識経済の時代における動機づけやインセンティブのパラダイムの変化に対応するためには、マネジメントの視点を主体である人間そのものへ移し、信頼とコミットメントに着目する必要があるとしている。具体的には結果は良いがアンフェア（不公正）なプロセスよりも、納得がいき、信頼を構築することのできる「フェア・プロセス」（手続き的な公正過程）をマネジメントのスタイルに徹底的に取り入れる必要があると説く。それによって、意思決定における透明性が高いコミットメントを生むことができ、伝統的なマネジメントのツールである「分配的公正」からは得ることのできない自発的なコミットメントを生み出すことができるとしている。またショー[36]（一九九七）は、信頼概念を現代の組織における最大の希少資源であるとして位置づけ、組織と個人の関係は相互忠誠を中心に運営されるものから、(1)結束、(2)敬意、(3)透明性などが基準となるリーダーシップによって担われる相互信頼が重要であり、あらゆる次元の行動に伴うトレードオフ問題について関心と理解を要求していると指摘している。

そもそも共同研究開発や異業種交流なども含めたネットワーキングワーキング活動において、その偶然と必然が織りなす複雑な行為の連関が補完性をもって機能するためには、相互信頼が必要なことが早くから指摘されていた。[37] また近年の情報技術が発達したダイナミックな主体間の相互作用の時空間としての場の中でも、とりわけ重要なことも指摘されてきている（寺本、一九九八；野中、一九九八）。しかしながら、パワー概念と同様に信頼概念も実証のための定量分析化の可能性に困難な課題があるとみなされ、立ち遅れてきた面があると考えられる。関係性の核としての信頼概念にまつわる研究は、パワー概念ほどではないが他分野にわたっている。主に社会学を中心として発展した概念であり、先駆的な業績としてダッチ[38]が導入してから発展し、ブラウ[39]が社会的交換パースペクティブを展開する上で、当事者間の相互依存あるいは交換における信頼概念の重要性を指摘し、ルーマン[40]が一般的なシステム論の範疇の議論として、複雑性の縮減メカニズムとして人格とシステムに関するメディアとしての信頼を論じた。

近年ではフクヤマ（一九九三）[41]が比較社会分析の視点から資本主義経済の社会的資本（基盤）としての信頼構造の重要性について指摘したことと共に、コールマン[42]が、更にこれをより具体的に「自発的に自分の資源を相手に任せるとか、あるいは資源に対するコントロールを相手に移転すること」ことによって個人生活を豊かにする私有財としてのみならず公共財としての「関係資本」（social capital）として定義したことが議論するうえでの重要なパースペクティブになっていると現在、考えられる。

信頼概念の分類には幾つかのパターンがある。バーバー[43]は、信頼は期待に基づいているので、三種類の信頼を区別する必要があるとして(1)自然秩序および道徳的社会秩序の存在に対する期待で最も一般的なもの、(2)社会関係や社会制度のなかで出会う相手が、役割を遂行する能力を持っているという期待、能力、(3)相互作用の相手が信託された責務と責任を果たすことに対する期待、と分類している。つまり、「秩序—能力—責任」という期待の大きさや度合いで分類できる。それ以外にも「認知―感情―行動[44]」や「プロセス―特性―制度[45]」などの分類があり、社会関係における（もしくは組織論的な）議論として、信頼から信頼行動、そして協調行動へと段階に分けて、概念整理する方が一般的なようである。

信頼については、経済・経営的な分野の中の比較的新しい議論としては、主にマーケティング論において取引慣行や協調行動に関する分析が展開されてきた[46]。既存顧客との取引関係の維持・拡大とともに、新規顧客の発見を業務の中心に置く営業職能に関する議論においては、交換パースペクティブに基づくパワー関係としての営業の本質を分析する視点とともに、信頼を形成し、維持するという視点が存在し、経済的交換のみならず社会的交換も議論の範疇に入れようとする試みが行われている。

崔（一九九四）は、チャネル組織における信頼と協調行動との関係の分析を行うという観点から、信頼を「協調と相互関係を持つ最も重要な概念」であるとして、信頼とは「信頼する当事者がいつもバルネラビリティ（vulnerability）あるいは不確実性を抱えながらも、パートナーへ依存しようとする行動的意図（behavioral intention）」であると定義を与えている。主体間の相互作用においては、まず能動的な働きかけを担う営業職から個人的損失を甘受しながらも先に、時間やエネルギーなどの初期投資として、社会的交換を促す情緒的なコミットメントが相手側の主体に反復的に与えられ、信頼が芽生えることでプロセスが開始される。これが協調行動へポジティブな影響を及ぼし、まもなく協調行動が更に信頼を生み出す好循環に入る。ここでの「信頼」は、あくまでもダイアド（二者間）内部の相互作用関係から発生する内生的な性格を持っている。

この協調行動とは「共通の、あるいは単一のアウトカムを達成するために相互依存的な関係にある主体によって採られる、類似の、あるいは相補的に調整された行為」とされ、信頼と協調のポジティブ・サムなゲーム的相互関係に結びつくと論ぜられているが、ここでの議論の設定は、あくまで営業と顧客といった関係性の数が限定されたチャネル型組織の議論にとどまっている。また、コミットメントにおける情緒依存的な信頼とより合理的で一般的な信頼に関する区別が十分にされていないところに限界がある。他に、組織論的な議論としては、Hollander（一九七四）によるリーダーシップにおける信頼の蓄積（credit accumulation）に関する議論があるが、よりダイナミックな関係性の広がりについて議論をしようとするにあたっては、十分ではないと思われる。我々がネットワーキング活動とパワー関係における自由なつながりを説明する概念として信頼関係を取り上げるためには、より厳密な定義を必要とする。

（3）信頼の解き放ち理論

山岸[47]（一九九八）によれば、信頼（trust）には自然の秩序から道徳的秩序に対する期待まで多義的な通念、解釈、定義が存在するが、中でも一番誤解を招き、混乱されてきたのは「信頼」概念と「安心」概念との差異であるという。相手の行動傾向についての知識に基づいて社会的不確実性が低く、機会費用がそれほど高くない長期的コミットメント関係が取り結ばれている共同体や集団においては、いわゆる広義の信頼概念に含まれる「安心」概念が存在する。一定の集団内にこの安定的な関係として形成されるのは、罰や制裁のサンクションが存在しているためであり、相互に信頼関係が存在しているからではないという観点から明確に区別される。むしろこうした環境下では他者一般に対する信頼（他者がどの程度信頼できる人格の持ち主であるか）に対する概念や能力は、醸成されづらい。

逆に昨今のように長期的取引費用の維持よりも機会コストが大きく、さらに社会的不確実性が高い環境下でこそ、「安心」概念と区別された「一般的信頼（general trust）」概念が必要とされ、また醸成されることの誘因も存在する。この一般的信頼概念は、特定の相手についての情報に基づく「情報依存的信頼（information-based trust）」とも区別される。さらに社会関係の潤滑油としての信頼、あるいは関係資本（social capital）としての信頼概念は、信頼する側の性質である信頼ではなく、信頼される側の性質である「信頼性」としてまた、明確に区分される。この研究設定によれば、安定した関係の網が社会の隅々まで張り巡らされている社会（たとえば日本）の住人よりも、一般に社会的安全性が低いため信頼感が低い印象のある社会（たとえばアメリカ）の住人の方が「一般的信頼」について高信頼であるという非常にパラドキシカルな分析結果が非常に膨大で綿密な実験研究の積み重ねによって提出されている。

この集団主義がむしろ信頼を破壊し、閉鎖的な集団主義社会から開かれた社会への転換には、一般的な信頼概念こそが必要となるという見解は、ネットワーキングの場におけるパワー関係を考察するうえでは非常に有益であると考えられる。つまり、一般的には信頼は人々の間の結束を強める働きをするという信頼による「関係強化」の側面にのみ着目が浴びせられてきた。これは「安心」概念の範疇に入るものである。しかしながら、この側面というのは、いわゆる支配と被支配のパワー関係がもたらす機能側面と大きく変わりはない。

山岸の「信頼の解き放ち理論」によれば、一般的信頼によって人々は固定した関係から解き放たれ、新しい相手との間の自発的な関係に向かうことができるという「関係拡張」の側面が明らかにされたと考えられる。こうした一般的信頼が発達するためには、他者の信頼に関する情報一般に対する敏感さが必要となり、より積極的にいえば、認知資源としての注意力を周囲に対して投資行動することが重要となる。山岸はこうした発達した一般的信頼に関する能力を、今後、社会的知性として考察する必要があると指摘している。

4　パワーの2つの働きと知識

前項の先行研究のレビューでみえてきたように、パワーの考え方は、組織の状態や社会的不確実性の度合いによって異なる。ネットワーキングのような関係をオープンな状態に置くべきときは、「安心」を要請し、統制・支配するような働きかけではなく、自発的な関係に向かうための解き放つような働きかけが必要となり、そのための社会的知性、あるいは知識や能力が重要となるのである。

この場合の知性、あるいは知識とは、アナーキズムとパワーの関係にとってどのような問題であるといえるであろうか？　ここでポイントになるのはパワー行使の方法として他人の抵抗を排除するのか、行動を修正するのかという方法や内容的な違いの問題点ではない。確かに近代社会の国家や企業といった様々な組織・機関は、パワー（権力）を担うべく構成されている。しかしながら、橋爪（一九九六）が指摘するように、こうした日常のパワー機能の作動に関する知識を前提とせずにパワーの成立条件を考えてみる必要があるかもしれない。

たとえば、近代とは違った社会を営む人々は、我々の知るような権力を持っていないかもしれなかったわけであり、既に起こりつつある未来として、現在、我々が近くする現実のパワーもその条件となる知識や組織についての考え方は変質している可能性もあるからである。フーコー（一九七六）が指摘するように権力の概念がはぐくまれるには西欧的文脈としての言説や制度というものが浸透している。権力を権力たらしめているみえない力もまた検討するべき課題となる。

人々が人々に対し、様々な源泉を根拠にパワーとして、ときに統制的な支配と被支配という関係性を築き、またときには互いに解き放ち合いながら関与し合う関係を築く場合もある。これらの判断をなすのは人間の社会的知性である。この知性について山岸（一九九九）は、多重知能あるいは地図的知性論を展開している。多くの場合、知能とは、頭の良さ、計算能力の早さなどを連想されるが、それは一元的な知能指数あるいはＩＱといわれる数値化された指標に偏った説であるといえる。ガードナー(48)（一九八五）の考え方によれば、知能は単一の能力ではなく、お互いに独立した能力が連関されて作動する機能の総称であるとされる。因子分析を用いて、知能を言語的知能・論理／数学的知能・音楽的知能・空間的知能・身体運動的知能、そして二種類のパーソナルな知能の七つに分けてとらえることを提案している。二種類のパーソナルな知能とは、自分や他人の心を理解する能力のことである。

相互に独立し、背景の異なる個々人の関係において、パワーが統制的あるいは解放的に作動するかどうかは、こうした社会的知性の多重性によって左右されることになる。社会的知性の多重性は、その多重性の根底に認知し、適応するための複数の課題が存在し、その課題の性質によって信頼と支配というふうにパワー作動のモードが異なると考えられる。この課題に対する主体の認知の問題として、知識や情報がどれだけ入手可能なのかという経済社会の仕組みやメディアなどの環境条件についての自由度を中心とした考察が不可欠となる。

二　知のアナーキズムとはなにか――問題の視座

1　知のアナーキズムの視点

(1)　統制と解放、計画と自由

前項で議論を行ったパワーにおける統制と解放という両機能の作動条件の問題は、経済学における世紀の論争である「社会主義経済計算論争」に類似する問題点をはらんでいるのではないだろうか？　通称「経済計算論

争」は、一九二〇年のミーゼス論文（Mises, 1920）に端を発しており、社会主義経済の存立を巡って、財の価格づけと資源の最適配分について多様なパラダイムや学派に立つ論者が論戦を行った。主要な争点は、合理的経済計算と効率的資源配分にかんするものであったが、ランゲ[49]（一九九四）らの市場社会主義の提案によって解決されたと一般には解釈されている。

このなかで中心となる議論として市場か計画か、という論点が存在し、それらの結合の可能性や意思決定様式は、集権的か分権的かに関わっている。ハイエク（一九四〇）は、中央当局による価格調整の遅滞、与件自体が絶えず変化する現実の経済における予測の不完全性といった経済の動態について論じ、完全情報、情報の収集可能性、そして数学的解の計算可能性といった社会主義経済批判の論拠を指摘している。この議論を発展させるにしたがって、ハイエクは、計画経済批判から古典的な一般均衡論批判へと転じていく[50]。ハイエクは、一般均衡論が「完全情報」を仮定していることを批判し、個々の経済主体の知識が局限される以上、様々な分業を行うことによって発生する知識が徐々に一致する方向へと進むというような主観的与件が客観的与件に一致していくようなプロセスは困難であると看破する。

不完全情報下における予想形成を考慮に入れるならば、現実の市場は不均衡である。すべての個人の知識を結合した知識を持つ誰かによる作為的な命令や統制によって、実現され得るようなことが困難なことは、論戦のみならず、その後の歴史的現実が示している。では、計画に必ずしも全面的に頼らずに、わずかの知識か持ち合わせない個人が自発的な相互作用を行うことによって、どのようにして価格と費用とが一致する状態をもたらすことが可能だろうか。あるいは個人に対して知識を解放し、自由なパワーを与えることに意味があるのだろうか。ハイエクは次のように述べている[51]。

「社会にとっての経済的問題は単に『与えられた』資源をいかに配分するかという問題であるのではない。社会の経済問題はむしろ、社会の構成員の誰かが、個人としてその相対的な重要性を知っている諸目的に対して、彼が知っている資源の最良の利用をいかにして確保するかということなのである」(Hayek, 1948)ハイエクは、分散した知識を社会的に有効に利用するためには集中管理するのではなく、「競争的」で自由な市場において新しく個々人の知識が発見され、生み出される過程こそが重要であると説くのである。ここで大切なことは、統制や解放といったパワーの二つの働きを変えるのは、個人にとっての知識の質や量、入手可能性といったことであることが示唆されている点である。

(2) 科学的方法論としての「知のアナーキズム」

既に述べたように「アナーキズム」という言葉はいろいろな意味で用いられてきたが、一元的な集中管理に対立する思想として概念化されていると考えることができる。ここにもう一人、こうした思想を非常に挑戦的で刺激的に展開した現代的科学的観の論客がいる。彼の名は、ポール・ファイヤアーベント[52]といって、ドイツの音楽論などもてがけた好戦的哲学者として著名である。彼はその代表的な著作、"Against Method"(邦訳：方法への挑戦：科学的創造と知のアナーキズム)では、科学における方法論において、集約された少数の規則によって進歩が導かれるという思想に対して真っ向から批判を浴びせ、多元的な「拡散」の重要性を主張している。

「なんでもかまわない(anything goes)[53]」という有名な言葉は、彼の古典的な合理的科学者の階層的な集団に対する挑戦的で機知に富んだ表現であるが、そのメッセージには、全ての方法論は最も明快なものでさえ限界を持っているがゆえに、科学は知識として開かれたものであるべきであると訴えているのである(Deboraah, A. Redman, 1991)。彼は、拡散という概念を政治的意味合いでも用いており、『自由社会における科学』(一九七八）では次のように述べている。

「自由社会という考えを発展させて、そのなかにおける科学（知識）の役割を明らかにした。自由社会とは、すべての伝統が平等な権利を有し、権力の中枢に対して平等にアクセスできるような社会である」

ファイヤーアーベントにおける知のアナーキズムとは、知識のあり方やその専門性を司る科学の考え方が、伝統的な集権的仕組みにとらわれない態度や探求姿勢をとることが必要であり、そのためにはパワーを個人に対して開かれたものになることが望ましいというものであった。つまり、知識を発展させるには特定の方法にこだわるのは適切ではなく、何でもやってみた方がよい（＝アナーキズム）、という思想なのである。彼の主張の骨子となる論拠は、次のようになっている（A. F. Chalmers, 1982）。(1)科学の方法論は、科学を導く適切な諸規則を提供できない。(2)諸理論は共約不可能である。(3)科学は、必ずしも他のタイプの知識よりも優れているわけではない。(4)方法論的制約を排除することが、個人の自由と創造性の始まりである。

このなかの共約不可能性という考え方が、科学に関するファイヤアーベントの分析の重要な一部をなしており、科学史家トーマス・クーン（一九七二）の考え方と共通する部分でもある。ある概念とそれに基づいて構成された観察言明の意味と体系は、それらが搭乗する理論的文脈に依存する。したがって、二つの競合する理論の基本原理が完全に異なっている場合、片方の理論の基本概念をもう片方の理論の観点から精確に記述し、説明することができないならば、二つの理論の間に共通する観察言明をつくりだすことはできず、比較することは非常に困難になる。

この共約不可能性を根拠に、ある知識の源泉が他の知識の源泉よりも単なる伝統や体系化といった角度からは優れていると証明できない点を彼は指摘する。たとえば、彼の見解を支持する歴史的な事例として、鍼療法や東洋医学がある。これらは、一般に原始的で非科学的な伝統であるとして当初は、西洋世界において拒絶されてきた。現在では、妥当な知識の形態として広く受け入れられている。

彼の結論は、伝統的・体系的そして科学者集団の階層的な方法論のもたらす束縛を取り除くことによって、諸個人の知識について科学的な源泉のみならず、幅広い選択を許すことによって、ジョン・スチュアート・ミル(54)が『自由論』のなかで擁護したような「自由」(freedom)が達成することができるとしている。こうした考え方は、課題の設定となる前提は異なるものの、前項で述べたハイエクの真の個人主義や自由主義の思想に通じるものがある。一つは、集中型の知識から分散型の知識へと拡散した態度や姿勢をとることについての訴えであり、もう一つは、体系知のみを至上のものとする態度から、多様な世界の現場の知識を重視する態度への転換である。経済活動にとって、科学的知識だけが唯一重要な知識であるわけではなく、法則化や明文化できない知識も重要な役割を果たしていると考えることができる。

科学的知識を客観的な知識と仮に呼ぶとすれば、これらは主観的知識である。主観的知識は、科学的知識や客観的な事実に対置されるが、その個人や場所などの局限的な変化特性によって、有用となる可能性を否定されるわけではない。ハイエクの理解に従うならば、市場によって後半に分散した時と場所の異なる主観的知識が交換され、結ばれることが経済発展に不可欠なのである。もっといえば、知のアナーキズムには、一元的に集中管理された知識を重視する立場としての計画主義としての社会主義より、分散的な知識を重視する立場としての自由主義としての市場主義の思想に深くつながっていると考えることができるであろう。科学論を中心にしたファイヤアーベントが展開した知のアナーキズムに対峙するのであれば、いわば、それは知識の応用面の問題としての統制と解放、計画と自由といった議論であるといえる。

2　知のアナーキズムの可能条件

（1）　市場と組織の発達――イノベーション、異質な知識の結合

知のアナーキズムとは、従来の統制する性質のパワー、支配力としての側面に対抗して、信頼し解放する性質としてのパワー（解放力）を強めることによって、知識の自由で分散的な存在、獲得、結合を求める働きである。元来のこの思想は、個人の自由を重んじ、ある意味で人間主義的な見地であるが、現実的には市場と組織といった経済社会の仕組みの発達にしたがって可能になってきたといえる。

たとえば、二十世紀は、まさに市場と組織の時代であった。営利、非営利を問わず、様々な組織が生まれ、大規模化し、発達を遂げた。そして市場は、世界中でグローバリゼーションとして進行しつつあり、局所的な情報や知識をつなげ、新しい知識を生み出している。こうした現象は、自由主義に基づいた企業者活動によって、資本主義が変化と革新のダイナミズムによって発展したのだといえる。この激しい変化は、新しくて異質な知識の結合がイノベーション（技術革新）として認知され、資本主義の重要な原動力となった[55]。

これらの市場と組織の発達は、前項で述べたような市場に関する多様な議論や制度の設計の問題とともに組織革命[56]と呼ばれるような人と人のつながり方に関する新しい意識的で制度的でありながら、とても活発で自由な活動の諸形態に起因する。各種法人としての企業組織のみならず、農民組織、同業団体、企業団体、雇用者団体、消費者団体、労働組合など、必ずしも単体として営利を追求するわけない。だが、これらの組織もまた個人が適正な権利や自由な活動を保持し、新たに切り開き、結果的に経済的進歩や新しい知識の産出のために生まれたものであると考えることができる。また、宗教的・慈善的組織なども定義としては非経済的組織であるけれども金

銭授受の流れをもつとともに構成員の知識のネットワークを担う歴史的な存在である。

しかし、この知識という経済的にも社会的にも資源と言えるものが特定のパワーとしての支配勢力のようなものから、今日現れているような、非常に多様で多極的な組織や個人によって担われるような分散状態に至るまでには、パワーを開放的な働きへと転換するのに十分な自由で活発なコミュニケーションを必要とする。資本の集中による組織の大規模化が相対的に国家権力のプレザンスを低め、さらに運輸・通信を中心にした技術変化が組織構造の革新を巻き起こしたのである。

この影響は、集権的なパワーが情報・知識を管理に対して対抗する知のアナーキズムの観点からすると矛盾するようであるが、両義的な意味合いがある。全体的な進展からすると、トフラー(57)が第3の波と呼ぶような歴史的な変化として、農業革命・工業革命・情報革命が起き、大局的には分散化し、自由化が進んだ部分もある。しかし、同時に資本の集中・組織の大規模化が示すように、個人の自律性は損なわれ、管理社会が進展したという見解も多い(58)。

知のアナーキズムが求める自由を考えるにあたり、自由という観念の積極的な側面、すなわち、ある社会構造内において個人が利用できる可能性という現実的、実践的側面を無視するべきでない。たとえば、諸個人がどの程度、同時代の他者の知識や、その他伝統的・歴史的に蓄積された知識に対してアクセスができ、また自分自身の知識を表現する機会を持っているのか、またそのことが変化したのかという面に着目するべきであろう。もっと具体的には、どの程度（マス）メディア（テレビ・ラジオ・新聞・雑誌など）が発達し、利用可能な状態が自由に与えられているのか、獲得可能なのか、といった問題に置き換えてとらえることできると考えられる。

もっといえば、知識や情報のメディアの役割が市場と組織のあり方を変え、ひいては、それが個人と社会のあり方をつくってきたのだと考えられる。なぜならば、知のアナーキズムを発揮しようとする主体としての個人も、時代によって変化するとはいえ、ある一定の社会状況下に存在する。支配的に作動するパワーに対して、何らかの革新的な行動を起こす主体もその時代に利用できる素材や道具との関連において、脆弱ながらも自由度が増すような作動を働きかけるのである。

知のアナーキズムという観点から、パワーの二義性について考察を加えるに従って、我々は先行研究におけるパワーの源泉とその機能中心の議論に対し、知識を新たに発見し作り出すパワー主体としての個人の環境や手段としての組織とメディアの変化に着目することができた。統制を機能とする支配力としてのパワーと、信頼し、解き放つことを機能とする解放力としてのパワーが働き合うプロセスには、主体間のコミュニケーションの間接要因としての文脈が大きく作用する。知識は、時空をはさんだ人と人のコミュニケーション関係に根付いて存在しているためである。

(2) 知識の記録と保有手段としてのメディア

コミュニケーションは、情報の送り手と受け手との交換である。人間の頭脳の基本的な情報処理は「図と地の分化」[59]にあると考えられている。進行している思考における主要な領域の情報は「図」(figure)、副次的な領域を「地」(background)と呼ばれる。こうした情報圧縮の基本戦略をとることによって、人間は「注意(力)」という資源」の有限性を効率的に配分し、思考に必要な複数の課題を同時進行させることができる。[60]このことは一日の出来事を五~六分程度でダイジェスト版的に我々が短縮して思い出すことができることを考えれば理解できるとされる。[61]頭脳の中で背景的な情報(地)と図柄的な情報(図)とを分化させ、図柄的な情報を突出させ、立体的にラベルを付け、コミュニケーションの受け手にボールを投げるのである。

こうした図と地をつなげる構造の典型例を認知科学においては「プロトタイプ・モデル」と呼ぶ。それらの概念における階層構造の上位構造には、多くの「範例モデル（exemplar model)」が存在し、自己と外界とを規定する知識の構造であるスキーマ（schema）が心的枠組みとして成立するのである。われわれはこのスキーマをベースとして意味のネットワークを進行させている。つまり意味を理解する記憶と再生のメカニズムにおいては、「外からやってきた情報が自分に似たカテゴリーやプロトタイプを探す」というプロセスが行われる。

ハードウェア的なメディアの発達は、こうしたカテゴリーやプロトタイプを外在的に表現、記録することによって、人間のコミュニケーションにおけるソフトウェア的な認知限界に対して挑戦をしてきたものであるといえる。オング[62]が指摘しているように、書くことを知らない文化（一次的な声の文化）と書くことによって深く影響されている文化との間には、知識がどのように取り扱われに基本的な違いが生じていたということがわかってきている。書く、記録する、その知識を保管し、所有する、という、現在は既に当然と思われてきた人間の特徴は、書くという技術が発明されたことによって人間の意識にもたらされたものなのである。

かつて、書くことによる文化の成立以前、声の文化の時代には、ある事柄を知っているということは、思い出せるということであり、記憶術やきまり文句の体系の口承などに依存していた。われわれのコミュニケーションはもともと連想的なつながりを媒介にした言語ゲームとして成立していた[63]。そこで、ある知識を知っているということは、記憶している人間を「持っている（かこっている）」、もしくはパトロンであるということが、知識の記録と保有手段である時代もあったと考えられる。そうした事態が変わり、知識の記録や保有について個人に対する積極的な自由度が培われたのは、マクルーハン[64]によれば身体機能の拡張としてのメディアが発明され、発達を遂げたためである。

三　知のメディアの制度変革とネットワーク

1　グーテンベルクの銀河系のもたらしたもの

（1）知のメディアと組織変革

知識は、主体としての人間が置かれた社会関係や地位、身分、属性などの存在としての次元によって拘束されている。それと同時に、知識は、その時代の社会階層や階級などの現実的な社会関係に従属しながらも、その限界を突破するような自由をもたらす側面ももっている。個人に信頼とラディカルな創意工夫に基づいたアナーキーな突破口をもたらしたものがメディアとその基盤となる技術の発達である。パワーの働きを変えるためには、コミュニケーション関係における何らかのメディアの存在と機能が不可欠である。「メディア」とは、コミュニケーションを媒介するものという意味であり、対話における一番理解しやすいものでは音声言語に当たるものである。

オングによれば(65)、口承的、筆記的、活字的、電子的という4つのモードが時代によって、積み重なりながら変化を続けている。前述したように主体にとって社会的現実は、それを構成する言説の流通を支えるメディアによって物質的に条件付けられている。社会関係や組織が、主体としての人間に対して与える影響は大きいが、その相互関係におけるパワーは、コミュニケーションである以上、メディアの存在、特にその制御性や自由度が重要な間接的要因となる。また、メディアの属性が支える知の枠組そのものが組織の構成に影響も与えている。

たとえば、組織構造の典型としての階層制度（ヒエラルヒー）は、元来、キリスト教で天国の天使たちの序列をさしていたものが、後に地上の聖職者たちの序列を意味するようになった(66)。さらに中世社会では、カソリックの教会秩序だけでなく、国王・領主・農民の間の支配―従属関係や文化・自然などに関してもヒエラルヒー的な秩序が成立していると考えられているようになったという。現在の我々の想像をはるかに越えて、当時の世界観にとって宗教のもたらす知、理解の体系は大きなパワーを持っていた。経済活動の展開についても例外ではなく、主体による自由な選択や関係性の発展を呪縛した状態で安定的な社会が機能していたと考えられる。

その均衡を破り、新しい経済社会への転換の契機となったのが、一四五〇年のヨハネス・グーテンベルクによる機械的な手段としての活版印刷技術の発明である(67)。この知のメディアの革新は、大きな組織変革や社会構造の転換を巻き起こすものであった。ドイツの貧しい修道士に過ぎなかったマルティン・ルターの教会批判が、辺境の異端運動といったローカルなネットワーキングで終わらず、キリスト教世界全体を根底から変えるに至った理由は、新しいコミュニケーションが決定的に作用したと考えられている(68)。

大量印刷の宗教パンフレットが出まわり、俗語であったドイツ語の書籍市場の開拓がなされる。さらにはカルヴァンによるプロテスタントの運動が自由な経済活動を活発にしたことは、ウェーバーによる指摘で有名なように、都市の産業構造を変えるほどの多様なレベルでの西欧政界における組織変革の嵐になったといえる(69)。既存の支配的国家教会による中央集権主義のパワーに対して、まさに知のアナーキズムの流れとして真っ向から様々な主体が働きかけを行ったのだった(70)。この組織変革がもたらした工業化の発展や利益追求の是認、経済的ヒエラルキー構造の展開など、歴史的変容の大きな契機は新しい知のメディアが切り開いたものと考えることができる(71)。

（2） 制度としての知のメディア

組織変革という社会の長期的変化において印刷技術というものは位置付けることができるわけであるが、知のメディアは、まず伝達手段というだけではなく、主体たる人間の身体が世界に関わる仕方を構造化する制度としてとらえることもできる。歴史的に継承される知識の中枢としての筆記の文化が活字の文化への変化することによって、口承的な常套句による知の保存形式から、より分析的な思考の道具としての側面が視覚的・記号的に発達を遂げるようになる。書物という知のメディアの出現によって、主体としての人間の知の源泉が、血縁や地縁、そして職縁といったものに限定されず、大きな広がりをみせたということである。そういう意味においてマクロな組織変革のインパクトほど表面的には大きく着目されないことが多いが、知というものの主体の認知や行動を考えた時、制度としての知のメディア変化の潜在的な影響力ははかりしれない。既存の確立された支配力としてのパワーから、様々な知的活動の可能性が多様な階層に対して解き放たれる芽を産んだと考えられる。メディア形式の変容が世界像や経済的、社会的なパワーの影響関係を受ける基礎としての自己のあり方を転換する可能性は大きい。

もっとも書物の形式の変化や読み方の変移に関係付けられるべき文化的変容を、あまりに性急にひとつの技術革新にのみ帰結させる観点に対しては、印刷物のもつ文化のソフトウェア的なコンテンツもまた組み込まれているという点の連続性を考慮する必要はある[72]。しかしながら、黙読習慣は印刷術以前から存在していたが、筆写から印刷への技術的転換によって、黙読習慣は加速度的に拡大し、定着したことの重要性は大きい。アイゼンスティン風[73]にいうなれば、重層的な文脈のなかで印刷術が同時代の知識を変えた。本の生産量が著しく増加し、コストを飛躍的に減少させた。

たとえば当時、一元的な知識の支配権力としての教会やギルドの力が君臨されていた時代、知識は選ばれた人間だけへの秘伝（ミステリー）であった。ところが宗教的な叡智を放浪の学徒、注解者、注釈者が運搬し、伝授する時代は終わりを告げ、新しい知の制度の模索が始まったのだ。聖書や図版画などの複製と流通は、今までなかった読者によるテクストの収集や新しいネットワークを生み出したのである。機械的複製によってアルファベット文字は急速に普及を遂げ、社会的な記憶の構造は制度として変化を始めた。知識を正確に伝え、定着した記録の継続的蓄積の公開化を通じて達成した印刷術の普及は、これまで全くつながりを直接的にはもたれなかった関係、修道院長と植字工、大学教授と機械工、天文学者と彫刻師、医者と挿絵画家など、多様な技能を持つ職人と専門家の間に新たな知のネットワークを作り出した[74]。

職人や専門家たちはギルドとして、階層的な集団を形成していた。ギルドは、都市に集った職人達が相互扶助の手段として作ったものである。個々の職人達は、同業者の自治的組織として何等かの政治的勢力を形成することで、自己の構成員に対しては保護と規制を加えると同時に、成員でない者に対してはそれを排除しようとして強く働いていた[75]。自治組織である以上必ず規則の制定と違反者に対する裁判権の行使していた。まさに知識の専門的な集中管理によって、支配力としてのパワーが有効に機能していたのである。それが印刷革命を契機として時代を経て、クラフト（技能）としての知識の公開される流れが生まれた。我々は、これを契機とした様々な創発的な流れを知のアナーキズムの発露として理解する。この自由化の流れは、飛び火して科学革命につながった。徒弟でなければ手本を通して入手不能だった存在、「テクネ」から、体系をあらわす接尾語「ロジー」が加わり、テクノロジーという概念も生まれたのである[76]。コペルニクスの天文学への革命的転換アイデアはメディアによる大規模文献研究が基礎にあったという[77]。必要となるデータそのものに変化がなくとも写本や遠方への旅行といった知のアクセスからの自由化が革新的な知の進展を加速したのである。

（3）知の編集と所有における制度化

こうして知の新しい流通と蓄積が、知を編集する新しい制度としてのシステムである科学とビジネスを用意し、「近代」と総称できる一六世紀から十七世紀への時代の不可逆的な変化の一つの条件になった。[78] 近代化という文化変容は新しいメディアを契機とした知のアナーキズムによってもたらされた部分があったのである。それには技術的前提とともに、パワーが解放されることによって生まれたニーズの広がりというものもあった。大学の出現によって修道士という異なる新たな読者層が大きくなり、市民階級の勃興へとつながったのである。知のメディアとその制度の変革とともに百科全書派などの知のコンテンツ面での新しく自由で体系的な編集が大きな働きを持ったと考えられる。それまでは秘匿され、寸断された多様な専門知識がカタログとしてまとめられ、様々な階層や地域の人々へとアクセス可能になっていったのである。この知の息吹は、啓蒙思想の発祥を促し、「三権分立」「自然に帰れ」など旧体制の知のあり方を鋭く批判する思想家たちが活躍を始め、貴族を含めた当時の人々に受け入れられたのである。キリスト教以外の宗教や様々な政治形成のあり方に関する思想が育ち、それらが近代という新しい知の枠組となるフランス革命の精神にもなった。

また商業や工業などの経済活動、産業一般に対する中世的な頑なな呪縛も解かれていった。キリスト教徒はこのユダヤ人の金貸し行為をとらえて非難し攻撃する傾向が強かった。[79] 近代思想の礎ともいえるルソーの「社会契約論」にもあるように「人民は、自己の意志に基づいて互いに契約を結び国家を構成する」という主張がなされ、[80] 政府や族的な中央主権と集中管理とは一線を画する考え方が容認されるようになるのである。これは社会の持つ仕組みが、支配力から個々人の活動や能力に対する信頼力への転換をし始めたともいえる。

ドイツ啓蒙主義が展開した「自我」の確立は、個人個人の精神の解放を説き、他方はこの解放された個人が社会の中で資本主義的な競争原理にされされることを導いたのは間違いがない。知あるいは、生産手段の共同体的所有の時代は終わりを告げ、資本主義による個の倫理へと移行が始まる。このことは、ハーバード・スペンサーの提唱した適者生存という社会進化論の思想へとつながり、多様な個の存在による知の所有とそれに基づく自由競争の端緒でもあったはずである。近代企業の先駆けとなった冒険商人なども、ある者は山師的に利得を追い求めたのかもしれないが、新世界に対する知的な好奇心に駆られて出発した人たちもいたと考えられる。

やがて時代を経て、情報の記録と発信の基地が修道院などの限られた写本技術による情報文化センターに限定されなくなり、近代ジャーナリズムの原初が印刷術から生まれ、最新の政変などを伝えるパンフレットのようなものから発祥したと考えられている。[81] その内容は、次第に政治・軍事にとどまらず、世界各地のモノや情報といった異国の事情や通商の可能性などの知識が編集されていくこと求められるようになっていった。当時、英国を中心とした交易活動は急速に拡大をみせており、各地の街は都市化が進行し、市民意識も変化して新たなビジネスチャンスを求めるような知のアナーキズムが活発になっていたのである。

たとえばロンドンなどには、コーヒーハウスなどのジャーナリズムが近代マス・メディアの起源となるような場所が生まれつつあった。そこでは政治談義が毎日のように行われ、新聞が無料で閲覧されながら、出版業界者たちが相互扶助的な情報交換を展開させていた。一八世紀の初めには、二千軒を超えていたといわれるロンドンのコーヒーハウスは、新奇な知識に対する知的渇望と欲求をもつ人々によって狭義の政治・文化情報のみならず経済情報が編集される場であり、一つの公共的基盤として機能していたと考えられている。[82] こうして人々は、多様な情報や知識を比較し、編集することによって、中央集権的あるいは業界による秩序へは必ずしもとらわれない自由なパワーを手にすることができるようになりつつあった。

しかしながら、一度に自由な経済活動が開始され、容易に知識が保有し、編集されることが可能になったわけではない。この時代、ニュース出版を大きく発展させたのは、切実な生活情報としての国内の内乱や革命などといった政変に関するものがそもそもの端緒である。よって、知識の流通や保有に関わる出版に対して、既存の権力によって何度となく規制・統制が何度も試みられ、パワーをめぐる自由と支配との拮抗があったのである。特にイギリスの清教徒革命は、国王を中心としたパワーを低下させ、議会演説などが禁が破られる形で印刷物になっていった。一方、王政復古が起きると国家統制は再び強まり、一時的にジャーナリズムの急成長は押さえられる。最終的には一六八八年の名誉革命において、議会が検閲条例の更新拒否をしたことによって、様々な形態のニュース、新聞が刊行物となった現れるようになった。こうして自由な産業とビジネスに対する人々の警戒心は、解かれるようになり、産業革命の導入にもつながっていったと考えられる。既存の秩序や体制を脅かすことでもある新しい知識の結合をもちいたイノベーションによる個人の発明や考案に基づく、個人の利得や所有もまた肯定的にとらえられるように変わっていったのである。

では、知識の所有とは、いつ頃から認められるようになり、制度化されたのであろうか？　端的な例として、たとえば、かつて発明は利用し、保有するための原始的な方法は、それを秘密にして利用するか、ある価格で親方か他の職人に渡すことだけであったという。[83] たとえモノであっても、所有権は、戦乱がや革命が起きたりすると、自分で持っていないかぎりその主張を行うことができない。よって、物権以外の諸権利（例えば債権）や独占権といったものは、中央集権的な国家権力が機能しているという支配力としてのパワーが、その成立条件となる。国家権力による強制的命令などが確実に行われるようにならない限り、保護され得ないのである。

独占権の一つである特許権の発祥地は、封建制度が弱体化するか、又はもともと弱かった地域、ヴェネチアとイギリスであると考えられている。[84] 新技術に対する特権的立場の付与という点からすると、イギリスにおいては一三三一年、ヴェネチアにおいては一三三二年、それぞれ外来の技術としての風車や造船といった新技術に対して資金及び土地を提供し、時限つきの特権を認めたことが端緒であったと思われる。十世紀にイランで発明された風車は十一、十二世紀にはすでにフランス、イギリス等に普及しはじめていた。この特権は、一世紀後にはほば制度化されている。必ずしも独占権を与えるものではないが、この制度は当時まだギルド規制による圧力が強い中で、それに対抗して国家が特定の人間に保護を与えたということは、特許制度の出発点であった。

特権的地位の付与は、厳密な意味での発明者や知識の創造者に対する保護とはいえない。特権が最初の公表者に属し、当局に登録することによって一定期間の独占権が生じるというのが近代の特許制度の原則である。[85]ヴェネチアの一四七四年の成文特許法、イギリスでの一六二四年の専売条例の制定によって、新規産業における最初の発明者は、知識の所有というものを認められたのである。さらに一七八八年には、アメリカ合衆国憲法が著作者および発明者に対する一定期間の排他的な権利を与えることで、科学技術としての知識を促進することを決め、フランスでは一七九一年に、基本的な人権の一部として特許が認められる。わが国の特許制度は、明治維新政府によって殖産興業政策の一環として、一八八五年に専売特許条例が制定されている。これらの流れは、知的所有権の中でも、工業所有権に関わる歴史の流れである。いわば、応用に密接な知識に関する制度化であった。

一方、コンテンツとしての知識の問題である著作権制度は、やはりグーテンベルグの活版印刷術の発明がきっかけとなり、一四六九年、ヴェネチア市へ、シュパイエルからヨハンという印刷職人が現われ、ヴェネチア大学より印刷術の独占的な使用を五年間、許可されたことが始まりとされている。既に述べたように、印刷術による知の流通は、原本から多くの複製物を作成することを可能にしたことから急速に普及した。その一方で、これを知のアナーキズムの発露に伴うネガティブな側面というべきか、本の刊行に際する多大な労力を負うリスクに対するフリーライダーともいえる行動が横行し、出版に要した費用回収もこんなになるような事態が起きるようになった。このような事態で、印刷・出版業者は、自己の利益を擁護するための立法を求め、一五四五年には、著作者の承諾なしの印刷を禁じる世界最初の著作権法が制定された。その後、出版業者の独占権とも言えるものから、著作権が出版権として分離してうまれたのは、一七〇九年のイギリスにおけるアン条例の制定による。これは、直接の知識の生み出し手としての著者の精神的所有権を認め、公表から一四年間の排他的な複製権を保証したもので、これが近代の著作権法の基礎といえる。

このように知識は、グーテンベルグの銀河系と呼ばれる活版印刷技術の発展に伴う「印刷—編集・出版—著作権」というメディア構造の形成によって、社会に深く浸透されるようになった。特にカソリック教会の独占物であった聖書が、写本に記されていた聖典の知識が広く一般の様々な社会階層に解放されることで、個人が信仰・学問の主体となることを可能にした。そのことがギルドなどによって囲い込まれていた多くの専門知識が新しいネットワークとしてつながることを促進し、様々な事業主体の活動の展開にも寄与した。こうした政治的反抗や新しい思想の芽生え、冒険的事業などを含めた現象は、自由で活発な知のアナーキズムとしてとらえることができる。

また最古の情報産業である出版業の制度化が確立した階層における「メディア（媒体）独立性[86]」のもたらす性質は、知識のフラットで多様な分散化をもたらした。伝統的な意味での希少資源としての知識は、物理的な制約とともに強固なパワー構造によって、コミュニケーションの流れとして抑制され、限られた集団にのみ開かれていた側面があったといえる。よって、知のアナーキズムは、個人を主体とする知識の獲得や所有を一つの大きな動力として、それを打ち破る活動を歴史的に展開してきたといえる。つまり、現在、我々が当たり前にとらえる個人的利益の追求や情報や知識に関する個人への帰属性などという社会的合意は、たかだかこの二百年ほどの間に形成されてきたものに過ぎない。知の編集と所有における制度化の歴史は、まだ浅いのである。

また、この動力は、強権を拒否し、人間の自由で解放された社会をつくりだす新しいパワーを求める知のアナーキズムの展開として絶対的なあり方なわけではない。確かに知のアナーキズムは、知の活動する主体としての個人の権利や環境の観点を重んじる。だが、ここまである意味で私的所有や利潤を追いかけるような社会の市場化あるいは資本主義の浸透について加担的な側面を、我々は歴史的に解放されるパワーの自由度の問題として取り上げてきた。だが、知のアナーキズムは、むしろ現代的な問題に関係して、また少し異なる様々な特徴とその使命を持っている。

2　贈与の一撃としてのインターネット

(1)　インターネットの孕んでいたもの

さて、歴史をはるかにくだってみると、電信・電話・映画・ラジオ・テレビなどを経て、電子計算機器に基づくコミュニケーションの様々なメディアが発達し、社会の隅々にまで浸透した。現在、インターネットが社会における多様なインフラストラクチャーとして大きく着目を浴び続けている。この数十年でコンピュータの社会的イメージは、既に軍事やビジネスにのみ関わる専門的な機械装置という位置づけから個人のメディアへと大きく変貌を遂げた。

インターネットとは、世界中の全てのコンピュータをつなぐコンピュータ・ネットワークである。コンピュータを使う人間は、インターネットを介して情報や知識を共有し、交換し、編集し合うプロセスを促進することができる。ここで一つ重要なことは、つながるコンピュータは、他のつながっているコンピュータとお互いを信頼し合えるかどうかをチェックし合いながらも、ある意味で自由にコミュニケーションをしてしまう、ということである。[87]もちろん、コンピュータの先には、それぞれ人間と人間がいる。ただ、インターネットを通して、個人は、これまでとは異なる自由とパワーをもってつながりはじめている。

インターネットのはじまりは、一九六九年にアメリカのＡＲＰＡネット（アドバンスト・リサーチ・エージェンシー・ネットワーク）の実験が最初であり、高等研究の一環とした電子計算機科学研究に従事するコンピュータ・サイエンティストの多様な要求に基づくネットワークとして発展してきたと考えられている。[88]コンピュータのソフトウェアは、ある人が最初につくりだした後は、他の人がそれを使いながら新しいことを創造して付け加えていくということが最も効率がよい。そこでコンピュータ・サイエンティストは、ソフトウェアそのもののプログラムや関連する知識を共有したり交換するための環境を強く求めるようになり、これがコンピュータ・ネットワークが生まれる大きな動機と背景になった。これらが一般的な学術研究の分野へと広がり、大きくつながっていったのである。

インターネットについての説明は、よく鉄道の仕組みのたとえで行われる。[89]鉄道の各駅がコンピュータであり、路線は色々なコンピュータ・ネットワークである。互いに交わり、乗換駅を持っている路線の集合がインターネットであって、この不思議な鉄道網全体のオーナーという人はいない。インターネットは、私的所有というものからは最も対極にある原理によって生まれたものであるからだ。[90]インターネットの設計思想は、カリフォルニア大やスタンフォード大などの名門大学を媒介してアメリカ西海岸のヒッピー文化のなかで育ってきたものである。パーソナル・コンピュータのそもそもの発想や理念[91]が、一九六〇年代末に吹き荒れた反体制や反戦運動のカウンターカルチャーからの影響があり、「人々にパワーを」(*"Power to the People"*)という一極集中型の管理社会に対する反発精神を色濃く残している[92]。

たとえば、現在のインターネットの主流なインターフェースであるワールド・ワイド・ウェブのシステムをその時代に既に予言していた人物にテッド・ネルソンがいる。彼は、著書「リテラリーマシン」[93]のなかで、ハイパーテキストという概念を考案する。情報・知識を伝えるための文章、テキストというものが、順序通りに書かれていなくても良く、一つの文章がいくつかの文章に分かれて対話的な画面上で読者が読みたいところを自由に選択できるというモチーフを考え出したのである。つまり、これは我々が、現在、インターネット上で経験しているクリックすると他の画面につながる単線的、逐次的にではなく有機的な文字、画像、音などを同時にランダム・アクセスが可能になるインターネットの仕組みのことである。このハイパーテキストで構成され、成長を続ける巨大なデータベースシステムのことを彼は「ザナドゥ」[94]と名づけ、それを実現するためのプロジェクトを一九六〇年に立ち上げていた。彼は、自由主義や多元主義、そして思想や言論の自由を守るために、あらゆる個人がコンピュータを活用することによって多様なアイデアにアクセスできることを夢見た知のアナーキストだったのである。

(2) 産業社会批判としてのハッカーのコンヴィヴィアリティ

「情報はすべて自由に利用できなければならない。なにかを改善するのに、必要な知識を得られないとすれば、どうして問題を解決できるだろう?自由な情報交換は創造性を全面的に豊かにするもととなる」(スティーブン・レビー[95])

コンピュータ・ネットワーク上のアナーキストといえば、誰しもが「ハッカー」という存在を想起するに違いない。スティーブン・レビーは、一九五〇年代から八〇年代のハッカーの姿をレポートし、彼らの考え方である「ハッカー倫理」を明らかにしている。冒頭に掲げた引用がその骨子である。そのなかには「権威を信用するな―反中央集権を進めよう」あるいは「コンピュータは人生をよいほうに変えうる」など、アナーキーで性善説的な彼らの活動方針の性格が表現されている。ハッカーの起源は、MITにテクニックを使ったユーモアを重んじる伝統があり、それは"hack"と呼ばれて賞揚されてきた。[96] ハッカー文化は、人間社会において急速にテクノロジーが進歩して、産業文明が発達したことに起因する矛盾を行動哲学によって批判している。

実際、彼らの文書の中には、現代の産業社会に対する人間の疎外や経済社会の制度批判の研究で知られるイヴァン・イリイチ（Illich, Ivan）の名前が良く出される。彼は、著書「コンヴィヴィアリティのための道具」[97]において、科学上の発見などの活用のあり方として、一つは機能の専門化と価値の制度化と権力の集中をもたらして人々を官僚制と機械の付属物に変えてしまうようなアプローチと、人間の個々の能力と自発性の範囲を拡大するアプローチがあることを明らかにする。これは、我々がまさに議論するパワーの二つの働き方（支配力と解放力）の差異に他ならない。注目しなければならないのは、人々をかつて伝統を固守する社会から解き放った書物などの様々なメディアが、産業文明が構築した諸制度と学校といった装置などによって自主性を奪い、訓練をする道具へと変形してしまっているのではないか、という批判的な指摘を行っている点である。

この「コンヴィヴィアル」（convivial）というのは、ワクワクすると意味であり、人々が知識の獲得というものを通して感じる自由の感覚、冒険的なスリル、知的探求心などの体験的なものを指していると考えられる。[98] 彼が少数の専門技術者集団によって高度な知識が専有され、産業主義的支配が行われる当時の予兆を批判することを受けて、ハッカーたちは、大学や会社の計算機室に鎮座する大型コンピュータによるパワーの集中化の流れに逆らうマニフェストを定めたのであろう。そういう意味で、一部ハッカーたちの行動原理は誤解される傾向も多い(99)が、彼らの思想は、ワクワクしながら、知的に「楽しむということ」(100)を重視しながら解放力を追求する高度な行動哲学であるととらえることができる。

(3) コピーレフトという哲学と贈与文化

知のアナーキズムという流れのなかで、ハッカーやパーソナルコンピュータやインターネットをとらえ直す上で欠くことのできない重要な事例がまだある。それらの誕生と発展の準備したコンピュータのオペレーティングシステム（OS）である「UNIX」とそのUNIX文化である。UNIXは、一九六九年にAT&Tベル研究所において生まれたOSであり、大変な評判を博したソフトウェアであったが、その製作者たちが研究所の内外の希望者に自由に配布したため、一九七五年までライセンスを必要とせず、多くの大学が教育目的の貯めにテープ代とマニュアルのコピー代だけでUNIXを活用していた。こうした背景から保証やサポートはないが、（実費以外）無料でソフトウェアを自由に共有し、互いに情報公開することで協同していく、改良するというUNIX文化の基本が成立した。これがいわゆる「パブリック・ドメイン（公共領域）」によるソフトウェアの一つの起源である。やがて、多くの優秀なソフトウェアエンジニアたちや学生などによって、UNIX上の多くの高機能なソフトウェアが世界中の関係者に分かち合われていく。

しかし、このパブリック・ドメインの仕組みは、著作権に対する権利放棄をすることで成立し、誰のものでもないないから皆のものになり得るという考え方である。ソフトウェアの無料化する単純な方法ではあるのだが、改変を加えることで自分の著作物として権利を主張して利得を得るという根本的な問題（勝手に営利に悪用する際の抜け穴）が生じてしまう。これでは、すべてのソフトウェアの利用者に対して解放するということが結果的にできなくなってしまう。また、次第に一九八〇年代になると、コンピュータ業界の発展し商業化が進み、様々なOSが現われることによって、一部の例外を除きUNIXもAT&Tの独占的なソフトウェアになってしまった。[101]

こうした状況に反発して、リチャード・ストールマン（Richard Stallman）は、一九八四年にUNIX上位互換のソフトウェアの開発を行うGNU（GNU's Not Unix）[102]プロジェクトを立ち上げる。この目的は、単なるコピーや配布といったソフトウェアの自由な流通だけでなく、プログラムのソースコード[103]を公開し、独占的ソフトウェアの使用する必要性そのものから解放されることであった。ストールマンは、一九八五年には、GNU宣言を発表して、フリーソフトウェア財団（FSF）[104]を設立した。GNUは、そのソフトウェアをパブリック・ドメインに置かず、著作権（Copyright）に対抗するコピーレフト（Copyleft）という概念によって積極的な保護を行う。コピーレフトの思想は、具体的にはGNU一般公有使用許諾書（略称GPL＝GNU General Public License）によって具現化されている。[105]このGPLは、フリー・ソフトウェアのコピーを自由に無料で入手できるだけでなく、自由に改良を施して、それらも当然フリーに使用可能であるという意味において、「ふたつのフリー」という自由と協調の両立を目指した考え方が示されている。ただし、元のソフトウェア同様に、改良された新しいソフトもGPLに従わなければならないと規定を設けることで抜け駆け的にあるユーザーが独占あるいは利得をもつことがないソフトウェアの継承性という点が大きな特徴となっている。

彼は、フリーソフトの普及活動の中核的な役割を担い、事実、数多くの著名なフリーソフトがフリーソフトウェア財団のサポートであるGPLを通して世界に送り出される。そもそもインターネットの通信プロトコルとなっているTCP／IPも、公開されたソースコードによってネットワーク上の協同で生まれたフリーソフトウェアである。一方で、このまさに知のアナーキズムともいえる運動は賛同を受けるとともに、その狂信的なムードに疑問を感じられつつ支援をされたという側面があった。それは彼らの現行の著作権制度を商業主義としてハッカー倫理の復権を訴えながら、政治的に批判する教条的な姿勢に起因する。彼の思想的支柱は「商用ソフトは窃盗行為で秘匿行為だ。ぼくがフリーソフトを書くのはこの悪行を止めさせるためだ」という大変ラディカルなものであった。ハッカー文化のリーダーにこうした運動を通して一番近い立場となったストールマンは、やがて次に来る一九九〇年代の新しい流れのなかで影響力を弱めることになる。

コピーレフトの哲学に、その顕著な性格の一端があらわれたネットワークの文化の展開は、メディアの発達によって、そもそも情報の性質がデジタルな処理の意味において容易に複製可能であることから生まれたとも言える。[106] いわば、経済学における「希少性の前提」、人々が欲望する量に対してそれを満たすものは不足するという原則にはずれ、常識を覆すのが情報の働きである。[107] つまり、情報や知識の交換と意味を考えることは「所有することが価値の源泉である」という考え方に変更を迫っているのかもしれない。この希少性と所有権をセットにした考え方で、複数の価値の体系間における差異というものが新しい価値を生み出すという交換経済がもつ仕組みに対して、インターネットによる信用をもとにした贈与交換の仕組みは、抗っているのだという指摘もある。[108] インターネット上の資本主義化の原理と贈与交換的な原理の争いの中で、後者の一つの象徴的な動きが、コピーレフトの哲学であると考えられる。コピーレフトのあり方は、知のアナーキズムとしてとらえるわけであるが、メディアの発達によって個人が知識を自らの属性の中に取り込むことができるようになることで、自由を手にしてきたのとは、異なる理解が必要となる。

では、インターネットはハッカー倫理の成果に基づく、その実践に中核的な技術の仕組みが支えられているとして、フリー・ウェアーを制作し、公開する彼らは、どのような動機や仕組みのなかでその動的な交換のメカニズムを成立させているといえるのだろうか。エリック・レイモンド[109]（Erick Raymond）によれば、ハッカーたちの行動原理における所有と慣習に関する分析を行うと、それらは「贈与文化」として説明することができるという。インターネット上のソフトウェアの公開や改善のコミュニケーションのなかで、参加者は時間とエネルギーと創造性をあげてしまうことで名声を競っているのであるとされる。贈与とは、表層的には自発的、一方的にみえる現象であるけれども、根底においては互酬的であり、拘束的でもある。モース（Marcel Mauss）は、贈与の一撃[110]から始まるこの仕組みは、提供・受容・返礼という三つの義務を含んでおり、深層的には循環的に連鎖する広大な互酬のシステムであると指摘している。贈与文化は、希少性ではなく過剰への適応であり、生存に不可欠な財が欠乏しない社会で生じる[111]とされる。贈与の文化においては、その人が何をコントロールしているのかではなく、何をあげてしまうか、という点でその社会でのステータスが決まってくる。つまり、支配力としてのパワーではなく、知を解き放つことによって生まれるパワーが評判として獲得されるという世界なのである。

またこうした評判や名声などの柔軟なパワーは、それ自体が勝ち取るに足る重要な報酬なのである。また、知のアナーキズムの主体は、このパワーを得て、かつ開いていくことによって、様々な新しい知見やアドバイスを獲得することができ、より優れた知識を生み出すための環境を整えることができる。また、もしもこの贈与経済ともいえる仕組みが、他の交換経済との接点を持っているとするならば、そちらのタイプのパワーとも変換することができるのである[112]。一九九〇年代後半、この特徴が大きな流れとして展開を起し、ネットワークあるいはインターネットの文化そのものが、交換経済あるいは資本主義社会に対して、あたかも知のアナーキズムによる原初社会から遅れて届いた贈与の一撃のように大きな影響を与えることになる。

3　オープンソース・ムーブメント

（1）　LINUXの登場――「伽藍とバザール」

一九九〇年代に入って、ストールマンたちのフリーソフト財団の意図的に挑戦的な姿勢やその含みを持たせたキーワードとしての「フリーソフト」とは、別なスタイルや考え方とそれに即したプロジェクトがみられるようになり始めた。その代表格が現在もコンピュータ業界を席巻するソフトＬＩＮＵＸである。ＬＩＮＵＸはフィンランドの一大学院生に過ぎなかったリーヌス・トーバルズ（Linus Torvalds）が開発したフリーソフトウェアである。まず、トーバルズは、基本的な姿勢として反商業主義をとらない。ある意味で教条主義的なストールマンと対照的に、楽しいから、好きだからソフトウェアを多くの人とつながりながら使い、育てるフリーソフトの精神はあるけれどもＬＩＮＵＸでなければならないというものではなく、より柔軟である。だが、ＧＮＵやフリーソフト財団を批判するわけでも無論なく、むしろＬＩＮＵＸはＧＰＬとして広い支持を集めたのである。またＬＩＮＵＸをあくまで趣味や生甲斐として位置付けており、その理由を「ＬＩＮＵＸに関してやりたくないことをやらされる恐れがないようにと思ってのこと」と答えている[113]。このカーネル[114]は、ＧＮＵのシステムが組み合わされると強力で完全なＯＳとなり、サーバＯＳとしてはWindows NTとならぶシェアを持つに至っている。

またＬＩＮＵＸの最大の特徴は、その開発方法の従来の方法との違いにある。エリック・レイモンドは、従来のソフトウェアの制作過程を大聖堂の中央集権的なデザインとその工程になぞらえて伽藍[115]方式、そしてソフトの制作過程そのものをオープンにして騒々しいバザールのように世界中のソフトウェア関係者を巻き込んでしまうバザール方式と命名した[116]。フリーソフトウェアの考え方は、従来の工業製品の購買形式や流通過程に関わるような個人のあり方と比較すれば、とても革命的に自由で、それに関わったり利用する主体のパワーが溢れるものであった。しかしながら、いざ肝心なそのソフトウェアの制作過程そのものについては、一人の魔術師（ウィザード）のようなリーダーのもとに小集団が一致団結して他から孤立し、慎重に組み上げて完成するべきものだという固定観念ができあがっていた。それを破壊し、良いソフトはすべて開発者の個人的な悩みの解決から始まるというところから、開発の途中の段階にどんどん世界に対してリリースを行い、世界中の関心のあるプログラマーやユーザーを巻き込んで生み出すというアプローチを成功させたのである。このスタイルは、ソフトウェア業界と呼ばれるもののコミュニティの関心と能力を動員することによって可能になる。それだけではない。このスタイルの知識の継承と編集のあり方は、従来の市場と組織の関係を越えるオープンソース・コミュニティというものを作り出している。

（2）　オープンソース・コミュニティの可能性

世界で一千万人を超えたといわれるＬＩＮＵＸは、従来の高度なユーザー・レベルで草の根的に育まれてきたネットワーク文化の潮流を、ビジネスインフラ化したインターネットの世界を通じてメジャーなビジネス・シーンが無視することのできないパワーにまでのし上げることになった。独占的ソフトウェアを保有する代名詞としてのマイクロソフト社とインターネットの閲覧ソフトを中心に深く対立するネットスケープ社が一九九八年一月、自社の主力製品であるネットスケープ・コミュニケーターをオープンソースにすると発表したのである。また同年九月、インテル社とネットスケープ社がＬＩＮＵＸパッケージの販売と支援を行っているレッド・ハット・ソフトウェア社に出資を決めたのであった。また、十一月には、作成と発表は既出のエリック・レイモンドによるものの、本文が、かのマイクロソフト社のエンジニアリング部門担当プロダクト・マネジャーのビノード・バロピリール（Vinod Vallopplil）によって書かれた『ハロウィーン文書』と名づけられたものが発表される。この怪文書はオープンソース・ムーブメントによるＬＩＮＵＸを中心とした流れは大きなものであり、マイクロソフト社自身も独自の調査を行い、分野においては脅威と考えているというものだった。[117]

特に、同社がオープンソースのバザール型の「並行主義と自由なアイデアの交換」に基づくグローバルな開発プロセスは、クローズドな商用ソフト製品のライセンス形式では実現しがたいメリットであって、長期的に大きな影響を受けるであろうと受け止めていたことがわかった。こうしてオープンソース・コミュニティによるフリーソフトウェアは、商用ソフトウェアよりもはるかに安定し、信頼性も高いと考えられるようになってきている。これは、ソースコードの共有と公開性によって、世界中の優れたプログラマーによって様々な環境下によるバグの修復がなされるからであり、著作権による保護に基づくよりもこうした知の編集や技術革新の動力が世界にはあるということを現実的に証明したのである。このことは、世界初めのソフトウェアにおける著作権論争から始まって、[118]著作権等による技術的覇権をソフトウェアあるいはコンピュータ業界に対して発揮してきたマイクロソフト社を中心のあり方への根本的な批判であり、有効な打撃であったということができるであろう。

一口にオープンソース・コミュニティといっても、これまでの歴史を踏まえた多様性を許容するようなライセンスや参加者によって構成されていると考えることができる。まずオープンソース・コミュニティは、次のような点で今までの主流となっていたライセンス供与であるストールマンらのＧＮＵ　ＧＰＬも含む、より大きな概念である。ソースコードが入手でき、自由な再配布が可能であり、それに派生するソフトウェアも配布することが可能であるが無保証である点では同じである。だが、それ以外にもＢＳＤコピーライト[119]などを採用し、派生したソフトを配布する際に「必ず」同じライセンスでなければならないわけではなく、同じようにＢＳＤコピーライトのもとで配っても良いし、占有ライセンスにして販売することも可能となり、より緩やかで既存のソフトウェア・ビジネスのに対しても使いやすい規定になっている。ただ、再配布の際にその著作権表示と免責条項を含めれば良い。製作者は、数多くあるライセンスの形式の中からそれぞれのメリットデメリットに応じて主体的に選択を行うことができる。

これらを創始した団体、オープン・ソース・イニシアチブでは、その定義[120]のなかに入っているという基準の群をリストして挙げながらも、「オープンソース」という言葉がソフトウェア界の人々に色々な意味を込めている事を理解している点を明言し、その定義に準拠しているという意味で「オープンソース」という言葉を使うことを推奨しつつも、総称的用語としての「オープンソース」という表現を否定しないとしている。彼らは、今まで商業ベースのソフトウェア業界に対する意図的に敵対視を露わにしていたネットワーク文化の流れを大きく転換し、その重要な一端を担ったドーバルズが明言しているように「よりプラクティカル」な姿勢を打ち出したと言える。このことは知のアナーキズムの流れとしても、非常に前向きでプラグマティックな展開が始まったと理解できる。既成の経済社会や業界、組織の秩序に対して、アンチテーゼとして存在するよりも、より一般的かつオープンで多様な結びつきを探しはじめたといえる。現在、このオープンソース・コミュニティに参加している企業は、ネットスケープ社以外にもレッド・ハット・ソフトウェア社、サンマイクロシステムズ社、アップル社、IBM社などがあげられ、各社ごとの特色を出した技術知識のオープンソース化などに取り組んでいる。

（3） 弱さと強さのハイブリッドなつながり

こうしたオープンソース・コミュニティの可能性を踏まえた上で、強調しておくべきポイントの一つは、ネットワークのコミュニティにおいて、松岡・金子・吉村[121]らが指摘するように「知っていること」を強調するよりも

「知らないこと」を主張するほうが、面白いことや役に立つことへとつながる可能性が生まれた、経済社会的に周知のこととなったということである。様々な関係者がつながっているだけでは、ヴォランタリーな知識の創発や知のアナーキズムは働き出さない。情報がつながるためにはヴァルネラビリティが重要になることは、既にみた信頼と協調行動の理論あるいはネットワーク論においても再三、注目されていた点[122]である。具体的には、オープンソース・コミュニティの優秀な技術者たちは、繰り返し、作りかけの作品であるソフトウェアのモジュールをリリースして、現在抱えている問題点や方向性の上での不安や迷いを打ち明ける。そのことによって、自発的な新しい知識を呼び込み、つながることができるのである。また、一端、完成したバージョンとしてリリースされた後も、多くのユーザーからの不満や指摘を共有して、同時並列的に一緒に考えることによって顧客の知識というものを存分に活用することで、知の弱さと強さのハイブリッドなつながりをつけるのである。

また、知のアナーキズムの現代的なあり方に関しても重要な示唆を与えている。従来、知のアナーキズムは、一極管理集中型の知識のあり方への反発と対抗から生まれ、時代の組織やメディアを活用することによって、分散化し、個人にとってより自由で有効な形を探し出すものであった。しかし、オープンソース・コミュニティの事例が示しているのは、既存の強さや支配力としてのパワーに対して、対抗するように強がりを立てるのではなく、個人が柔らかい連携スタイルの新しい有効性である。オープンなコミュニティは、知識における弱さと強さを関係づけ、相互依存のダイナミクスを通して、圧倒的な教権と思われたものをそうでなくしてしまうことができるのである。このことは、グローバリゼーションと市場主義が展開のなかで、一方において益々、企業組織の持つ技術革新などをコアにした役割の重要性が高まり、政府や企業との関係を密接に考えなければならず、もう一方においては個人の活躍するチャンスが複雑な葛藤の中で大きく開けているともいえるからである。

四　解放するパワーの予兆を求めて

1　新しい流れ—メディアとしての組織観

（1）多様なる萌芽—オープンコンテンツ

以上述べてきたように、知のアナーキズムは、知識を新たに発見し作り出すパワー主体としての個人が、絶えず変化を遂げる組織とメディアを手段としながら、統制を機能とする支配力としてのパワーと対峙し、ときにはそれらを逆手に活用しながら、解放力としてのパワーを働き合わせながら知識を編集するプロセスとして理解することができる。もちろん、そのプロセスのすべてが、既成の硬直的な体制に挑む主体の逆転する成功を導き出すとは限らない。むしろ、歴史を深く調べれば、あるいは現代においても知のアナーキズムの試みの大部分は、本質的に挫折の連続であると憶測できる。しかしながら、社会が形作った既存の勝者や強者の論理やパワーに安易に組みするようものではなく、新たな知識を巡るネットワーキングの試みは、着目され、評価を経てから、ある意味で信頼し、許容されるべきものである。自己責任において、その存在を賭け、自己の境界部分を傷つけやすくすることで新しいものをつくりだそうとすることは、決して完璧であるとはいいがたい既存の我々の世界や状態から自由になる可能性を切り開く。知のアナーキズムの壊れやすそうな多様な試みのなかにこそ、新たな萌芽あるのかもしれないのである。

現代的な知のアナーキズムの事例としてみてきたオープンソース・コミュニティの流れも、企業の側からの取り組みが必ずしもメリットがあったという確かな答えは出ているわけではない。その口火を切ったネットスケープ社は、あくまでシェア低下を止める反撃としての効果というところが一般的な評価である。現代の知識文化に対する影響も含めて、我々が良く考えなければならないことは、今後の企業社会がこのような知のアナーキズムやコミュニティといった多様な贈与文化やネットワーク文化などの解放するパワーをどのように受け容れ、ブレンドし、根付かせていけることができるのかという点にあるのではないか。たとえば、e－エコノミーにおける企業のマーケティング・コミュニケーションのあり方の鍵は、顧客の自発性を引き出し、パーミッションを獲得することで関係性を築き上げるお祭り型市場化にあると指摘されている。(123) この場合、もてなしを受ける顧客と主催側の企業というような固定的な役割や境界は無意味であり、ダイナミックに相互の知が入れ替わり、編集されてこそ創り出していける価値が存在すると考えることができる。

またインターネットのビジネスインフラ化の急進的な勢いもあり、オープンソースの考え方や手法は、ソフトウェア開発以外にも転用、応用が図られている。インターネット上のウェッブ・コンテンツは、音楽、文芸、ゲームなど幅を広げ続けている。必ずしもモジュール化とバザール型という方式を応用しているわけではないが、特に音楽業界は、オーディオ・データの複製可能性の容易さから業界再編につながるような影響を知のアナーキズムから受けている。そもそもオーディオの再生技術は、レコード規格からＳＰ盤、ＬＰ盤となり、ＣＤと進化してきた。既に音楽は、制作する側ではコンピュータで扱えるデータであり、視聴する側も急速にＭＤなどデジタル化した状況になりつつある。インターネットの普及によって、高音質なデジタルデータが個人の力で全世界のネットワーク上に流布することを可能となり、ＭＰ３というオープンな技術がデファクトスタンダードとして生まれ、加えて再生する安価な携帯プレーヤーも売られ始めている。違法コピーがネットワーク上で大量に流れ始めており、それらのコミュニティと音楽団体の間でのコンフリクトは、ＭＰプレーヤーの出荷差し止め請求を起こすにまで発展している。

その一方で、直接の製作者であるインディーズのアーティストに限らず、有名アーティストにとっても、これまでとは比較できないほど容易に安価で多くの視聴者を得ることができることから試用が相次いでおり、音楽制作を支えてきた企業もまた手をこまねいているわけではなく、オーディオ・オン・ディマンドの実現に向けて、著作権保護機構を組み込んだ各種の音楽配信システムに乗りだし、プッシュ型のマーケティングに使い始めている企業もある。特にナップスター社[124]（あるいは類似技術を出しているネット新興企業）は、登録した一般のユーザーが同社のサーバーを通じて、互いのパソコン内に保有する音楽ソフトを検索・交換できる無料サービスを提供しており、「ＭＰ３（ドッド・コム）と異なり『音楽ソフト交換』の場を提供しているだけなので、著作権侵害を問いにくいとの指摘もある[125]」と混迷を極めている。こうした事実は、インターネットというメディアを通した知のアナーキズムに基づく主体は、企業の論理やパワーに影響を与えながら、相互に巻き込み合っているというような様相であることを示している[126]。このインターネットと音楽の間の関係は、象徴的な事例であり、インターネットという強力なメディアによって加速された知のアナーキズムが、パワー状況を多様に変革する新しい萌芽を示していると考えられる。

（２） 知恵市場の旗手たち

こうした新しい流れは、現在、少なくない。インターネット上には、現在、電子メールやその一斉同報の仕組みであるメーリング・リスト、ニュースグループ、そしてウェッブなどを通した無数のコミュニティが生まれつつある[127]。『*Open Content*[128]』というウェッブサイト中心のプロジェクトもその一つで、学術論文やソフトウェアのマニュアルのようなものを、オープンソースと同様、コピー自由、改変自由といった方法を使うことによって、利用者や参加者の知識に関する自由度や権利というものを高めることを目指している。バザール型の開発モデルを知識の一般的な制作過程そのものに応用しようという試みととらえることができるであろう。日本国内にも優れたプロジェクトが様々な規模で立ち上がりつつある。メーリングリストによるディスカッションとメールマガジン制作による実践的な知を創造する「知恵市場」[129]もその一つである。一般のビジネス・パーソンに関心の深いマーケティング・組織・人事・キャリア・戦略や環境問題・ファッションといった多角的な論点を複数の電子会議室のチャネルを開き、時限的に数百人から千人規模にわたる参加者が熱く議論を交わしている。

このプロセスには、参加する主体間のコミュニケーションの文脈が大きく作用する。前述したように、知識は、時空をはさんだ人と人のコミュニケーション関係に根付いて存在しているためである。そこで知恵市場では、ネットワークＤＪと呼ばれる議論のファシリテーター[130]が自由に議論が展開されるなかでのポイントや句読点のような合いの手を入れる。そうしていくことによって今までの活動のなかでの話題の重複を避けたり、会話の質を上げていくことを可能にしている。また交わされた議論は、月極めなどの期限が来るとネットワークＤＪによって、「エッセンス」と呼ばれる文章にまとめたエッセイ風小論文へ、ビジネスに応用の利くように交わされた知識が結晶化として取り出され、有料で販売されている。つまり、このコミュニティの知識を交換するプロセスは、基本的に個人がフリーで参加できるわけだが[131]、その成果物は有志によって購入され、活動費用の一部に当てられる。このエッセンスは、一人一人の発言された知識がオーケストラの演奏中に発せられた音が一つ一つ拾われていくように、ある意味でソフトウェアの小さなモジュールのようにネットワークＤＪの編集によって、記名式で織り込まれる。このプロジェクトは、主宰者たちが既存のマスメディアによる情報によって本当に欲しい価値ある情報が必ずしも得ることができない、というところから始まったという[132]。

知恵市場のビジョンは、クオリティ・オブ・ライフ（Quality of Life）の向上にあると考えられている。クオリティ・オブ・ライフを知恵市場では、一般の社会学による「個人が感じる満足の関数[133]」といった定義とは異なる「自分が自分の人生の意思決定権を握る」という、より能動的な意味を与えている。そして、会社の命令や社会の習慣に「従って」生きるのではなく、自ら決めたことを実現するために、自ら行動するという生き方をしている個人のクオリティ・オブ・ライフが高いとして、そのリアルな現場の知識を集め、それを本当に実践する「コミュニティ&メディア」であると位置付けている。「知恵市場」は、主宰の側にとっても自発的に入った参加者にとっても、一つの自己実現や良い意味での新たなチャレンジングなチャンスを見出すための手段であり、事実、時限的なプロジェクトとして運営されている。

すでに知的所有権の制度化の流れでもみたように、知というものの主体の認知や行動を考えた時、技術的な媒体の基盤としての知のメディア変化の影響力とともに、その技術の上に乗る組織などの文化技術、ソフトな面でのこうした仕組みや活力の影響力は非常に重要である。この試みは、既存の確立された支配力としてのパワーを持ってしまった現状のマス・ジャーナリズムから、様々な実践的な知的活動が解き放つ芽を産んでいると考えられる。このようなメディア形式のソフト面での変容が世界像や経済的、社会的なパワーの影響関係のあり方を転換する可能性は大きい。特に、現役のビジネス・パーソンが現業を続けながら、新しい知の実践を試みるための具体的で身近なツールとなり得ているといえるという点が極めて大切である。また、これらを主宰する中心メンバーは、グロービス・マネジメントスクールのディレクターや講師の仕事をしているという共通点は偶発的にあるが、基本的には、フリーランスのライター、大企業のマーケターなど本業を他に持ちながら、このプロジェクトを遂行している。中心メンバー以外もまた、当然、他に本業を持つ多様なバックグラウンドな主体によるヴォランティアによって支えられている。こうした事例は、知のアナーキズムの意味を翻って現代の企業社会に据えて考えようとするための一つの重要な切り口を与えてくれていると考えられる。

（3） 個人にとってのメディアとしての組織観

知のアナーキズムは、パワー主体としての個人が知識を新たに発見し作り出すために、既存の支配的なパワーに抗って、ときにそれらを逆手に活用し、解放力としてのパワーを働き合わせ、知識を編集するプロセスである。では、既存の社会秩序や経済一般の発展にとってネガティブな意味を持つかというとそうではない。新しい現在の経済においては、非常に早いサイクルで知識の体系や構造を組み替わる。環境や時代の変化に対応した製品・サービス、そして制度というものが維持され、そうではないものは、残念ながら淘汰される流れが強くなってきている。ドラッカーが指摘するように組織は、その本質的な使命において創造的破壊こそを機能として歴史的に担ってきたといえる[134]。しかしながら、我々は視点をもう一歩、推し進めて考えてみるべきかもしれない。新しい社会の真の主役が、資本家や半熟練労働者ではないことは明らかであるが、単なる階層的になった企業や政府機関などの中央研究所にいる科学者や技術者などの知識労働者でもないかもしれない[135]。彼らテクノクラートは、最新の科学的知識や技術を所有しているかもしれないが、あくまで組織を通じた意思決定によってパワーを行使してきた。我々が幾つかの事例でみてきたように、むしろ「革新は辺境からやってくる[136]」かもしれず、それはいつも意外性を伴うことが多い。今後、社会における知識の成長や発展において、一人の個人や少数のグループの役割が分散的な位置から様々な影響力を発揮すると考えるべきである。より自由な発想から鋭い問題意識を最新のメディアによって結ぶ、知のアナーキズムの実践者たちによる多様なパワーは、無視することはできない。つまり、組織そのものが知のアナーキストたちにとっては、あるいはこれからのナレッジ‐ワーカーともいえるビジ

ネスパーソンにとっては、一つのメディアそのものに過ぎないのかもしれないのである。(137)

2 知のアナーキズムと社会のマネジメント・キャパシティ

(1) 知識のネットワーク——わかち合いと解き放ち合い

知識社会は、一人一人の人間が多様な関係のネットワークの中で呼吸をするようにやり取りしている専門知識、現場にある知識などを最重要な資源としてとらえる。いわゆる従来の経済学の生産要素としての土地、資本、労働といった観点からでは、財の所有や生産というよりも使用や経験に基づいて生まれる価値創造を中心に考える経済現象やそこにメインのプレーヤーとなる主体としての個人の行動原理を説明することは困難である。そのとき我々は元来、大航海時代の冒険商人(138)から派生する企業(Ｅｎｔｅｒｐｒｉｓｅ)という概念の成立を考えたとき、それは個人の夢や野望を実現するために創案された社会的制度であることを思い出さなければならない。まず、個人の志や意志があり、そのための社会用具である企業組織などの存在意義が生まれるという表現もできる。

現在、個人は、企業社会におけるパラダイムの変化のなかで複線型のキャリアや複業化を考え、家庭や地域のＮＰＯなど多様な現実組織とも関わり合いながら、自らの知識を自己実現に向けたベクトルに重ねるべく多大な模索を続けている。その際には、主体には、知識の源泉として、あるいは解き放つネットワークのなかの広がりとしての多様性、同時性、選択性というものが重要視される。その全てを一つのメディア、一つの組織が満たすことができると考えることのほうが楽観的過ぎるかもしれない。また主体が関わる組織がどのようなライフサイクルの時期にあるのか、ということも非常に現実的に影響のある要素である。知のアナーキズムの主体としての個人が、多数のメディアとしての組織と関係するとき、知識をどの程度、どのようにわかち合うべきなのか、あるいはわかち合いながら、どれほど互いに信頼を勝ち得、解き放ち合うことができるのかということが大きな課題となる。これらが両立しないことには、創造的な異種交配としての知識の結合は望みがたい。あるいは、柔軟な知識の編集プロセスを経ることによって、解き放ち合いとしてのパワーを活用することが難しくなる。知のアナーキズムの視点が重要であると考えるとき、我々には、このようなパラドクスを考慮する必要がある。

(2) 社会のマネジメント・キャパシティー想像力と寛容さ

大量生産型工業社会からポスト工業化社会への大きな流れが知識のネットワーキングであり、それを支える分散拡散型メディアが個人の知のアナーキズムを今後、加速していくことは間違いがないと考えられる。一方において、従来の一極集中、中央集権型の社会のパワー構造を変革させ、主体である個が新しく多様なパワーを社会に対して優位に発揮するということは、ネットワーキングのインフラによって開放された環境において創造性のある個人が活躍し得ると同時に、ある種の創造的破壊性のある人々を多数、輩出するのだと考えるのが妥当という意見も多いと思われる。知のアナーキズムを担う文化の利己的遺伝子[139]をもつ人々は、基本的には社会における知識文化に対して、危惧やリスクを与えるものと理解されるかもしれない。創造的破壊とそうでないものを分けるのは、単純化していえば利他的か利己的かということになるのかもしれないが、インターネット資本主義がもたらす多様性の経済が技術的なプロトコルは別として、必ずしも統合化、単一的な文化社会をもたらすとは限らない。

たとえば、既出の音楽産業やあるいは映像産業などにおいては、インターネットによる配信が異文化へのアクセスを促進するかもしれないという指摘もある[140]。フランスの雑誌『リベラシオン』の特集記事においてインタビューに答えたパリのリスナーは、既出したナップスターで初めて知ることのできたのCDをもう何枚も買っている事実を強調しているという。知的所有権関係の煩雑さからレコード会社に限らず、多くの企業関係を通して社会に出た過去の膨大な知的資産は、大量生産と大量販売にはそぐわないという理由で放棄されてきた可能性がある。資本主義的な論理のが同時代文化の大きな一要因をなすことで異文化や異世代間の理解に大変な支障が生じていたことに対して、今まで省みられなかった。従来の発想からの意味での辺境にある知的文化資産が新しいネットワーキングや知のアナーキズムの働きかけによってグローバルに活用される可能性が出てきたわけである。(141)知のアナーキズムやそれに伴う各種のイノベーションを多角的に理解する想像力が、知識社会の側に必要とされるのかもしれない。

また知のアナーキズムによる新しいパワーが生じたとき、主体である彼等をとりまく制度や地域的な環境などの解釈枠組というものが、その発展や影響の経路を左右すると考えられる。ときには、急進的なこの多様性を受け入れる社会の設計や構想が必要となる。それは国民国家やパワーエリートを中心に据えるような知識管理社会とは、全く異なる。弱さ、様々な障害、歴史的な欠損なども含めた多様性を豊かなもの、プラスのものとして肯定する社会のキャパシティを兼ね備えたマネジメントの視点が必要となる。その際に必要となるのは柔軟で想像力に満ちた寛容さ(Tolerance)というものであるのかもしれない。それは精神論的な面を意味しているのではなく、社会的不確実性に対する高度な多重に知的な能力や制度に裏打ちされた解放力としてのパワーの基盤整備の必要性である。多様性や高度な知的急進性に対する寛容な社会をつくり育てるためには、そのなかの制度を担う個人にとってのメディアとしての組織がどのようにマネージされうるのか、ということがこれからの世界の大きな課題となってくる。様々なアイデアや知識を発見し、差異を探求する人々が「同化」を強要されることもなく、「排除」されることもなく受容され、その上で問いを発せられ、対話が始まるような人と人、知識と知識のネットワークの接続状態が模索されなければならない。

知識社会のシステムは、決して中央当局の知性というもの依存する仕組みではなく、多極的なメディアとしての様々な次元の組織がメディアとして知のアナーキズムを担う個人に活用されることによって進化していくと考えられる。そのためには、多様な主体が関わるダイナミックな知の編集プロセスを通して、経済的交換と贈与的（あるいは社会的）交換がブレンドされたハイブリッドな仕組みが必要とされる。それは優れた想像力と寛容さを兼ね備える知識社会の高度なマネジメント能力の広がりに依存している。また、そうしたメディアあるいは制度としての組織そのものについてのイノベーションについても、知のアナーキズムを担う主体がそれを新しく切り開く可能性を秘めているといえるかもしれない。

（山田　仁一郎）

注

（1）知識が、富めるものがより富めるようになるためのものであったり、強いものがより強固になるためだけのものであるとするならば、それほど魅力のない世界はないであろう。むしろ、知識は、パワーが変動し、弱さを感じている者がときに自由を獲得して反撃を行い、新しく世界の構図が生まれ変わるときに鍵となるもの、輝くものではないだろうか。

（2）ここでは、自由主義、自由論そのものを論じることを目的としない。ハイエクによれば、自由とは「自分がもっている知識を自由に使うこと」である。詳しくは、橋本努（一九九四）『自由の論法』創文社

（3）八木正（一九九三）、「アナーキズム」、新社会学辞典、有斐閣

（4）玉川信明（一九八七）、『アナキズム』、現代書館

（5）アナーキーニッポン、*http://www.ne.jp/asahi/anarchy/faq/faqbase.html*、二千年七月二五日アクセス

（6）Clifford Geertz (1983), 'Local Knowledge: Further Essays in Interpretive Anthropology' Basic Books（梶原景昭・小泉潤二・山下晋司・山下淑美翻訳『ローカル・ノレッジ・解釈人類学論集』岩波書店、一九九一）

（7）石田修一氏との電話におけるパーソナル・ディスカッションに基づく（二〇〇〇年六月十三日）。

（8）Malinowski, B., 'Argonauts of Western Pacific', Duton, 1922（寺田和夫・増田義郎訳『西太平洋の遠洋航海者』中央公論社、一九六七）

（9）橋爪大三郎（一九九六）、「権力の可能条件」『権力と支配の社会学』岩波書店

（10）アナーキーニッポン、*http://www.ne.jp/asahi/anarchy/anarchy/faq/faqbase.html*、二千年七月二五日アクセス

（11）Weber, Max (1922), Soziloische Grundbegriffe.（清水幾太郎訳『社会学の根本概念』岩波書店、一九七二）；Mills, C. W. (1956), The Power Elite.（鵜飼信成、綿貫譲治訳『パワー・エリート』東京大学出版会、一九六九）；Blau, P. M. (1964), 'Exchange and Power in Social Life', John Wiley & Sons.（間場寿一他共訳『交換と権力・社会過程の弁証法社会学』新曜社、一九七四。）；French, J. R. P., and B. Raven, (1960) "The Bases of Social Power," in D. Cartwright and Zander eds., Group Dynamics: Research and Theory, Preston, 607–623（三隅二不二・佐々木薫訳編『グループ・ダイナミックス』誠信書房、一九六九）；Kanter, R. M. (1983), 'The Change Masters: Innovation for Productivity in the American Corporation', Simon & Schuster.（長谷川慶太郎監訳『ザ・チェンジ・マスターズ：21世紀への企業変革者たち』二見書房、一九八四）

（12）Etzioni, A. (1961), 'A Comparative Analysis of Complex Organizations', The Free Press（綿貫譲治監訳『組織の社会学的分析』培風館、一九六六）

（13）Emerson, R. M. (1962), "Power–Dependence Relations," 'American Sociological Review', 27, 31–41

（14）森雄繁（一九九八）、『権力と組織―組織のなかからの組織論』白桃書房

（15）Weber (1972) 前揚書、注8

（16）富田徹男（一九七八）「人口の集中―官僚制とシステム技術」『特許ニュース』通商産業調査会

（17）Drucker, P. F. (1985), 'Innovation and Entrepreneurship', Harper & Row（小林宏治監訳『イノベーションと企業家精神』ダイヤモンド社、一九八五）

（18）金子郁容（一九八六）、『ネットワーキングへの招待』中公新書

（19）Lipnack, J., J. Stamps, (1982) 'Networking', Routledge & Kegan Paul（社会開発統計研究所訳、『ネットワーキング：ヨコ型情報社会への潮流』プレジデント社、一九八四）

（20）寺本義也（一九九〇）『ネットワークパワー』ＮＴＴ出版

（21）Kotter, J. P., Power in management, AMACOM, 1979（加護野忠男、谷光太郎訳『パワーと影響力・人的ネットワークとリーダーシップの研究』ダイヤモンド社、一九九〇）

（22）金井壽宏（一九九一）、『変革型ミドルの探求』白桃書房

（23）Mintzberg, H., 'The nature of managerial work', Prentice–Hall, 1980（奥村哲史、須貝栄訳『マネジャーの仕事』白桃書房、一九九三）

（24）Weinberg, G. M., 'becoming a Technical Leader–An Organic Problem–Solving Approach', 1986（木村泉訳『スーパーエンジニアへの道・技術リーダーシップの人間学』共立出版、一九九一）

（25）松岡正剛（一九九五）、『フラジャイル―弱さからの出発』筑摩書房

（26）金子郁容・松岡正剛・下河辺淳（一九九八）『ボランタリー経済の誕生―自発する経済とコミュニティ』

（27）寺本（一九九〇）、注13前掲書

（28）今田高俊（一九九四）『混沌の力』講談社

（29）久木田純（一九九八）「エンパワーメントとは何か」『現代のエスプリ―エンパワーメント―人間尊重社会の新しいパラダイム』至文堂

（30）高木晴夫（一九九五）、「「集権 vs 分権」から「自律 vs 協働」へ―ネットワーク型組織に出現する新たな経営課

題」、ダイヤモンド・ハーバード・ビジネス、Aug–Sep、大中忠夫（一九九七）、「エンパワーメント・リーダーシップの技法」、ダイヤモンド・ハーバードビジネス、June–July

（31）福留恵子（一九九八）「組織において「自由なコミュニケーション」がもつ意味：情報と認知のマネジメント」『組織科学』（三二（一））

（32）Morgan, G. (1986), 'Images of Organization', Sage Publication

（33）野中郁次郎・竹内弘高（一九九六）、『知識創造企業』東洋経済新報社

（34）Argyris, C. (1998), "Empowerment : The Emperor's New Clothes," Harvard Business Review May–June,

（35）Kim, W.C., R.Mauborgne (1997), "Fair Process : Managing in the Knowledge Economy," Harvard Business Review, July–August,

（36）Shaw, R. B., Trust in the Balance : Building Successful Organizations on Results, Integrity, and Concern, Jossey–Bass Inc., 1997（上田敦生訳『信頼の経営』、ダイヤモンド社、一九九八）

（37）寺本義也・神田良（一九八四）、「ベンチャービジネスの共同開発――ネットワーク型組織の進化」、明治学院大学産業経済研究所年報、No.1

（38）Deutsch, M. (1958), "Trust and suspicion," Journal of Conflict Resolution Vol. 2

（39）Blau, P. M. (1964, 'Exchange and Power in Social Life', John Wiley & Sons, 1964（間場寿一他訳『交換と権力――社会過程の弁証法社会学』一九七四）

（40）Luhmann, N. (1979), 'Trust and Power', Wiley

（41）Fukuyama. F. (1995), 'Trust : the social virtues and the creation of prosperity', Free Press（加藤寛訳『「信」無くば立たず』三笠書房、一九九六）

（42）Coleman, J. S. (1990), 'Foundation of social theory', Harvard University Press.

（43）Barber, B. (1983), 'The Logic and linit of trust', New Brunswick : Rutgers University Press,

（44） Lewis, J. D., Weigert, A (1985), “Trust as a social reality,” Social Forces 63

（45） Bradach, J. L., & Eccles, R.G. (1989), “Price, authority, and trust : From ideal types to plural forms”, Annual Review of Sociology 15

（46） 崔相鐵（一九九四）、「チャネル組織における信頼と協調関係の動態的メカニズムの分析」六甲台論集、40（4）；石井淳蔵・嶋口充輝（一九九五）、『営業の本質』有斐閣

（47） 山岸俊男（一九九八）、『信頼の構造―こころと社会の進化ゲーム』、東京大学出版

（48） Gardner, H. (1985) ‘The Mind’s New Science’, Basic Books（佐伯胖・海保博之監訳『認知革命―知の科学の誕生と展開』産業図書、一九八七）

（49） Lange, O. 〔1936–37〕 (1994), “On the Economic Theory and Socialism,” Review of Economic Studies, Vol. 4 in Kowail (ed.)

（50） 西部忠（一九九六）、『市場像の系譜学―「経済計算論争」をめぐるヴィジョン』東洋経済新報社

（51） Hayek, F. A., (1948) ‘Individualism and economic order’, Routledge & Kegan Paul（嘉治元郎、嘉治佐代訳『個人主義と経済秩序（ハイエク全集3）』春秋社、一九九〇）

（52） Feyerabend, P. (1993) ‘Against method’, Verso,（村上陽一郎・渡辺博訳『方法への挑戦：科学的創造と知のアナーキズム』新曜社）

（53） 科学論の多くの文献では、“anything goes” を「なんでもかまわない」という強い口調の訳で統一されているように見受けるが「何が出てくるかわからない」というような認識のスタンスあるいはニュアンスであると考えられる。

（54） Mill, John Stuart, 〔1806–1873〕 ‘On liberty’（金勝久編著『自由論（英文名著選集）』開文社、一九五五）

（55） Schumpeter, J. A. (1994), ‘Capitalism, socialism and democracy’, Routledg（中山伊知郎・東畑精一共訳『資本主義・社会主義・民主主義』東洋経済新報社、一九五一）

（56） Boulding, K. E. (1953), ‘The organizational revolution : a study in the ethics of economic organization’, Harper（岡本

康雄訳『組織革命』日本経済新聞社、一九七二）

(57) Tofler, A., 'Powershift : Knowledge, Wealth, and Violence at the Edge of the 21st Century', Bantam Books（徳山二郎訳『パワーシフト―21世紀へと変容する知識と富と暴力』、央公論社、一九九三）

(58) 庄司興吉（一九八九）、『管理社会と世界社会』東京大学出版会

(59) 伊藤進（一九九四）、『認知心理学』、川島書房

(60) 高野陽太郎編、（一九九五）『認知心理学２記憶』、東京大学出版会

(61) 松岡正剛（一九九六）、『知の編集工学』朝日新聞社

(62) Ong, W. J., 'Orality and literacy : the technologizing of the word', Methuen, 1982（桜井直文・林正寛・糟谷啓介訳『声の文化と文字の文化』藤原書店一九九一）

(63) 立川健二・山田広昭、（一九九〇）『現代言語論』、新曜社

(64) Marshall McLuhan, The Guteberg Galaxy : The Making of Typographic Man, 1962, University of Toronto Press

(65) もっとも、オング自身は、「ことばの技術化」を論じる上で、できるだけメディアという用語は、精神の一つの箱からもう一つの箱へと情報が移転するという古典的なモデルを想定させ、人間のコミュニケーション行為を歪ませるという主張から、その使用をできるだけ避けている。彼によれば、マクルーハンの書名が『メディアがマッサージである』であって、「メッセージである」でないのものそのためだという。このことは、知識の生成や保有といった観点を身体論から展開しなおす上で、重要な指摘かもしれない。

(66) 高瀬武典（一九九三）、「ヒエラルキー」、新社会学辞典、有斐閣

(67) グロリエ（一九四〇）によれば、木版の書物あるいは印字印刷そのものは、中国、朝鮮地域にかかる発明であり、図柄を中心とした織物など様々な印刷があった。Grolier, E.D., 'Histoire du livre', Presses Universitaires de France.（大塚幸男訳『書物の歴史』白水社、一九九二）

(68) 吉見俊哉・水越伸（一九九七）、『メディア論』、放送大学出版局

(69) もっともウェーバーが考えたような西欧世界が経済社会化を大きく進展させ資本主義の勃興と産業革命につながる理由を、カソリックが利益を積極的に認めず、プロテスタントが是認するという二項対立のなかでのみ理解することに関しては、多くの異論が提出されている。蒸気機関といった運送面の革新など幾つかの要因の重なりがそれを用意したと思われている。

(70) だが、ベネディクト・アンダーソン(一九八七)「想像された政治共同体」にあるように、印刷技術が、生産システムと生産関係を変えるコミュニケーション技術であり、人間の言語的多様性のあいだの爆発的な相互作用の契機として、国民と国語という概念がもたらされた点は、知のアナーキズムとは異なる、知の体系化、統一化、という重要なもう一方の論点ではあることは無視できない。

(71) 宗教改革とルネッサンスの時代、これらの変革は、カソリック側の魔女狩りや反宗教改革など激しい相互対立がその過程には内包されていたものであることは、付言されておくべきであろう。知のアナーキズムは、現実的な痛みや労苦を伴うものである。

(72) 吉見・水越(一九九七)、前掲書、注62。

(73) Eisenstein, E. L. (1983), 'The printing revolution in early modern Europe', Cambridge University Press, 1983(小川昭子[ほか]共訳『印刷革命』みすず書房、一九八七)

(74) 『書物の出現』リュシアン・フェーヴル、アンリ=ジャン・マルタン[共著]。筑摩書房、一九八五

(75) Unwin, G (1904)., 'Industrial Organization in the 16th and 17th Centuries'(樋口徹訳『ギルドの解体過程—16・17世紀の産業組織』岩波書店、一九八〇)

(76) ドラッカー、P. F. (2000),『プロフェッショナルの条件—いかに成果をあげ、成長するか』(上田敦生訳、'The Essential Drucker on Individuals: To Perform, To Contribute and To Achieve')

(77) 村上陽一郎(一九九五)『科学史の逆遠近法—ルネサンスの再評価』講談社学術文庫

(78) 松岡正剛(一九九〇)『情報の歴史—象形文字から人工知能まで』NTT出版

(79) シェークスピアの「ヴェニスの商人」などはその典型的な例であろう。
(80) 宮崎犀一・山中隆次責任編集『市場社会―思想史にみる』リブロポート、一九九二
(81) アンソニー・スミス著、千石紀訳『ザ・ニュース・ペーパー』新潮選書、一九八八
(82) ユルゲン・ハーバマス著、細谷貞雄訳『公共性の構造転換』未来社、一九七三
(83) Wiener, N. (1993), 'Invention–The care and Feeling of Ideas', MIT press（鎮目恭夫訳『発明―アイディアをいかに育てるか』みすず書房、一九九四）
(84) 富田徹男（一九八二）『特許制度の発生と変遷』特許庁工業所有権制度史研究会編大蔵省印刷局
(85) 播磨良承（一九八一）『知的所有権法』中央経済社
(86) 西部忠（二〇〇〇）「地域通貨の意義と可能性―貨幣と言語を統合するコミュニケーション・メディア」『季刊アステイオン』、五三号
(87) 村井純（一九九五）『インターネット』岩波新書
(88) 村井は、いわゆる俗説である「インターネットは軍事ネットワークから発展した」ということを、ARPAネットが国防総省の一機関であったための誤解であると強調している。もちろん、電子計算機科学がミサイルの弾道計算などを目的に発達した経緯を考えると複雑であるが、一九八〇年に始まったCSネット（コンピュータ・サイエンス・ネットワーク）の計画を本流としていることを考えると、そうなのであろう。
(89) 前掲書、注83。
(90) 村井によれば、インターネットの重鎮、MITのデーブ・クラークの有名な発言、「われわれは、プレジデントも、チェアマンも、エンペラーも、キングもいれない。我々はそれを根拠に動いてはいない。我々が信用しているのは、動いているコードとラフ・コンセンサスだけだ」という言葉を引用し、インターネットには、トップダウンで決められた構造ではなく、相互の運用性を保つことによってゆるやかにコンセンサスを形成する制度があるという。
(91) Rheingold, H. (1985), "Tools for thought : the people and ideas behind the next computer revolution", Computer Book

Division / Simon&Schuster, 青木真美訳『思考のための道具：異端の天才たちはコンピュータに何を求めたか？』パーソナルメディア、一八八七）および Alan Curtis Kay（一九九二）、『アラン・ケイ』、アスキー出版局（鶴岡雄二訳、浜野保樹監修）

(92) 当時のアメリカでは、国や軍や大企業の力がとても大きくなり、人種差別、性差、公害などの問題が噴出しており、体制側からの政治や言論活動への抑圧が強まっていた。

(93) テッド・ネルソン、アスキー出版局、竹内郁雄・斎藤康己監訳『リテラシー・マシン』本書は、ジョージ・オーウェルに捧げられており、技術支配による全体主義の対極の世界を理想としていたことがわかる。

(94) 幻の古代都市の名前であるといわれる。

(95) Levy, S. (1994), 'Hackers: heroes of the computer revolution', Penguin,（小橋芳恵・松田信子訳『ハッカーズ・コンピュータ革命のヒーローたち』工学社、一九八七）

(96) 古都悦子（一九九四）「いたずらとユーモアとＭＩＴ」『現代化学』no. 282, pp. 20–21. MIT には歴代の見事なハッキングが展示されおり、ハッキングは「タウン（市民）とガウン（大学）を融和させるなによりの方策にさえなっている」とも評される。

(97) Ivan Illich (1973), 'Tools for conviviality', Harper & Row（渡辺京二・渡辺梨佐訳『コンヴィヴィアリティのための道具』日本エディタースクール出版部、一九八九）

(98) 古瀬幸広・廣瀬克哉（一九九六）『インターネットが変える世界』岩波新書

(99) 特に、「コンピュータシステムに権限を持たないのにアクセスしようとし、しばしばハッカーとは対照的に悪意を持っており、システムに侵入する多数の手段を思いのままに使うクラッカー」との同一視は、社会的に大きな誤解である。この定義は、Malkin, Gary (1996) の "Internet User's Glossary" (RFC 1983/FYI 18) に基づく（*http://www.vacia.is.tohoku.ac.jp/~s-yamane/articles/hacker/rfc.html*、二〇〇〇年八月十日アクセス）。

(100) Csikszentmihalyi, M. (1975), "Beyond boredom and anxiety", Jossey-Bass Publishers（今村浩明訳『楽しむというこ

と』思索社、一九九一）

（101）ＵＮＩＸの子孫としてカリフォルニア大バークレー校が配布始めたBSD（Berkeley Software Distribution）によるバージョンは例外である。

（102）ＧＮＵは、ＵＮＩＸではないが、互換性のあるより自由で新しいシステムを目指している、という意味の、ハッカー文化の伝統にのっとった入れ子めいた略称である。

（103）ソースコード（source code）とは、人間がプログラミング言語を用いて記述したソフトウェアの設計図であり、動作原理である。そのままではコンピュータ上で実行することはできないため、コンパイラなどのソフトウェアを用いてオブジェクトコードと呼ばれるコンピュータの理解できる形式に変換され、実行される。ソフトウェアのプログラムが作動するための一番もととなるテキスト・ファイルである。略してソースと呼ばれる。一般の商業用ソフトウェアでは、ソフトウェアしよう許諾契約書に基づき、このソースコードを非公開とし、コピーをとることなどをワンセットで禁じている。

（104）http://www.gnu.org/fsf/を参照。

（105）引地信之・引地美恵子（一九九三）『Think GNU』ビレッジセンター

（106）川崎（一九九九）は、その罪悪感を感じさせないデジタルソフトウェアの複製可能性を「デジタルの野生」と称して、既存の経済秩序に対して非常に過激な要素であると指摘している。同様の指摘は、野口悠紀夫（一九七四）『情報の経済理論』、東洋経済新報社、においても先駆的になされていた。

（107）金子郁容（一九九二）『ボランティアーもう一つの情報社会』岩波新書

（108）岩井克人（一九九五）「インターネット資本主義と貨幣」『Inter Communication』No. 13, NTT Press

（109）Raymond, E. S., "Homesteading the Noosphere", http://www.tuxedo.org/esr/writings/homesteading（川崎和哉『オープンソースワールド』翔泳社、一九九九、収録「ノウアスフィアの開墾」）

（110）Mauss, M. (1988), "The gift : forms and functions of exchange in archaic societies", Routledge（有地亨訳『贈与論』

マルセル・モース著、勁草書房、一九六二）
(111) 温和な気候と豊富な食料をもった地域などを想起すれば良い。
(112) パワーの源泉としての暴力、金銭力、知力について、その源泉の交換が片方のベクトルであると処罰や非難を受ける対象となることに対して、逆のベクトルからであると問題がないことについてはワインバーグ（一九八六）、前掲書注23を参照のこと。
(113) 『Hot Weired Japan』（*http://hotweired.co.jp/matrix/9709/5_1.html*）、注105の前掲書、川崎（一九九九）に収録されている。
(114) OSとしての基本機能を実装したソフトウェアで、中核部分としてアプリケーションソフトやディスクやメモリなどの資源の管理などの機能を提供できる。
(115) 原語はCathedralだが、訳者である山形浩生氏が、仏教建築の用語にうまく伝わるように翻訳上置き換えた。
(116) Raymond, E. S. (1999), "The Cathedral and the Bazar", *http://www.tuxedo.org/esr/writings/cathedral-bazar/*、注105の前掲書、川崎（一九九九）に翻訳版が収録されている。
(117) http://www.opensource.org/halloween/halloween1。html、二〇〇〇年七月五日アクセス。
(118) 世界で一番初めに、ソフトウェアの著作権を問題提起したのは、マイクロソフト社の創設者であるビル・ゲイツであることが知られている。
(119) *http://www.freebsd.org/ja/copyright/license.html*、二〇〇〇年七月二〇日アクセス。
(120) *http://www.opunsource.org/osd.html*、二〇〇〇年七月二〇日アクセス。
(121) 金子郁容・松岡正剛・吉村伸（一九九五）『インターネット・ストラテジー――遊牧する経済圏』NTT出版。知らないということを知っていて、かつそれを敢えて知らないと明言することの重要性が「無明の明」ともいうべき重要な点であることが指摘されている。
(122) 金子（一九九二）、注116、前掲書を参照のこと。

(123) 阪本啓一（二〇〇〇）『パーミッション・マーケティング・セミナー』翔泳社

(124) *http://www.napster.com/*、二〇〇〇年七月十三日アクセス。技術そのものは、米国の一九歳の若者が開発したという。

(125) 日本経済新聞、二〇〇〇年六月十三日号

(126) また、大規模なファイル交換コミュニティーを発展させ、電子商取引用のエンジンとして活用しようと計画ような動きもあり、その影響の大きさを感じさせる。「ナップスターのようなファイル交換で電子商取引を」（*http://japan.cnet.com/News/2000/Item/000722-4.html*）、二〇〇〇年八月五日アクセス。

(127) インターネット、メーリングリストが「ヒューマン・メディア」として機能し個人間相互作用を活発にすることから経済システムに影響を与え、差異探求社会へと移行しつつあるという点については、秋澤光（二〇〇〇）「知識次元に挑むインサイドアウト経営」（『パワーイノベーションシリーズ　協創経営』、寺本義也・原田保編著、同友館）を参照のこと。

(128) *http://www.openconent.org/*、二〇〇〇年七月十三日アクセス。

(129) *http://chieichiba.net/index.html*、

(130) 促進者。ハーバードビジネススクールのケーススタディにおける教授の役割に近いのかもしれない。オーケストラの指揮者にも似ているが、もう少し議論のテーマに対して、議論が進展するプロセスにおいては、ニュートラルな立場をとっている。

(131) 一部、幾つかあるチャネルの中で「Ecru」という持続可能とサステナビリティをキーワードとする環境問題関係のメーリング・リストは、シェアウェアという支払がなくても閲覧、発言ともに可能で、「気に入ったら支払をしてください」という形式の設計をしている。この「シェアウェア」というソフトウェア上の優れた形式については宮垣元・佐々木裕一（一九九八）『シェアウェアもうひとつの経済システム』NTT出版を参照のこと。

(132) 主宰であるToshiさんこと、高橋俊之氏とのインタビューに基づく（一九九八年六月十日）。

(133) 金子勇・松本洸（一九八六）『クオリティ・オブ・ライフ—現代社会を知る』福村出版

(134) ドラッカー（二〇〇〇）、前掲書。

(135) あるいは、もっと正確に表現とするならば、単に「科学者や技術者などの知識労働者」としてクオリティ・オブ・ライフを追求している人々ではないかもしれない。

(136) 加護野忠男（一九八八）『企業のパラダイム変革』講談社現代新書

(137) 事例に挙げた知恵市場では、「組織＝モビルスーツ」説というキーワードで、類似したアイデアが議論されている。モビルスーツというのは、日本の人気アニメーション映画「ガンダム」において、人間が乗り込むロボットのことである。個人単体では可能にならない夢や目標や価値が、組織を通した活動、その資源の束を知識によって活用することがこれからの個人の視点のあり方として必要なのではないかというメッセージが、そこにはある。

(138) たとえば香辛料などの価値ある希少物があり、異なる場所から場所へそれを移動させることによって価値を獲得させるという目標を持ち、企業家（船長）は、投資家である国王や貴族に出資を募り、多くの資源や知識、技術を組織化したのである。

(139) 『利己的な遺伝子』リチャード・ドーキンス日高敏隆［ほか］訳紀伊國屋書店、1991 The selfish gene ; Dawkins, Richard, 1941

(140) *http : //web.kanazawa-u.ac.jp/˜kasuya/distribution2.html*、「音楽流通の未来」KASUYA Yuichi、二〇〇〇年八月三十日アクセス。

(141) もっともネットが世界規模のものあり、急激な伸びをみせているとはいえ、世界人口のなかで自由にアクセスできる割合は数％という国際間デジタル・ディバイドの観点は無視できない。

第五章　知のテクネー

一　テクネーの進化

1　知のテクネー

本章では、知識文化のダイナミックな側面である技術開発や芸術といった人間の創造的な活動について「知のテクネー」という観点から議論を展開する。しかし、その前にまず「知のテクネー」について、何らかの定義なりイメージなりを与えておかねばなるまい。次に、その前段階として、テクネーの語源とこの概念が持っている意味について検討していく。

そもそもテクネー（tékhnē）とは、古代ギリシャにおいて技術および芸術の双方の意味を包含する言葉として用いられていた。またヒッポクラテスによって「人生は短い、されどもテクネーは永し」(1)と語られているように、テクネーは人体と分離した形でその意味を保持していたようにも見受けられる。さらにソクラテスの時代、テクネーは製作にかかわるエピステーメー、すなわち制作知として理解されていたようである。このエピステーメーとは一般に学術的・技術的知識を意味している。

これまで芸術が担ってきた意味は、職人芸や職人技と呼ばれるものに代表される、いわば身体知ということであり、M・ポラニー（M. Polanyi）[2] 流にいう暗黙知（tacit knowledge）が優勢の世界である。もう一方の技術が担ってきた意味は、徹底した機械化や定量化による現象の不確実性の縮減を目指し、自然を意のままにコントロールしていくというものであり、形式知（explicit knowledge）を優勢とする世界である。ヒッポクラテスは恐らく、テクネーを暗黙知や形式知の対比のような形で捉えていたわけではなく、人間が創造した芸術作品や技術が、創造主と分離した形で存続するといった、創造者と被創造物の対比で捉えていたに違いない。

またM・ハイデッガー（M. Heidegger）[3] は、人間が技術によって自然を自らに役立つものとして支配し[4]、その結果として逆に人間が人間によって支配されるという悪循環を生み出していることを指摘している。その上でこうした悪循環を断ち切り、人間が人間を支配するというヘゲモニーを打ち崩すために、テクネーの一方の意味としての「芸術」に着目する重要性を示唆している。また近代技術は自然を数量化して表現する近代科学を背景に持ったため、テクネーからポイエーシス（poiesis）（制作）[5] の意味を隠蔽したとも表現している。彼いわく「技術への本質的思念も、また技術との決定的対決も、一方では技術の本性と類似しながら他方では根本的に相違している領域の中で生起しなければならない。かかる領域が芸術なのである」と。

さらに古代ギリシャにおいて、建築（architectonice）の語源のひとつであるarchitechtonは、原理、始原を意味するアルケー（arche）と職人を意味するテクトン（techton）が結合して形作られた。さらにarchitectonice はarchitechton のテクネー（techne）を意味する。すなわちギリシャ人にとっての建築は単に職人的な技術のみならず原理的知識に基づいたポイエーシスを企画・指導する者の技術とされていた[6]。具体的には、建築物に彫刻したり壁画を書いたりする一方で、構造や強度設計も担ってきたのであろう。しかし今日、建築という言葉は「建設」という言葉に置き換わることもしばしばで、ポイエーシスを隠蔽する形で狭義の建築土木技術を意味することが多いのである。

一方、Z・ブレジンスキー（Z. Brzezinski）が提唱する「テクネトロニック社会」[7]は、テクネーとエレクトロニクスから作られたテクネトロニックという概念をもとに、現代社会を説明する試みであった。テクネトロニック社会では情報の収集、伝達、処理のスピードが向上することで、生産のあり方が大きく変化し、機械工学と電子工学の融合によるメカトロニクスに代表されるような科学技術の融合が進む。さらに、このような知識集約経済に向かって産業構造が変化することにより、情報関連技術者の増加など職業構成に影響がおよぶ。その結果、企業や行政の意思決定のあり方、人間の態度、価値観、行動様式が変化していくと論じている。しかしここで議論されているテクネトロニックの語源であるテクネーは、技術を主とした従としてのポイエーシスのあり方であり、逆にポイエーシスから描かれる技術のあり方については言及されていない。

このように古代ギリシャから今日にいたる過程で、テクネーという概念は完全にその影を薄め、次第に「芸術」と「技術」という個別の概念へと分化していったのである。古代ギリシャにおいて「哲学」という概念が、科学全般、学問全般の意味を内包し、後に多くの学術分野へと分化していく中で哲学が個別の領域へと収束していったように、また古く日本では、「あを」という言葉が今日の「青」のみならず「緑」や群青色までを包括し、後に「青」、「緑」、「山吹色」などへと分化していったように、ひとつの包括的な意味から多様な意味へと分化していった。しかし「テクネー」は単に、「哲学」や「あを」のようにある特定の意味へと収束していったのではなく、ギリシャ国内は別として他の諸国においては古語的あるいは哲学的な概念としてとどまるにいたっている。そして今日、テクノロジー（technology）という言葉が、「テクネー」と言葉や学を表す「ロゴス」との複合語として大きく存在しているのである。

一方、こうした「芸術」と「技術」を内包した「テクネー」という概念は、ポスト大量生産時代において新たな価値観と方法論をわれわれに与えてくれるかもしれない。すなわち新しい価値創造のあり方である。ここでいう価値創造[8]とは、単に財貨を消費する可能性の創造といった経済学的に示される価値創造ばかりではなく、H・A・サイモン（H.A. Simon）[9]が示すような代替的選択肢と選択過程の創造であり、最大の効用を生み出す戦略の創造を意味する。われわれはこれまでの歴史を通じて「芸術」という価値創造と「技術」という価値創造を「テクネー」から分離してきた。これは経済的な合理性の追求と不確実性の縮減のために発達してきた「技術」の側面を重視したためである。しかし「技術」による経済的合理性の実現や不確実性の縮減は、あくまでも価値創造の結果なのであり、価値創造へいたる経路[10]においては今日でも「芸術」の側面が色濃く残っているのである。

このようにテクネーは、芸術や技術をともなった、いわゆる「モノ作り」としての価値創造のあり方を意味してきたわけだが、これからの時代の価値創造においては、IT産業の進展にともない重要視されるソフトウェアの存在を無視することはできない。ソフトウェアとは単にコンピューターのプログラムを指すだけでなく、サービスやビジネスの手法、ゲームのコンテンツなどを含む広範な意味を包含している。またこうしたソフトウェアは、それを機能させる媒体としてのハードウェアなしにはその発展を望めない。このハードウェアとは単にコンピューターやNC旋盤などの電子的・機械的な筐体を意味しているのではなく、サービスやビジネスのアイディアを実行する人間や組織を指すことも考えうる。

そしてソフトウェアとハードウェアは相互に、ソフトウェアから規定されるハードウェアのあり方や、ハードウェアから規定されるソフトウェアのあり方を決定しながら進化していくのである。かつて紙上の美しい建築物のスケッチをモチーフとして、その建築物を現実のものとするように建築技術が発展する側面を見せたり、ダ・

ヴィンチの描いたヘリコプターやグライダーのスケッチをアイディアとしてそれを技術的に実現したり、逆にコンピューター技術が発展したことでコンピューターグラフィクス（CG）という異次元の芸術領域が拓かれてきた。一五八四年にリヨンで出版された『機械の劇場』や一五八八年に出版されたイタリアの軍事技術者ラメリの『さまざまな巧妙な機械』に代表される挿絵本は、特別な技術的知識を有さない人々に新しい技術的な構想を思いつかせ、ヨーロッパの技能工人口の増加に寄与した。(11) すなわち挿絵本というソフトウェアが技能工というハードウェアの増加をもたらし技能工の増加が新しい技術の発展を促進したのである。こうした事実からもソフトウェアがハードウェアにハードウェアがソフトウェアに少なからず影響を及ぼしあってきたことは容易に理解できよう。

また今日、現代社会という文脈においてテクネーを語るとき、これまでのような「職人と科学技術者」という対比で議論を展開してみても、現代のもの作りに関して誤解を生じさせたり、狭いフレームワークに陥ったりするために、その本質を見失う恐れがある。そこで本章では、現代におけるもの作りのあり方として「知のテクネー」を、ソフトウェアとハードウェアの相互の関係が、テクネーというある種の価値創造の形を構成していると考えるのである。そのために、さまざまなもの作りやそれを支える科学の中に潜む、匠的な要素や機械的な要素について検討する。また、ここでは知のテクネーを「ソフトウェアとハードウェアの相互作用によって新しい価値を創造し、それを大衆に提供する試み」と定義しておく。すなわち以下に展開される議論は、いわゆる「モノ作り」に携わっている主体のみならず、社会に何らかの新たな価値を提供しようと考えているすべての主体に対して妥当性を持つものであることを念頭においている。

2　次世代の価値創造のかたち

今日、国や地域を代表するような「モノ作り」ないし価値創造というものは、本質的に存在しないのではないだろうか。多くのビジネスが国境を超え、地球全体に張り巡らされた「グローバル・ウェブ（global Web）[12]」として結びついている。そこでは、さまざまなシンボル―データ、言語、音声、映像表現―が、各シンボルの分析者である「シンボリック・アナリスト（symbolic analysts）」によって操作され付加価値を創造している[13]。

またグローバル・ウェブの中では、シンボリック・アナリスト同士が、互いにコンテキストを共有することで国や業界を超えたシンボル同士の連結を可能にしている。このコンテキストの共有とはまさに、T・クーン（T. Kuhn）[14]やD・K・プライス（D. K. Price）[15]の科学パラダイムやG・ドシ（G. Dosi）[16]の技術パラダイムの考え方に通ずるような、思考枠組みや世界観、分析のモデルの共有にほかならない。

このシンボリック・アナリスト同士が共有しているものを一口にパラダイム（paradigm）と呼ぶとすると、このパラダイムを共有しつつシンボル同士を連結する行為は、高度情報化社会において比較的たやすいことかもしれない。しかし新たなパラダイムの形成は、大きな困難と不確実性をともなう今昔普遍の行為であるといえよう。またパラダイムの共有とは、プロトタイプ（proto-type）[17]の共有であるともいえる。例えばあるパラダイムのもとで展開されるシンボル同士の連結は、ある特定のプロトタイプをもとに大量生産するための設計や造形デザインを意味している。逆にいえば、プロトタイプが大量生産を志向させ、プロトタイプに関連したシンボルを連結させるためのグローバル・ウェブを広げる源泉となっている。

このプロトタイプは、理想的にはパラダイムを共有している以上、特定の個人や組織に帰属することはありえない。しかし今日、国家という枠組みが厳然と存在しているために、プロトタイプが取引上もしくは企業に対する権利の付与などの産業政策によって一定の制限を受けることは事実である。そしてこのプロトタイプは、かつての「標準化された製品市場」から今日の「細分化された製品市場」にいたる過程において、そのあり方を大きく変化させている。M・J・ピオーリ（M. J. Piore）とC・F・セーブル（C. F. Sable）[18]は、今日の細分化された製品市場における経済発展の危機を克服する鍵は、従来のマクロ的な経済政策による計画主導ではなく、生産組織そのものの中で展開されるフレキシブル・スペシャリゼーション（flexible specialization）にあることを指摘している。フレキシブル・スペシャリゼーションとは、専門家であるシンボリック・アナリストたちが各々の専門領域に特化する一方で、柔軟に企業家活動（entrepreneurship）を展開しネットワークを形成していく中で、持続的に新しいプロトタイプの形成を進めていくことである。

今日こうしたプロトタイプがデジタル（digital）化された電子コミュニケーション・ネットワークの中で創造・共有される世界観が広く浸透している。しかしフレキシブル・スペシャリゼーションにおける連携やプロトタイプの共有について、恐らくピオーリとセーブルは今日の電子コミュニケーション・ネットワークの台頭を明確には想定していなかったであろう。彼らは暗黙的にも、産業地域における専門性はアナログ（analogue）を基盤としたコミュニケーションによって創造・共有されることを前提としていたはずである。しかし二十一世紀はデジタルを基盤とした情報社会の時代である。デジタルによって情報の処理および伝達のスピードは著しく向上し、情報圧縮技術によりきわめて低容量でコンパクトに情報の蓄積が可能になる社会が到来する。そして、すでに多くの領域でこうしたことが実現している。では彼らの主張は、今日のデジタルを基盤とした情報社会においては色あせてしまうものなのであろうか。

そこで本章における基本的な問いは、ポスト工業化社会で行われるプロトタイプの形成のような価値創造のすべてをデジタル[19]に託して良いのであろうか、すなわちデジタルを基盤とした価値創造は次世代のテクネーのベストプラクティスなのであろうかということにある。われわれはそろそろデジタル万能主義なる妄想を断ち切り、現実（リアリティ）を直視しなくてはいけない時期に来ているのではないだろうか。

アナログもデジタルも電子技術におけるひとつの表現である。そしてこうした表現は形こそ違え情報を伝達したり蓄積したりする手段のひとつである。価値創造とはR・B・ライシュ（R.B. Reish）[20]の言葉を借りればシンボルの連結によって生み出される付加価値の創造なのであり、シンボルとはデータ、言語、音声、映像表現などの情報や知識を構成する要素である。すなわち本章における価値創造とはアナログであれデジタルであれ、どちらの表現を用いても意味としては普遍である。

今日、事がデジタル的であるというだけで優位性を持つといった論調[21]が目立つが、本章では、必ずしもデジタルであることばかりが優位性の源泉となるのではなく、アナログであることとあわせて両者の補完的な価値創造のあり方こそが、これからの時代の「知のテクネー」の本質であることを以下に述べていく。

二　知のテクネーの現在（Ⅰ）―アナログ的側面

1　アナログ的価値創造

（1）　エレクトロニクスにおけるアナログ

かつて音響機器や映像機器の分野ではアナログ技術が広く用いられてきた。その中でも特にテレビは、放送局から発信される信号がアナログであったこともあり、受信する機器では信号をアナログ処理していた。エレクトロニクス技術の進展にともない受信機側の付属的な機能に対してデジタル回路が使用されることはあっても、受発信部の基本的な構成は今日までアナログで行われている。しかし二〇〇〇年に入り地上波デジタル放送が開始され、テレビも本格的なデジタル受発信時代が到来した。また電話の方式もこれまではアナログ受発信が主流であったが、ＩＳＤＮが本格普及することでデジタルの時代へと突入していったのである。

現代のエレクトロニクスは、一九五〇年ごろから半導体技術の急速な進歩とともに大きく発展してきた。アナログとデジタルは互いに競合することなく、エレクトロニクス技術の両輪として機能してきたといえる。それは、ラジオ・テレビ・ＶＴＲなどはアナログの主領域で、コンピューター・デジタル腕時計・電卓などはデジタルの主領域として互いに棲み分けがなされていたからである。しかし一九八〇年代にデジタル集積回路が出現し集積度が向上するにつれて、アナログとデジタルの融合が進展していくこととなる。今日、集積回路を回路機能別に分類するとき、アナログ信号を取り扱う場合にはアナログ集積回路、デジタル信号を取り扱う場合にはデジタル集積回路、アナログ、デジタル双方の信号を取り扱う場合はインターフェイス集積回路と呼んでいる。[22]このインターフェイス集積回路の出現が、ＰＣＭラジオ、デジタル・オーディオやデジタル・セルラーなどアナログとデジタルの融合をさらに促進していった。しかし、このようなインターフェイス集積回路を用いた機器を世に問う場合、どうしてもデジタル的な信号処理の部分が強調され、その結果アナログ軽視の徴候を生み出しているといえる。

テレビにしても電話にしてもその信号処理の主流はデジタルに移行しつつある。しかしデジタルのみでは電子回路は成立しない。音声や映像などのセンサ入力電圧増幅、スピーカーやブラウン管・液晶などのアクチュエーター用出力増幅、不要周波数防止フィルター、高周波回路、アナログとデジタルの変換などは、デジタルのみでは極めて難しい領域である。またデジタル的処理が高速化するとパルスが鈍りアナログ的な波形となるため、アナログ処理が必要となる場合も存在する。このようにデジタルとアナログが相互補完的に機能することで、新たなエレクトロニクスの時代を切り拓いているのである。[23]

（2） リアリティとしてのアナログ

次にアナログとデジタルの本質的な意味を、互いの表現の相違に照らしながら量および質の観点[24]から考えてみよう。

アナログとデジタルを量の観点から理解するための例として、アナログ時計とデジタル時計を考えてみる。アナログ時計は時間を「見たまま」に表示する製品である。デジタル時計も確かに時間を見たままに表示しているのであるが、分、秒まで表示できるようになっていれば表示される瞬間だけ、1/100秒まで表示してあればその数字が表示される瞬間だけ「見たまま」を表示していることになる。しかしアナログ時計は、針の動きを表示板の間隔の中に読むことで、その中に1/100秒はおろか1/1000秒、1/10000秒、さらにそれ以下の瞬間も「すべて」凝縮しているのである。理屈の上ではデジタル時計も表示板を無限に増やすことで、アナログ時計の感覚に近づけることができるが、日常使用する製品としてあまり意味のないことであるといえる。またアナログ時計を使用している人も、日常的な使用において1/100秒や1/1000秒単位を測ることはありえないが、リアルな時間のすべてがアナログ時計には存在しているのである。このようにアナログとデジタルは、アナログ＝連続量、デジタル＝離散量と呼ばれることもある。[25]

一方、D・A・ノーマン（D. A. Norman）[26]は、アナログ＝連続量、デジタル＝離散量と説明されることに対し、これは区別の基準にはならないと述べている。つまりリアリティとの類似性について、リアリティが離散的であ

図表5—1（1）

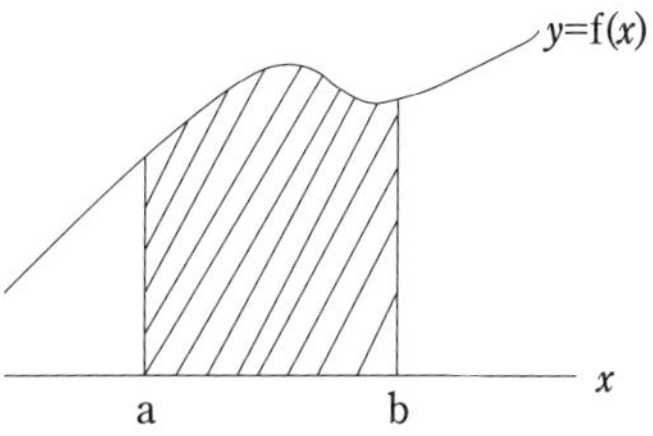

図表5—1（2）

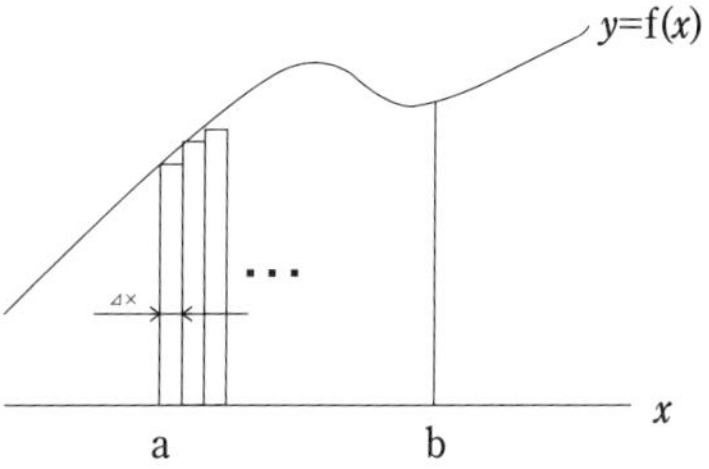

ればアナログの事象も同様に離散的であり、リアリティが連続的であればアナログの過程も当然、連続的であるというものである。

またアナログとデジタルを質の違いとして理解する上で、積分の考え方が大変役立つ。以下は基礎的な定積分であるが、図表5—1の（1）で示されるa、bからの垂線が$y=f(x)$と交わる線とx軸および$y=f(x)$で囲まれる斜線部の面積を求めてみる。

便宜上[27]このf(x)は、曲線を含む関数であり閉区間［a、b］で連続とする。積分の考え方では図表5—1の（2）のように、ab間をΔxで等分割することによって描かれる複数の長方形の面積を足し集めて斜線部の面積を計算する。このとき面積Sは、

$$S = f(a)\cdot\Delta x + f(a+\Delta x)\cdot\Delta x + \cdots\cdots + f(b)$$

と表される。そこでab間をn等分したと仮定すると、

$$b = a + n\cdot\Delta x\ (n>0)$$

ふたたび面積Sは、

$$S = f(a)\cdot\Delta x + f(a+\Delta x)\cdot\Delta x + \cdots\cdots + f(a+n\cdot\Delta x)\cdot\Delta x$$
$$= \{f(a) + f(a+\Delta x) + \cdots\cdots + f(a+n\cdot\Delta x)\}\cdot\Delta x$$

と表される。このときnの数を増やすと、かなり正確な斜線部の面積を得ることができる。しかしその面積は真に正確とはいえない。リアルな面積に限りなく近づ

いているに過ぎない。実はここまでがデジタルの世界であるといえる。すなわちコンピューターをはじめとするデジタルを基盤とした電子機器では、そのデータ処理の中でこの n 等分の部分を非常に大きな数にして演算処理している。その結果、デジタル音声やデジタル画像としてリアリティに近い形でわれわれの前に再現することができるのである。

ではアナログはどうであろうか、時計の例で説明したようにアナログは「見たまま」、「聞いたまま」のリアルな世界である。そして先ほどの斜線部の面積はリアリティである。このリアルな面積を測る際に曲線部分はなかなか測定しにくい、しかしある閉区間において曲線を描く関数 $f(x)$ が特定化されれば、先ほどの面積Sは（$a \leqq x \leqq b$）で、

$$S = \sum_{m=0}^{n} f(a + m \cdot \Delta x) \cdot \Delta x$$

と表される。これを $n \to \infty$ とすることで、

$$S = (f;\ \Delta x, m) = \lim_{n \to \infty} \sum_{m=0}^{n} f(a + m \cdot \Delta x) \cdot \Delta x$$

となり、$n \to \infty$ にともなって $\Delta x \to 0$ である。このとき $S(f;\ \Delta x, m)$ がある値Sに収束すれば $f(x)$ は積分可能とされ積分記号∫を用いて、

$$S = \int_a^b f(x)\,dx$$

と表されるのは周知の事実である。これはあくまでも数式上の表現なのであって、リアルな世界を記号化しているに過ぎない。このようにリアルな世界は数式表現の世界においては $n \to \infty$、$\Delta x \to 0$ という、およそ非現実的な操作によってもたらされるものなのである。アナログの世界では、積分はあくまでもリアリティに収束していく数値を問題にしている。そして数学的に実証された手法に基づいて、積分可能な関数はある閉区間において正確

に面積なり曲線の長さなりを計算できるのである。すなわちアナログは、デジタル的な表現の基礎であるn等分といったサンプリング・レートを無意味化してしまうことによって、リアリティそのものを表している。

（3）アナログ的価値創造

以上のような、アナログとデジタルの本質的な意味についての理解を踏まえて、われわれの社会一般、すなわち本書の主題である知識文化におけるアナログおよびアナログ的価値創造とはどのようなものなのであろうか。アナログは「リアリティそのもの[28]」と説明したが、これはアナログとしてデータ化されたり電子化されたりすることを想定した表現である。

例えばアナログ・レコードなどがその格好の例であろう。アナログ・レコードでは、録音マイクで拾ったリアルな音を物理的波形としてレコード表面に刻み込むことによってデータが保存される。その波形は決してn等分のサンプリング・レートに刻み込むといった形で保存されているわけではない。レコード表面に刻み込まれる波形は、録音マイクと音源の間の空気や、マイクを構成する電子回路固有のノイズなどの影響により、音源のリアルな音に対して多少のゆがみが生じているかもしれない。しかし、そうしたゆがみも含めて、少なくともレコードに刻み込む先端までたどり着いた波形としては「リアリティそのもの」であるといえよう。

これに対してデジタル・レコードであるコンパクト・ディスク（CD）などの録音では、リアルな波形を先ほどの積分のようにサンプリング・レートを細かくして体系化し、パルス信号として記録するのである。ここでデジタルな音というものは存在しない、あえてデジタルな音というものをあげるとすれば、パルス音であろうか。しかしパルス音も発せられた瞬間に「リアリティ」となりデジタルではなくなる。それにわれわれは、そうした音を日常生活にはあまり求めない。パルスはパルスのままコンピューターの中で処理されることが、最適なプロセスであるといえよう。すなわちここで重要なのは、デジタル化するにはリアリティが必要だということである。デジタルのままでは単なるパルス信号に過ぎないばかりか、そこからは何も生まれない。そのため、ある種のリアリティが、パルスに置き換えられることによって初めてデジタル化することの意味が生じてくるのである。

今日の、デジタルを基盤とした情報社会におけるアナログ的価値創造とは、まさにこのことで、デジタル化するためのリアリティを創造することにほかならない。ここでいうデジタルを基盤とした情報社会とは、情報をデジタル化することによって得られる利便性を追求する社会を意味している。そしてわれわれは、このデジタルを基盤とした情報社会において、これまでデジタルによってもたらされたと考えてきた人工物一般（コンピューター・ソフトやゲーム・ソフトなど）が、実はその技術的特長の多くを、職人、技術者、発明家によるデジタルではないリアルなアナログ的思考と手法によって創造されてきたのだということを改めて認識しなくてはならない。コンピューター・ソフトやゲーム・ソフトの製品開発では、そのデジタル的な処理が重要なのではなく、むしろコンテンツの発想・開発が重要なのである。よってアナログ的価値創造の本質は、デジタル化するためのコンテンツすなわちプロトタイプ（proto-type）の開発にあるといえよう。

ここでいうプロトタイプとは、単に製品開発上の物理的な試作品ばかりではなく、設計者や発明者のメタファーやアナロジーを具体的な設計図やプログラムとして実現したシステムであり、ポイエーシス可能な計画である。そしてこのプロトタイプは通常、アナログ化もしくはデジタル化された情報が混在した形で存在している。すなわち、このプロトタイプの開発の中には、テクネーのような芸術および技術の両面を有しているのである。そしてどちらかというと、その芸術的・職人的側面に負っている面が強いといえよう。そのためプロトタイプを開発する組織は、さらなる人的な接触、フェイス・トウ・フェイスのコミュニケーションが重要になる。

このプロトタイプが製品という形に結実し、市場の大多数の支持を得ることがある。J・M・アッターバック（J. M. Utterback）[29]は、市場の支配を勝ち取った製品デザインをドミナント・デザイン[30]（dominant design）と呼んでいる。このドミナント・デザインが広く浸透していくためには、芸術的・職人的なアナログ的側面に多くを負っているプロトタイプの状態では困難なことが多く、製品開発のプロセスで誰もが等しく再現できるように規格化・標準化されている必要がある。そしてこうした規格や標準は、デジュリ・スタンダード（de jure standard）という公的な標準として決められる場合もあるし、デファクト・スタンダード（de facto standard）という事実上の標準として決定していくこともあるのである。この段階では、本来プロトタイプが持っている価値のいくつかが捨象され、多主体間においてプロトタイプに対する解釈が収束してくる。これは企業レベルの戦略的行動[31]や国家の政策的介入の度合いに応じて変化するが、少なくともこの時点でプロトタイプはドミナント・デザインになることで、その独自性を完全に失っているのである。

2　アナログの限界とアナログ的価値創造

これまで述べてきたように、アナログ的な価値創造はリアリティそのものであるため、実に多くの不確実性と困難を伴っている。そして、こうした不確実性や困難はそのままアナログの性質や特徴を現しているといえる。次にアナログの限界をいくつかのファクターに分類した上でアナログ的価値創造の意味を探っていく。まず情報の性質に関する論考は、C・シャノン（C. Shannon）とW・ウィーヴァー（W. Weaver）[32]による情報流通を情報の形式的側面で測定した研究に端を発している。そして野口が、特にシャノンの情報概念について指摘しているように、不確実性を縮減する性質を有するかどうかが、情報の性質を測る指標であるとしている。そして野口[33]は、このシャノン流に説明される「不確実性を縮減する情報」を、さらにプログラム情報とデータ情報の二種類に分類している。その上でプログラム情報の定義を、さまざまな問題を解くための方法論や理論であるとしながら、学術的理論やノウハウ、日常の生活の知恵なども含めている。これに対してデータ情報とは、社会現象や自然現象に関わる客観的な情報であり、株価であるとか気温などがそれに相当するものと説明されている。

しかし本章では、デジタルを基盤とした情報社会を想定した場合、情報をアナログとデジタルという側面から機能的に分類してみることもひとつの試みであろうと考えている。そしてこうした試みは、野口やT・クープマンス(T. Koopmans)[34]、青木[35]による情報の捉え方とは異なり、情報の原理的な捉え方に帰着しているといえよう。そこでアナログおよびデジタルといった情報の状態を基礎として情報を原理的に取り扱う場合、アナログの限界にはどのようなものがあげられるであろうか。本章では次に示すような情報の諸性質からアナログの限界を議論する。

(1) 再現性

アナログとはリアリティであり、アナログ化された情報をアナログの状態で記録するということは、サンプリング・レートを刻むなどのデジタル化された情報に置き換える際に用いられるような機械的パターン化を行わないことを意味している。例えば、アナログ・レコードの再生を考えてみると、再生する際の温度や湿度、さらにはピックアップ・カートリッジの磨耗具合などのコンディションによって、再生される音は厳密には異なる。すなわちこれは、アナログの再現性の低さを表しているといえよう。そしてアナログ的な価値創造に照らして考えるなら、職人やエンジニア、芸術家などの中にある身体知を科学的に裏付けようとしたり、弟子や後輩に伝授したりする際の困難に通ずる部分である。

I・ノナカ（I. Nonaka）とH・タケウチ（H. Takeuchi）[36]は、日本企業の成功要因として組織的知識創造のプロセスを指摘し、その本質のひとつとして暗黙知を形式知に変換するプロセスの重要性を説いた。その中で説明される共同化のプロセス[37]はリアリティを共有することによって新たなリアリティを創造するプロセスである。つまりアナログ的なるものからアナログ的なるものを生み出すプロセスであるといえよう。しかしわれわれがアナログ的価値創造を認識する際に問題なのは、こうした暗黙知を伝達したり再現したりするプロセスにおいて、その再現性は極めて低いということである。そして、そのプロセスにおいて、こうした事実を前提としなくてはならないということである。すなわち、この再現性が低ければ低いほど、アナログ化された情報ないしアナログ的思考を、形式知としてのデジタル化された情報やデジタル的思考へ変換する効率は低くなり、ノナカとタケウチのいう暗黙知を形式知に変換するプロセスは非効率なものとなる。

（2）保存性

さらにアナログ化された情報の保存を考えてみると、アナログ・レコードの例でも明らかなように、「リアルな波形を刻み込んだ鋳型もしくはその鋳型によって生産された物理的記録媒体[38]」の状態で保存されねばならない。そして鋳型をいくつも蓄えておけば一定の保存性を確保できるが、大変多くのスペースを割いたり、災害などで紛失したりする可能性も高い。またVTRなどの磁気記録方式を用いたとしても、記録容量に応じた物理的容積を確保しなくてはならない。これがデジタルの記録媒体であれば、コンピューターの集積度が向上するにつれて、ほぼ同一容積の中に極めて大容量の情報を押し込めることができ、その容量は年々向上している。

すなわちアナログにおいては情報の圧縮性やそれにともなう蓄積性は極めて低いといえる。しかしこれはアナログをデジタルに変換した場合のことであって、デジタルに保存されているものはリアリティの中でもパターン化可能な部分の集まりである。アナログ化された情報の保存においては時として、パターン化できる部分ではなくて、デジタルにはないリアリティの状態的価値[39]を含める必要性を感じざるを得ないのである。この状態的価値とは、オーケストラでいえば空気や臨場感のようなもので、人間同士のコミュニケーションでいえば対面したときに得られる共感や反発感、空気、雰囲気のようなものである。

すなわちアナログ的価値創造において、暗黙知的なるものとしてのアナログ化された情報の保存に関しては、デジタル化された情報への変換を併用しても状態的価値を保存するにはかなりの困難をともなうため、何らかの補助的なシステムを活用する必要がある。そうした補助的なシステムとして近年、ヴァーチャル・リアリティの技術が急速な進歩を遂げており、この技術の究極はまさにリアリティの徹底したデジタル化による状態的価値の保存にある。しかしヴァーチャル・リアリティがどれだけ進歩しようと、人の想いや理念、さらには人がある状態をヴァーチャル・リアリティとして記録しようとする意図などをヴァーチャル・リアリティそのものに記録することはできない。これはやはり究極のデジタル媒体であっても保存できない部分であり、アナログの保存性の限界を示す部分なのである。

（3）　伝達効率性

アナログ・レコードは、まずマイクから微弱な音をプリ・アンプで増幅し、そのあと高域や低域を補償するコントロールアンプを通して、電力を得るメイン・アンプを通した後に樹脂板上に波形を刻み込むことで記録される。そしてその再生には、レコード盤からピックアップ・カートリッジによって微弱な音を取り出して、前述と同様の電子回路を通してスピーカーを鳴らすのである。この際にアナログ化された情報は、振幅や周波数帯域がそれぞれのアンプを経由していくうちに確実に劣化していくのである。アナログ化された情報を扱う限りにおいては、S／N比（信号とノイズの比）を無限大に発散させることは不可能である。[40] これはアナログ的価値創造のように人間が介在するプロセスについても同様で、リアリティを他者もしくは他メディアに伝達するには人間というフィルターが通される。その際には、サイモンが指摘しているように、人間がその知識や予測、行動といった過程に完全なる合理性を持ち得ない帰結として、[41] 当然S／N比は下がってしまう。

このようにわれわれはアナログ的価値創造において、アナログの伝達効率性の低さを十分認識しなくてはならない。そして、この伝達効率性の低さが、個人や組織間のコンフリクトを誘発する可能性をもたらすため、組織的な調整が必要とされる。また逆に、この伝達効率性の低さこそ、アナログ的価値創造の本質であるといえるかもしれない。それは、リアリティがリアリティのまま伝達される価値も当然認められうるものであるが、リアリティを、ある特定のフィルターを通してみたときに得られる新しい価値にこそ着目すべきポイントが潜んでいることが往々にして存在するからである。

（4） 増殖性

アナログ化された情報を複製する場合、複製する回数だけリアルな状態を再現することが必要になる。アナログ・レコードを磁気テープに録音する場合、録音する回数だけレコードを再生しなくてはならない。[42] 一度に多くの録音をする場合は、録音する機械を必要なだけ用意しなくてはいけないし、少なくとも一度はレコードの必要な部分を余すことなくすべて再生しなくてはならない。これは、アナログ化された情報をアナログ化された情報として複製するばかりでなく、デジタル化された情報に変換する形で複製する場合でも、一度はレコードの再生が必要となる。しかしこれが一度デジタル化された情報に変換されてしまうと、その複製には内容をリアリティとして再生する必要がなくなり、パルス信号の短時間のコピーで複製が可能となる。逆にデジタル化された情報をアナログ化された情報に変換する形で複製すれば、次にその情報を複製するには内容の再生が必要となることはいうまでもない。

ゆえにアナログ的価値創造においては、アナログ化された情報を複製する際の不効率性、すなわちアナログにおける情報の増殖性の低さを認識しなくてはならない。逆に、アナログの再現性や伝達効率性の低さも合わせて考慮した場合、アナログ化された情報は増殖困難な極めて独自性の高い価値を持っているといえる。こうした独自性はアナログ的価値創造の市場における戦略的優位性をもたらす要因の一つと考えられる。それはアナログの増殖性の低さは、そのまま市場において情報の非対称性を形成するからである。アナログはアナログであることで、そのまま情報占有可能性を高める要因となる。

今日、デジタルを基盤とした情報社会において多くの情報が公共財的な性格を持つ中で、アナログ的価値創造は市場におけるフリーライド（free ride）のインセンティブを低める役割を果たす。そのため研究開発のような科学的情報の生産活動において、真の意味でのアナログ化された情報[43]を生産する価値創造を行っているとするなら、市場に供給する情報を過少に調節する必要性も生まれないし、K・アロー（K. Arrow）[44]のフレームワークの中で強調されているような政府による研究開発活動の支援などは理論上必要ない。さらにD・C・ノース（D. C. North）[45]の説明に基づく、情報交換の相互作用を構造化するような制度を発展させる必要もない。

しかし現実はそうではなく、市場では多くのフリーライドへのインセンティブが依然として存在している。そしてこのことは、市場に供給される、真の意味でのアナログ化された情報は存在しないことを意味している。多くの情報は本章で示す意味においてのアナログとデジタル双方の色彩を帯びていて、色彩のどちらかへの偏りに応じて、その情報のアナログ的もしくはデジタル的といった性質が決定されると考えられるのである。そして、その偏りの度合いが、例えば増殖性の高さを示すデジタル的色彩に偏重していれば、その情報に対しては知的財産制度により人為的に専有性を付与するなどの方策が必要となるであろう。(46) またアナログ化された情報の再現性や増殖性が低いという事実は、情報伝達における非競合性を補償しない。リアリティがリアリティのまま伝達しないということの事実は、伝達された瞬間に互いの情報は極めて高い角度で競合する可能性を有しているといえる。

また技術のスピルオーバーの問題は、情報のデジタル的な側面だけで説明すると、特許制度の不完備が、発明された情報を発明者以外にも恩恵を与え外部経済を発生させる要因の一つと考えられる。そしてこれまでのいくつかのスピルオーバーに関する実証研究(47)では、情報のデジタル的な側面だけを考慮していた。しかし情報のアナログ的な側面を考慮すると、リアリティがリアリティのまま伝達しないのであるから、例えば米山・野中の示した集合的イノベーションプロセス(48)のように主体相互が他社からのスピルオーバーに対して過剰適応していく場合とそうではない場合とによって、これまでのいくつかの実証研究以上に発明からの社会的影響は大きいかもしくは小さいことが想定される。

このように情報の増殖性を考慮するだけでも、情報にはアナログとデジタルの両側面が存在していることが示される。そこでデジタルを基盤とする情報社会において効果的に価値創造を行うためには、アナログ的価値創造に加えて、次に説明するデジタル的価値創造が必要となる。

三　知のテクネーの現在（Ⅱ）—デジタル的側面

1　デジタル的価値創造

（1）デジタルなる世界

デジタルはインターネットなど今日の電子コミュニケーション・ネットワークにおけるルールであり、より形式的にいえば、人工的に構成された制約である。それは、アナログがリアリティであるのに対して、デジタルはいわば人工的リアリティを再現するための手法であり、リアリティを模するために決めた方式だからである。そしてデジタルを基盤とした情報社会において、デジタルは人々の交換における基礎的な構造を与えている。

デジタルのみが支配する世界では、あるひとつの法則によってすべてが決定していく。例えば、ニュートンの運動の法則のみが支配していて万物が微粒子から形成されていると仮定されると、初期条件が明らかとなっていれば、すべての自然現象や社会現象のすべてがビッグバンの瞬間から決定されていることになる。また多くの現象が可逆的であり、やり直しも可能であることから、熱力学の第二法則などはありえないから、仕事を消費しないで熱を低温の物体から高温の物体へと移すことも可能になるため、永久機関も実現する。しかし世界はそこまで単純ではなく、現象はいくつもの理論を断続的に組み合わせないと説明が困難であることが多いし、自然現象や社会現象の多くが後戻りできなかったり再現不可能であったりといった不可逆過程の中で起きている。すなわち熱力学の第二法則におけるケルビン（Kelvin）やプランク（Planck）などの説明[49]は、自然界に何らかの変化を残さないで、ある熱源の熱を継続して仕事に変換することは不可能であるというものであり、これはまさにリアリティであるといえる。このように現実問題として、すべてがオートマティックに、何のエネルギーも費やさずに進行することなど、およそありえないことなのであるが、デジタルの世界ではひとつの法則ですべてがうまくいくように計画されているのである。

デジタルであるということはコード（code）であり、0と1の不規則なリズムが刻まれている世界を形作ることである。しかしここで人為的に、0と1を無造作に組み合わせてみたところで、それをデコード（de-code）しリアリティとして再現することができたとしても、前衛芸術家以外にはあまり価値がない音なり画像なりが眼前に現れてくることであろう。多くの場合、デコードすらできなくて、デジタルであること意外は意味を持たない文字列が存在しているのみである。そして、このコードとデコードは、デジタル的な世界を形成しているプラットフォームに依存している。このプラットフォームとは、OS（operation system）であったり、コンピューターの周辺機器などと結合する際のルールであったりする。すなわち、プラットフォームとはデジタル的な世界を構成するための制度であるといえよう。このようにデジタルは、プラットフォームのルールに従って0か1という二つの状態を区別できれば、リアリティにおける精密な値を決めなくてはならないアナログに比べて情報の管理は容易であり誤差も少ない。そして二進数の性質としても、相対的にノイズの影響を受けにくいことが知られている。(50)

デジタル的な世界は人間の認知を越えた世界である。アナログであればリアリティであるため、わずかな誤差やノイズが影響を与えても人間はある程度認知できる。しかしデジタル的な世界をデジタルの状態で理解して操作することは、熟練したコンピューターエンジニアでも通常行わない。デジタル上の操作によって意味のあるリアリティを再現するためには、プラットフォームのルールに精通し、それに従って正確にデコードされなければならない。そのため非熟練者が操作した場合、デコードされたものがリアリティとして意味を持つためには、かなりの困難を生じるのである。すなわち情報を扱う主体のリアリティがこれまでの議論のようにアナログであるとするなら、アナログの世界においてアナログ化された情報やデジタル化された情報を加工したり再生したりすることは当然、可能である。しかしデジタルの世界に迷い込んでしまうと、デジタル化された情報がリアリティなのだから、そこではプラットフォームにしたがってコード化されている文字列と対峙しなくては、リアリティを生み出すことはできないのである。

例えばデジタルの世界では、高品質の音楽録音を行う場合、音の波形をおよそ四万／秒のサンプリング・レートで分割・抽出し二進法の数字に変換している。例えば、三分間の録音で十二万程度のサンプルが抽出されることになる。こうして録音された音はリアリティとして再生させて、ＯＳなどのプラットフォーム上で特定のソフトウェアを使用することで、そのソフトウェア上から自由に加工することが可能である。しかし録音されたファイルを二進数の文字情報に置き換えて、それらの文字を巧みに操作することで音を加工することなどは、素人にはまず不可能なことである。たとえできたとしても、二進数化された文字列を操作しながら三分間の録音で収録されたおよそ十二万個のサンプルに復元する作業は大変な労力を要するし不効率であるといわざるを得ない。もしこのとき、単純なミスで、たった一つの0ないし1の情報が失われると、このデジタルで構成された音情報はすべてを復元できなくなってしまう。例えばデジタル画像の一般的な方式にＭＰＥＧ（motion picture expert group）がある。このＭＰＥＧ方式で動画を再生する際に、ノイズの多い画像では画面の各領域は壊れて、絵が再構成されるまでにかなりの時間がかかるばかりか、最悪の場合すべてを復元することができなくなってしまうこともあるのであるここで強調したいのは、デジタルはすでにアナログに対して従属的な位置にあるということである。リアリティが存在しなければ、デジタル化することにさほど積極的な意味は見出せない。デジタル化の前には必ずアナログがある。これはデジタルなる考え方が生まれたときからの宿命である。そしてデジタルなる世界では、リアリティの中に潜む冗長性とは異なった精密性が支配しているのである。

(2) デジタル的価値創造

デジタルは厳格で精密、アナログ世界からの指示に対して極めて忠実である。こうしたデジタルの性質から導かれるデジタル的価値創造の意味とはどのようなものであろうか。デジタルはアナログと比較した場合、アナログの節で示したアナログの限界はすべてデジタルのメリットである。すなわちデジタル化された情報は、「再現性」、「保存性」、「伝達効率性」、「増殖性」に優れているのである。そしてこうしたメリットは、アナログの優れている冗長性がもたらす状態的価値の多くを捨象して、ある特定の価値にロック・インした上でもたらされるものであることを忘れてはならない。

W・B・アーサー(W. B. Arthur)[51]は技術の自己強化システムを説明する際に、ロック・インという概念を用いている。これはひとたび技術がある特定の経路に沿って発展するとき、収穫が逓増すれば、その他の代替的経路や代替的技術は除かれていくというものである。同様に情報をデジタル化する際に、アナログがもたらす多様な価値のバリエーションの中から、ある特定のものをデジタル化することを決めるとき、そのいくつかのバリエーションの中から何らかの利便性を生じさせる価値が認識されれば、すべてはその価値へとロック・インされていくであろう。逆に利便性が認められなかった場合は、そのデジタル化されたものに対して別な価値が付与されていくか、再びデジタル化される前の段階までフィードバックして、アナログの段階でデジタル化するためのバリエーションについて再検討するなど、戦略を練り直す必要性が生じてくるだろう。

ここで一度ロック・インされデジタル化された情報は、その価値の範囲において高い再現性を実現する。そして情報の再現性は、デジタル化された情報の意味そのものを忠実かつ精密に再生することを可能にする。このようなロック・インされデジタル化された情報こそ、価値創造におけるプロトタイプである。そしてこのプロトタイプにおいて「暗黙知」は存在しない。暗黙知が存在するかどうかは、情報をデジタル化する人間の解釈と密接な関係があり、デジタル化という行為とデジタル化された情報に対する解釈の多様性の両方を包括したパースペクティブを用いて情報を捉えたときに初めて決定する。繰り返すが、本章の定義によるデジタル化された情報とは、人間の解釈に依存しない、デジタルの持つ忠実性と精密性を兼ね備えた情報である。そして、このデジタル化された情報によってもたらされるデジタル的価値創造において高い再現性を実現するには、プラットホームに基づいて現象をデジタル化できる要素に分割したり体系化したりすることが必要となる。

例えば、流体力学という学問領域がある[52]。ここでいう流体とは、狭義には液体、気体を指し、広義には、連続体といって固体や半固体状態の物質の流れや変形も含めることがある。この学問はニュートン古典力学の応用分野を基礎に、流体の流れを調べる学問として発展してきた。流体の流れは極めて複雑で、密度、粘度、圧縮率などの流体固有の性質と流体に作用する自然のさまざまな力の状態で流れに関する基本方程式が決定する。しかしわれわれはこうした複雑な流れを一次元の流れに近似して取り扱おうとしたり、流体の粘性や圧縮性を考慮せずに流体現象を理想流体の流れとして理論化したりして理解してきた。

また配管の中で規則正しく流れていくような上下水道などの設計においては多くの場合、一次元の流れを考えればいいのであって、流体に関するさほど厳密な方程式を用意しなくてもよい。しかし超音速旅客機などの設計では、粘性、さらには流れの中で粘性の作用の大きい部分とそうではない部分とを分離して考える境界層の概念、圧縮性などを考慮した方程式を確立しなくてはならない。そして実は、この超音速旅客機の設計に必要な方程式を用いても、あまり意味のないことであるが、上下水道の流れを理解することはできる。

例えば流体力学で有名な方程式にナヴィエ・ストークスの方程式（navier-stokes equation）がある。これは流体の流れについて粘性や圧縮性を考慮した方程式であり、空間x, y, z軸の各方向の速度をu, v, w、さらに流体の密度$\boldsymbol{\rho}$、時間t、単位質量の流体に作用する外力を$\boldsymbol{F}$（$\boldsymbol{X, Y, Z}$）とするとき、各次元の軸に対して、

$$\rho\frac{Du}{Dt} \equiv \rho\left(\frac{\partial u}{\partial t} + u\frac{\partial u}{\partial x} + v\frac{\partial u}{\partial y} + w\frac{\partial u}{\partial z}\right)$$
$$= \rho X - \frac{\partial p}{\partial x} + \mu\left(\frac{\partial^2 u}{\partial x^2} + \frac{\partial^2 u}{\partial y^2} + \frac{\partial^2 u}{\partial z^2}\right) + \frac{\mu}{3}\frac{\partial}{\partial x}\left(\frac{\partial u}{\partial x} + \frac{\partial v}{\partial y} + \frac{\partial w}{\partial z}\right)$$
$$\rho\frac{Dv}{Dt} \equiv \rho\left(\frac{\partial v}{\partial t} + u\frac{\partial v}{\partial x} + v\frac{\partial v}{\partial y} + w\frac{\partial v}{\partial z}\right)$$
$$= \rho Y - \frac{\partial p}{\partial y} + \mu\left(\frac{\partial^2 v}{\partial x^2} + \frac{\partial^2 v}{\partial y^2} + \frac{\partial^2 v}{\partial z^2}\right) + \frac{\mu}{3}\frac{\partial}{\partial y}\left(\frac{\partial u}{\partial x} + \frac{\partial v}{\partial y} + \frac{\partial w}{\partial z}\right)$$
$$\rho\frac{Dw}{Dt} \equiv \rho\left(\frac{\partial w}{\partial t} + u\frac{\partial w}{\partial x} + v\frac{\partial w}{\partial y} + w\frac{\partial w}{\partial z}\right)$$
$$= \rho Z - \frac{\partial p}{\partial y} + \mu\left(\frac{\partial^2 w}{\partial x^2} + \frac{\partial^2 w}{\partial y^2} + \frac{\partial^2 w}{\partial z^2}\right) + \frac{\mu}{3}\frac{\partial}{\partial z}\left(\frac{\partial u}{\partial x} + \frac{\partial v}{\partial y} + \frac{\partial w}{\partial z}\right)$$

と現される大変複雑な式である。またベクトル$\mathbf{V}$（u, v, w）に対して連続の式というものが知られており、

$$\frac{\partial \rho}{\partial t} + \mathrm{div}(\rho V) = 0$$

の関係がある。ここで圧縮性という現象は、流体の体積が変化する現象であり、体積変化に伴って密度の変化が

考慮される。しかし逆にこの圧縮性を考慮しないと、ρ＝一定、となり連続の式から、

$$\frac{\partial u}{\partial x}+\frac{\partial v}{\partial y}+\frac{\partial w}{\partial z}=0$$

となる。そこで再びナヴィエ・ストークスの方程式において圧縮性を考慮しないとすると、

$$\frac{\partial u}{\partial t}+u\frac{\partial u}{\partial x}+v\frac{\partial u}{\partial y}+w\frac{\partial u}{\partial z}=\boldsymbol{X}-\frac{1}{\rho}\frac{\partial p}{\partial x}+\frac{\mu}{\rho}\left(\frac{\partial^2 u}{\partial x^2}+\frac{\partial^2 u}{\partial y^2}+\frac{\partial^2 u}{\partial z^2}\right)$$
$$\frac{\partial v}{\partial t}+u\frac{\partial v}{\partial x}+v\frac{\partial v}{\partial y}+w\frac{\partial v}{\partial z}=\boldsymbol{Y}-\frac{1}{\rho}\frac{\partial p}{\partial y}+\frac{\mu}{\rho}\left(\frac{\partial^2 v}{\partial x^2}+\frac{\partial^2 v}{\partial y^2}+\frac{\partial^2 v}{\partial z^2}\right)$$
$$\frac{\partial w}{\partial t}+u\frac{\partial w}{\partial x}+v\frac{\partial w}{\partial y}+w\frac{\partial w}{\partial z}=\boldsymbol{Z}-\frac{1}{\rho}\frac{\partial p}{\partial x}+\frac{\mu}{\rho}\left(\frac{\partial^2 w}{\partial x^2}+\frac{\partial^2 w}{\partial y^2}+\frac{\partial^2 w}{\partial z^2}\right)$$

が得られる。ここで μ/ρ は動粘性係数と呼ばれ粘性の指標である動粘度を表す。そこでこの式からさらに粘性を考慮しないとすると、

$$\frac{\partial u}{\partial t}+u\frac{\partial u}{\partial x}+v\frac{\partial u}{\partial y}+w\frac{\partial u}{\partial z}=\boldsymbol{X}-\frac{1}{\rho}\frac{\partial p}{\partial x}$$
$$\frac{\partial v}{\partial t}+u\frac{\partial v}{\partial x}+v\frac{\partial v}{\partial y}+w\frac{\partial v}{\partial z}=\boldsymbol{Y}-\frac{1}{\rho}\frac{\partial p}{\partial y}$$
$$\frac{\partial w}{\partial t}+u\frac{\partial w}{\partial x}+v\frac{\partial w}{\partial y}+w\frac{\partial w}{\partial z}=\boldsymbol{Z}-\frac{1}{\rho}\frac{\partial p}{\partial x}$$

という式が得られ、これはオイラーの方程式として知られる理想流体の方程式である。このように流体力学ではリアリティの再現に必要な要素に限定して方程式を当てはめていく。そしてそれぞれの現象に応じて、その範囲に限定した厳密な理論化がなされるのである。つまりすべてのリアリティに対して妥当性を持つ理論を用意する

のではなく、リアリティを理論化可能な要素に分割して体系化しているのである。こうすることによって、限定されてはいるが現象に対する理解がその範囲においては十分に深まっていると考えられるのである。さらにこうしたリアリティの分割は、例えば上下水道の設計であるとか、超音速旅客機などといった人間生活における価値にロック・インされていることも付け加えておこう。そして、こうした流体力学に代表される科学のあり方は、現象をデジタル的に把握している行為であるといえよう。

これに対して、例えば熱力学は、経験的な理論を体系化した側面が強い。つまり流体力学のように現象の部分について理論を当てはめていくというやり方ではなく、現象を大局的に捉える側面が強い学問的性格を有している。さらに物理的化学的な現象を原子や分子の運動までさかのぼらずに、日常捉えることのできるリアリティの範囲で、より一般的な原理として簡明に理解させる意味では、現象論的な把握[53]を可能とする価値をもたらす数少ない学問分野のひとつであろう。こうした熱力学的な科学のあり方は、現象をアナログ的に把握している行為であるといえよう。

しかし流体力学も熱力学も、現象に対するアプローチこそ違え現象を理論化していることには変わりない。そしてこの理論化されているということは、デジタル的価値創造を遂行する上で大変重要である。現象が理論化されることによって得られた情報や知識は、その理論が描く世界の範囲で普遍であり多くの人々が同じ操作で同様の価値を得るといった意味で、高い再現性を有している[54]。また現象の捉え方を見直したり、ロック・インを再検討したりするなどの戦略の変更が無ければ、現象のあらゆるパターンを記憶することなく、理論として現象をいつでも再現できるといった意味において保存性も高いといえる。さらに理論化されていれば、そうした情報や知識はロック・インされている範囲において普遍性であるため、伝達効率性が高い。加えて、こうした理論をもとに、さまざまな応用領域が開けてきたり、思いもよらぬ現象に適用される可能性がもたらされたりするなどの増殖性も生まれてくる。

2　デジタルの限界とデジタル的価値創造

アナログの節と同様にデジタルについてもその限界を探ってみる。すでに周知のことと思われるが、この限界は逆にアナログのメリットとなることが想定されるのである。

まずデジタルにはプラットフォームの共通化が必要であり、これはアナログ的に決められるものである。コンピューターで文書を作成し蓄積するときにはデジタル化するためのルールであるOSが必要となるし、インターネットで通信を行うにはTCP─IPなどのプロトコルが共通化されていなくてはならない。流体力学や熱力学では数学や基礎力学、物性科学という共通プラットフォームがある。すなわちデジタルの限界はこうしたプラットフォームが厳密に一致していなければ、意味をなさないということにある。そこでは冗長性を取り込む余地は無いし、エラーはすべてを不意にする。そしてプラットフォームは価値がロック・インされた場であり、その場においてアナログ的に、デジタル化のための戦略を検討するのである。またデジタル的な価値創造においては、プラットフォームを自由に組替えたり再構成したりすることはできない。そこでは、与えられたプラットフォームに則って、理論化が進められるのみである。

またデジタルの限界として、「創造性」をあげることができる。これはすべての概念が出揃うまであえて議論を避けてきた重要なポイントである。これまで議論してきた内容に則して説明すると、アナログ的価値創造がリアリティから帰納的にプロトタイプを形成し、こうしたプロトタイプに基づいたデジタル的価値創造によって演繹的に新たな技術的・社会的価値がもたらされる。そしてこのような価値をもたらす主体的要因は、多くの場合アナログ的価値創造に帰結される。すなわちデジタル的価値創造によってもたらされた結果は、現実のものとして意味を持ち再現されなければいけないし、再現される以上リアリティである。リアリティである以上、アナログ的価値創造にフィードバックされ再び戦略的にロック・インすることで、デジタル的価値創造に寄与するようなプロトタイプへと変換していく。すなわち創造性を語るとき、デジタルはただアナログに対する従属的な立場に甘んじるのみなのである。

そしてロック・インするには演繹でも帰納でもないアブダクションという、ある種の仮説形成に基づく推論によってもたらされる。C・S・パース（C. S. Peirce）[55]は研究者のアブダクションの特徴を、人間が自然と一体化し本質的に調和していることによってなされる行為と位置づけている。こうしたことは、吉川[56]も指摘しているように、アブダクションを導くものは美的感覚というような、テクネーの芸術的・職人的側面にも似た能力である。さらにこのことは、アーサーが示したような複雑系における経済合理性の出現を補完的に理論化するものであり、主体の洞察力[57]などによって説明される領域である。すなわちデジタルの世界では「創造性」を効果的に発揮することはできないし、理論化とアブダクションというアナログ的価値創造と補完しあうことで、初めて「創造性」に関わることができるのである。

四　プロトタイプの形成

1　プロトタイプの形成に関わる意思決定の諸問題

次に価値創造の源泉であるプロトタイプの形成に関する基本的な問題に移ろう。プロトタイプの形成として、アナログ的価値創造の過程でもたらされた情報がデジタルへロック・インする際の、アブダクションの重要性を指摘した。そしてこのとき、アナログ的なるものがデジタル的なものへロック・インするには、いくつかの代替的な価値の中からある特定の価値を選択していることを忘れてはならない。しかしこうした価値の選択はどのように行われ、新たな価値創造の源泉となるプロトタイプの形成へと結びついていくのであろうか。

われわれはテクネーの前段階であるアナログ的価値創造の過程において、ロック・インへ導く前の複数の競合する価値を並行して検討するとき、各々の価値に関わりデジタル化を試みようとするエージェントは、これらの異なる価値に対して、価値を構成する知識を学習したり、価値がもたらす効率性を改善したりしていく。複数の価値に関わる各々のエージェントは、より効率的な問題解決方法やその価値を高める最もよい方法を開発しようとするが、われわれはどの価値が最も優れているものであるとか、より発展していく可能性があるかを正確に予測できないかもしれない。またこれら複数の価値の収穫逓増率は一定ではないため、それらは同じ割合で発展することはありえない。

A・トヴァースキー（A. Tversky）とD・カーネマン（D. Kahneman）は、多様な価値の中からある特定の価値が選択されることに関するコンテキストの依存性を研究している。彼らは人々が物事を選択する際にいかに状況に依存しているかを示しながら、意思決定の際に何らかの経験則（rules of thumb）に基づいて、現象を単純化していることを提示した。(58) こうした単純化はヒューリスティック（heuristic）と呼ばれ、日常の意思決定においてわれわれの判断を支配している。(59) まさに現象をデジタル化している行為といえよう。こうすることで、意思決定におけるコストを削減したりスピードを速めたりすることに効果をあげている。しかしこうしたヒューリスティックが、時には重大な判断ミスへと導くことがあることは経験的にも理解できるところである。

現実的に、いくつか競合する価値を客観的に評価しても、大きな差異が見出せない状況が存在する。そのとき人は、自らの効用関数にしたがって、期待効用を最大化するように努めるであろう。[60] しかしトヴァースキーとカーネマン[61]は、意思決定者は期待効用を最大化するように行動するのではなく、むしろ決定は起こりうる結果の各々に対して独立にアプローチされると主張している。この各々のアプローチを遂行していく意思決定者たちは、ときにはO・ウィリアムソン（O. Williamson）[62]の議論の基礎となっているような機会主義的な行動をとる者がいるかもしれないし、R・ドーキンス（R. Dawkins）[63]の説得力ある説明に基づくように利他主義も、ある環境のもとでは意思決定のモデルの中に取り入れられている可能性がある。G・S・ベッカー（G. S. Becker）[64]が家族経済学的な研究の中で示した代替的なアプローチとして、われわれが他者の福祉から効用を得る効用極大化のもうひとつのアプローチとして利他主義を考慮しているのである。すなわち特定の価値への意思決定というものは、自己にとっての価値のみならず、ときには他者の価値まで考慮に入れながら、複雑にバランスされ進行していく。こうした行為は、技術的な価値創造の過程においては日常的に行われていて、製品としての利便性とその製品を利用する消費者の利便性を常に天秤にかけながら、製品開発が行われていることからも明らかであろう。また価値創造のあり方がアナログ的であったりデジタル的であったりすることによって、互いの利便性は当然異なってくるのである。

ともあれ、われわれがイデオロギーや自らの効用関数に基づいて行動しているという現実は、動機づけの要因の一側面を説明したに過ぎない。ノースは人間行動の理解における決定的要素として、環境すなわちリアリティの解読にあると説明している。[65] R・E・ルーカス（R. E. Lucas）[66]も認めているように、安定均衡と選択肢に関する完全なる知識の保有の仮定が存在して初めて、合理的期待モデルを実現することができる。すなわち、われわれは、リアリティの解読モデルが確定していれば、さまざまな問題を解決していく過程において問題解決の思考法に関する無数のルーティンを形成していく。そして、こうしたルーティンが、われわれの日常的な意思決定において、さほど熟考を必要としない環境を提供している。ノースは、このように選択を必要としない環境を可能にしてきたのは、日常的なリアリティの中には埋め込められた無数の制度集合が存在しているためであると説明している。こうした一連の含意は、本章がこれまでに説明してきたように、人間の意思決定に必要なプロトタイプが形成され、そこから必要なプログラムが数多くデジタル化されていくといった説明を可能とする。

このようにわれわれの日常的な意思決定の構造は、不確実性を縮減するようにデジタル化されてきた。デジタル化の過程は合理的にしかもオートマティックに進行するものではなく、ときには不合理で職人的・芸術的な感覚で進められることが多いのである。そして社会は個人の意思決定から組織の意思決定の問題へと移行することで、意思決定の結果がもたらす不確実性は着実に増大してきた。創造的な活動におけるプロトタイプの形成が個人技に委ねられていた時代では、個人の限定された合理性の範囲で意思決定していけばよかったのであるが、組織的に行う際には少々複雑となる。それは階層型組織の効用や市場の調整に関する深い洞察が必要となるからである。こうした複雑さの帰結であろうか、今日のプロトタイプの形成には、多くの専門的な領域に特化したベンチャー企業の出現やシリコン・バレーの例などにも見られるように、いわゆる階層型組織を活用するのではなく、ある種のフレキシブル・スペシャリゼーションによって進行している側面がある。[67]

では、このような専門性の高い主体同士が技術的な知識を媒介としながら緩やかに結びつくことによって、例えば業界や産業としてプロトタイプが形成される場合、どのようなプロセスで行われるのであろうか。次に、高温超電導における研究開発を事例として、プロトタイプの形成と展開について検討していこう。

2 プロトタイプの形成と展開

(1) 高温超電導における線材業界(68)

高温超電導の研究は、一九一一年にオランダの物理学者、K・オンネス(K. Onnes)が水銀を液体ヘリウムで冷却したところ、四・一五K(69)で電気抵抗がほぼゼロとなることを発見したことに端を発している。こうした事実をある種のプロトタイプとして、一九七三年にニオブ三ゲルマニウムが二十三・六Kで超電導現象を示すことが確認されて以降はさほど大きな進展はなかった。

その後、一九八六年一月にIBMチューリッヒ研究所のJ・G・ベドノルツ(J. G. Bednorz)とK・A・ミューラー(K. A. Muller)は、ランタン・バリウム・銅系の酸化物によって、三十Kで電気抵抗がゼロとなることを発見し、ドイツ語の学術雑誌に投稿した。その後ベドノルツらは、この酸化物が外から磁場を与えてもそれを打ち消す電流が物質の表面に生じることで内部には磁場が入り込めない「マイスナー効果」があることを確認した上で、ヨーロッパの学術雑誌に改めて投稿した。同年末に東京大学およびヒューストン大学のグループが、さらに新しい物質で高温超電導現象を実現する可能性に言及した。しかしこれはあくまでも可能性を示唆したに過ぎず、理論的に確信をもったものではない。

しかしその後、世界中の多くの物理学者がこの領域に一斉に突入することとなる。それまで超電導現象は一九五七年に誕生したBCS理論というものによって説明されていた。BCS理論では、物質の電子・格子相互作用を強くしていけば、電子・格子系は不安定となり、三十~四十K以上の臨界温度を持つ物質は存在しないことが予言されている。しかし一九八六年一二月から一九八七年一月までに[66]、超電導現象を起こす物質がATTベル研究所や中国科学院などから次々と報告され、四十Kを超えて超電導現象を実現する物質が登場した。これらの物質は、ベドノルツとミューラーが発見したランタン・バリウム・銅系の酸化物を改良し、バリウムをストロンチウムに置き換えた組成で構成されている。そして、一九八七年三月二日号のPhysical Review Lettersに掲載された二本の論文では、アラバマ大学およびヒューストン大学のグループが、イットリウム・バリウム・銅系の酸化物において八十～九十三Kで安定かつ再現性の高い超電導転移が、抵抗と磁化率の手段で問題なく観測されている。

このような高温超電導物質の相次ぐ発見を受けて、最初に製品化が想定されるのが線材メーカーである。高温超電導現象の応用として発電機、送電線、変圧器、モーターなどへの応用領域がこれまでの強磁場応用の実績からも最も期待されており、そのためのマグネット化、線材開発は当面の目標としてクローズアップされてきたのである。国内で最初の線材の開発は一九八七年一月末に科学技術庁の金属材料技術研究所によってなされた。この開発には初期に発見されていた、ランタン・ストロンチウム・銅系の酸化物を使用していた。その後、東北大学金属材料研究所、藤倉電線、東芝、昭和電線、新日本製鉄が作り、海外ではATTベル研究所が線材化競争をリードしている。

線材化の技術は、紀元前二十～三十世紀ごろから行われ、打ち延ばしてさい断された金を小さな穴に通して引き抜き、細い針金を作っていた。線材を製造するこの「引き抜き」という技術は、鍛造に次いで古い歴史を有し、八～九世紀には種々の線材が作られていた[71]。十二世紀には、線を鍛造伸ばしによって作る職業と、引き抜いて作る職業とが分立していた。ここでいう鍛造伸ばしによる線材の製造とは、鍛冶屋に代表されるような匠の世界である。[72] 一方、引き抜きには、治具が必要となるが、逆に治具さえできれば鍛造ほどの熟練は要しない。その後十三世紀半ばにドイツで水力を利用した引き抜き機が利用されるようになると、線材化技術は本章でいうデジタル的価値創造の時代を迎えていったのである。それと時を同じくして、線材自体が社会のあらゆる場面で用いられるようになり、線材製造の動力化・大量生産化が匠としての鍛造的な創造方法を駆逐していった。

科学技術庁の金属材料技術研究所が超電導物質で線材を開発した段階では、引き抜きを基本としているとはいえ匠的色彩が強かった。その製法は、中空の銅またはニッケル合金のさや材（シース材）の中に超電導物質を微粉化したものを充填し、通常の線材を製造するように引き抜くというものである。引き抜くことで、シース材とともに中の超電導物質も引き伸ばされ、それを最終的には熱処理することによって酸化物の線材が得られるのである。一見システマティックな作業のようだが、そこには多くのノウハウが凝縮されており、そうした作業が可能であったのは、長年線材技術を追求してきた金属材料技術研究所の熟練の賜物といえよう。そしてこのシース材中に粉末状の材料を充填して、線材として引き抜いた後に熱処理するという技術は、同研究所が長年にわたり研究開発を重ねて、国内の民間企業に技術移転してきたものなのである。しかし、この線材の加工の対象となる超電導物質は基本的には金属間化合物であるため、結晶構造が複雑などの理由で変形が困難な場合が多い。こうした場合、金属間化合物として変形するのではなく、シース材との複合材料として変形を行うのである。変形後に熱処理を加えることにより、複合材料内の異種金属同士が拡散して合金化し、所定の金属間化合物が形成されるといった巧みな手法を用いている。

その後一九八七年三月には、民間企業として最初に藤倉電線が、金属材料技術研究所と同様の組成および手法で超電導線材の開発に成功した。そして同年四月には、液体窒素温度を超えて超電導現象を実現できるイットリ

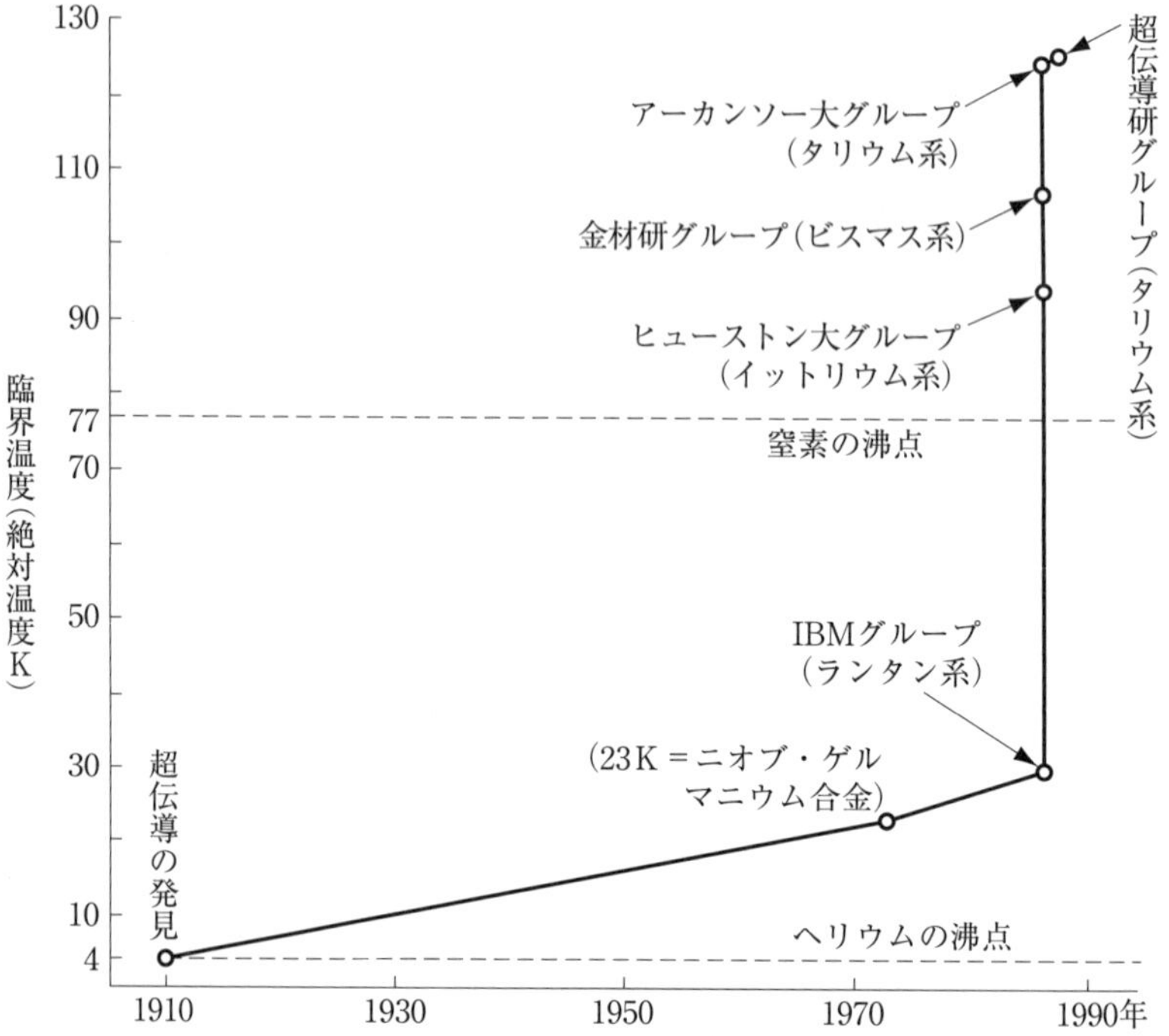

図表5—2　超伝導臨界温度の上昇の推移

ウム・バリウム・銅系の酸化物でも同様の手法により、東芝・昭和電線グループが線材化に成功している。このように線材を形作ることには、一応の成功を収めたものの、実用までの道のりは大変険しいといえる。実用上の最大の課題は、線材中に流れる臨界電流の低さにある。さまざまな用途に応用していくための現実的な電流としては大変低く、一定量の電流を流すためにはかなり太い線材として使用しなくてはならない。

そして臨界電流の向上につながる成果をすぐに期待することはできなかった。なぜなら臨界電流の向上に関わる研究開発に参入することは、民間企業にとって、かなりのリスクをともなうことが想定されたからである。すなわち、シース材の開発や超電導物質の微粒子化は、新しい超電導物質が他の研究機関から日々発見されていく中で改善されなくてはならない。そしてこうした技術は、それぞれ基礎的なデータの積み上げによって好適な条件が見出されなくてはならず、その選定には膨大な作業を要するのである。そのためこれまで以上に産学官の連携を深めるなど、有能なスペシャリストたちの広範な連携が求められていたのである。

また高温超電導物質の出現を、線材業界はどのように受け止めていたのであろうか。メーカーの研究者は当初、半信半疑であったという。その後、新しい超電導物質が次々に発表され矢継ぎ早に到達温度のデータが塗り替えられる様子に、大変なことが起きていると感じていたようである。日本電気基礎研究所の米沢材料研究部長は、「最初の三十Kを越えたときは模様眺めだったが、八十七年二月、ヒューストン大学が液体窒素温度（七十七K）を超えたという発表で大きなブレイクスルーを感じた」と話す。すなわちこの七十七Kを超えたあたりでメーカーの研究者たちが一斉に動き出すのである。確かに超電導実験を行う際には液体窒素によって冷却するのであるが、七十七Kを超えても実際は液体窒素によって冷却するし、それ以外の冷媒はなかなか見当たらないのである。確かに七十七Kということにそれなりの意味がありそうなのだが、実際上は、そのことにさほど重要な意味がないと申し上げてもよかろう。

さらに超電導物質の原料粉末を供給する流通サイドからは、臨界温度が上昇するにつれて供給量が確かに増加していったという。そして当初、その多くは実験が比較的容易に行えることもあって大学向けがほとんどであったが、ヒューストン大学が七十七Kを突破する成果を示した二月過ぎからメーカーからの発注が着実に増えたという。その後、メーカーの多くが事業横断的な研究開発組織を編成し、プロジェクトチームとして対応している。その中にはこれまでに超電導研究に熱心に携わってきた電機メーカーはもちろんのこと、電線、半導体製造装置、鉄鋼・非鉄、電力など、高温超電導によって少なからぬ影響を受ける可能性を感じた企業はこぞって研究開発体制を編成・強化していったのである。

以上が、超電導フィーバー時代の企業の対応について線材メーカーを中心とした事例である。今日、高温超電導は具体的な製品化の段階に入り、より一層の期待がもたれている。

（2）プロトタイプ形成の条件

では高温超電導の事例から、プロトタイプの形成と展開を考えてみよう。本章では価値創造をアナログ的価値創造とデジタル的価値創造の二種類に分類し、各々の価値創造の基盤をプラットフォームと称した。こうした価値創造の過程において、デジタル的価値創造がアナログ的価値創造の前に存在することはありえないことが説明されてきた。高温超電導の事例では、科学技術庁の金属材料技術研究所において形成された中空の銅またはニッケル合金のさや材（シース材）の中に超電導物質を微粉化したものを充填し、通常の線材を製造するように引き抜きする製法は、長い時間をかけて各民間企業に移植され、各企業における価値創造のプラットフォームとして機能していた。その上で、例えば藤倉電線のように、ランタン・バリウム・銅系の酸化物の情報が得られれば、それをプラットフォーム上で線材という形に価値創造を実現している。

しかしこうした過程を考えてみると、確かにプラットフォームはデジタル化するためのルールであり、この場合、線材への加工をシステマティックに実現させる手助けをするが、現実問題としてその中身は決してオートマティックに進行するのではなく、多くの困難をともなっていることが理解できよう。すなわち、金属材料技術研究所はこうした製法を長い時間をかけて移植していったのであるが、本章の前提として主張されてきたように「リアリティはリアリティのまま伝わらない」のであるから、多くは藤倉電線や東芝グループの価値の中で、金属材料技術研究所が想定していた、いくつかの状態的価値を捨象して移植されていったはずである。今日のデジタル万能主義の思想にどっぷりと浸かってしまうと、われわれはプラットフォームの移植がすめば、すべての主体が同様の労力によって同様の価値を生み出す幻想を持ってしまいがちである。しかし現実はそうはいかない。藤倉電線や東芝グループには、金属材料技術研究所側からは想像できない苦労があったことが伝えられている。

　また、大学公的研究機関および一部の企業における基礎研究所の研究者と、企業の製品開発者では置かれている立場の違いから生じるコンテキストや研究開発に対する戦略性が異なっている。そうしたことが実は、価値創造のプラットフォームを少なからず互いに異なるものとして形成する要因となっている。スペシャリストたちの連携が必要なのもこの点にある。すなわち研究者のスタンスは、現象のすべてを受け止めていこうとしている点でアナログ的であり、逆に企業の開発側では現象の特定部分を製品化の視点で捉えていこうとする点でデジタル的であるといえる。そしてこうしたスタンスの違いは、当時の超電導材料のように日々新しい成果が生まれる場合、価値を固定化することができないという点で、企業の開発側におけるリスクのとり方に如実に現れているといえよう。そしてこうしたリスクこそが、アナログ的価値創造とデジタル的価値創造を使い分ける分水嶺となっているのである。

　また高温超電導における線材開発のプロトタイプ形成を本格的に行うための意思決定において、一見合理的と思われるが、その中身は極めて技術者の勘や嗅覚によるところが大きかったといえる。例えば価値基準であるリファレンス・ポイント[73]を液体窒素の七十七Kと置くことで、開発に乗り出す意味を正当化していたことが伺われるからである。そして、こうしたプロセスは決してオートマティックに進むものではありえなかったのである。

五　新しい価値創造の地平　～知のテクネーの未来～

これまで説明してきたデジタルの考え方は、対象とするリアリティを見定め、それに対してサンプリング・レートを設定しリアリティを分割したものを体系化いくというものである。これに対して近年では、構成的手法といって、対象とするリアリティへの理解が不完全な状態で、ある種のモデルを形作り、そのモデルがリアリティと似た状態を構成するかどうかを検討していく手法がとられ始めている。人工生命の生みの親であるC・G・ラングトン（C. G. Langton）[74]は、人工生命の研究が、われわれの知っている生命（life as we know it）だけを対象としているのではなく、存在し得る生命（life as it could be）すべてを対象としていることを表明している。こうした発言は、本章でいうリアリティの概念を、デジタルの世界で実現される人工生命にまで押し広げているといえよう。

人工生命の初期段階のモデルとして有名なのが、T・S・レイ（T. S. Ray）のティエラ（Tierra）[75]である。ティエラは自らのプログラムのコードをコピーするような、コンピューター・ウィルスにも似たプログラムを実行させて、突然変異のようにランダムに命令を書き換えるようにすると、生物の生態に似た複雑な相互作用に基づく多様性が見出されるというものである。しかしティエラは本章の意味での実際の生物現象というリアリティをデジタルの世界で実現したものではなく、「生物は複製する」という価値にロック・インされた単なるデジタル・プログラムであるといえる。しかし一方で、人工生命の研究は着実に進歩を遂げており、社会科学の領域にまで新たな考え方をもたらし始めている。その人工生命における研究成果のひとつとして「創発性」の概念がある。これは、集団全体をコントロールする装置がただ一つ存在するのではなくて、集団を構成する個々の主体間および主体と環境間の相互作用が全体の複雑な挙動を決定しているという考え方である。そうした前提に立って構成的手法を用いながら、システムの成り立ちや動的な特性を解明していくのである。

このような一連の人工生命研究の台頭は、本章がリアリティをデジタルの世界で実現することは無意味もしくは不可能であるとした考え方に真っ向から対立する方向性を有している。しかし人工生命の世界は、構成的手法にしろ本章で説明したデジタルの考え方にしろ、常にリアリティとの相対的な距離を気にしており、リアリティを基準としなくてはその世界の正当性は主張できない。しかるに、その点で人工生命はリアリティを超えることはないと考える。将来、人工生命独自の世界観や価値観が生まれて、そこにわれわれのリアリティを合わせていくようなことがあって初めて、人工生命がリアリティを獲得したといえよう。

本章で強調したいことは、アナログ的価値創造のような芸術的・職人的世界では、常に困難と苦悩を内在しているということである。われわれは大量生産時代において、こうしたアナログ的価値創造による多くのプロトタイプを形成し、それをデジタル化することにより何事もオートマティックで思考を要さない文化の実現に努めてきた。こうしたデジタル的価値創造は、一定の成果を収め、情報や知識の再現性、保存性、伝達効率性、増殖性といった、デジタルであることの経済合理性を追求してきたのである。

それと同時にデジタル的価値創造の発想そのものであるコンピューター技術が大変進歩したが、デジタル的価値創造自体はコンピューター出現以前から存在している。しかしこのコンピューターが、さらなるデジタル化を促進し、過剰なるデジタル崇拝とデジタル万能主義をもたらしているといえよう。そして、このデジタル万能主義はコンピューターに関わることばかりではない。これは近年の日本においては特に顕著で、デジタル化されオートマティックに事が進む利便性の追求が過剰すぎて、そうした観念が社会にしろ政治にしろデジタル化すればすべてうまくいくといったような、「自分以外の何か」に対する強固な依存体質をもたらしてしまった。こうした体質は社会の無責任さを助長し、企業においては自らのリスクや責任すら負えない「マネジメント不在の日本」を生み出してしまった訳である。

またデジタル崇拝は社会に思わぬ厳密性や精密性を要求し、小さなミスやエラーを許容する寛容さを失わせてしまったようにも思われる。リアリティは不完全であり、ある種残像なのであるから、現れては消えるフロー(flow)としての存在である。これに対してデジタルは、再現性の高い情報や知識の形で蓄積されるストック(stock)としての存在であろう。そしてわれわれは、こうしたストックに対するマネジメントのあり方については多くの知見を得てきたわけであるが、フローについてのマネジメントについては極力切り捨ててきた感がある。しかし、これからの価値創造のあり方として、必ずしも思考がロジカルであるばかりではなく、ときには非論理的なものを受け入れていく寛容さが求められている。近年の最適制御工学の成果として、与えられた条件が不安定なものであっても正常に作動するシステムの頑強さ(ロバスト性)[76]が広く議論されている。何かの弾みで予想外の条件に陥っても最後まで責任を持って稼動するシステム、これがロバスト性に優れた制御則[77]である。

こうしたロバスト性を実現するには、価値創造のシステムにアナログ的価値創造とデジタル的価値創造の両面を兼ね備えていなくてはならない。リアリティのように、時として非論理的なものを感受する能力と、システムを安定な状態へ導く能力とを兼ね備えた価値創造こそが、新たな時代の価値創造のあり方といえよう。それを実現するためにわれわれは、これまでのような「自分以外の何か」への「依存」から自らの目で見て足で立つという「自立」へ(依存から自立へ)、さらにはデジタルという「抽象」的な世界からリアリティという「具体」的な世界へ（抽象から具体へ）移行しなくてはならない。そして、このロバストを基本とした価値創造を実現する場合、E・フォン・ヒッペル（E.Von Hippel）[78]の説明にある期待利益を最大化するようなイノベーションのあり方ではなくて、イノベーションの状態的価値を見逃さず、そのリアリティに着目していくような、ある種不効率な価値創造のあり方を追求すべきである。そこでは予期せぬ出来事も数多く引き起こされるだろう。そうなれば、そこにおのずとシステムの整合を図るためのマネジメントが必要となる。こうしたマネジメントが直面する環境は大変不確実で、そこにはリスクや責任を十分に負う主体の意思が要求されてくる。こうした状況を自ら作り出さなければ、価値創造におけるロバスト性を高めることはできない。

われわれは結局、人工生命であろうとロバスト的な価値創造であろうと、リアリティを直視しなくては何も生みだすことはできない。重要なことは価値創造のあり方を、はるか古代ギリシャのテクネーに回帰することで、再び自らの手に創造の感触を与えることだ。価値創造の未来にはただ、大いなるリアリティが存在しているのみである。

（石田　修一）

注

（1）大槻真一郎訳（一九九七）『新訂ヒポクラテス全集』エンタプライズ

（2）Polanyi, M. (1958) *Personal Knowledge*, Chicago,（長尾史郎訳『個人的知識』ハーベスト社、一九八五）

（3）Heidegger, M. (1962) 'Die Tecknik und Kehre' Pfullingen.（小島威彦・アルムブルスター訳『技術論』理想社、一九六五）

（4）原著では挑発（herausfordern）という表現を用いている。

（5） ここではある種芸術的な創造のニュアンスを含めた意味として用いている。
（6） 柄谷行人（一九八三）『隠喩としての建築』講談社
（7） Brzezinski, Z. K. (1970) 'Between two ages : America's role in the technetronic era' Viking Press.（直井武夫訳『テクネトロニック・エージ：21世紀の国際政治』読売新聞社、一九七二）
（8） 本稿で議論する価値とは、利便性を基礎としたものである。
（9） Simon, H. A. (1976) 'Administrative Behavior : A Study of Decision Making Processes in Administrative Organization' The Free Press., pp. 73–74（松田武彦・高柳暁・二村敏子訳『経営行動・経営組織における意思決定プロセスの研究』ダイヤモンド社、一九八九）
（10） Simon, H. A. (1996) 'The Science of the Artificial' MIT Press.（稲葉元吉・吉原英樹訳『システムの科学：第3版』、パーソナルメディア、一九九九）
（11） Ferguson, E. S. (1992) 'Engineering and the Mind's Eye' MIT Press.（藤原良樹・砂田久吉訳『技術屋の心眼』平凡社、一九九五、一五一—一六三）
（12） Reish, R. B. (1991) 'The Work of Nations' Alfred A. Knopf, Inc.（中谷巌訳『ザ・ワーク・オブ・ネーションズ：21世紀資本主義のイメージ』ダイヤモンド社、一九九一）
（13） 中谷訳（一九九一）の訳者解説を参考にしている。
（14） Kuhn, T (1962) 'The Structure of Scientific Revolutions' The University of Chicago Press.（中山茂訳『科学革命の構造』みすず書房、一九七一）
（15） Price, D. K. (1965) 'The Scientific Estate' Harvard University Press.
（16） Dosi, G. (1982) "Technological Paradigms and Technological Trajectories," Research Policy, Vol. 11, pp. 147–162
（17） Rosch, E. H. (1973) "Natural Categories," Cognitive Psychology, Vol. 4, pp. 328–350.、では最良のプロトタイプとは最小の労力で最大の情報を提供するものであると述べられている。

（18） Piore, M. J. and C. F. Sable (1984) 'The Second Industrial Divide : Possibilities for Prosperity' Basic Books Inc.（山之内靖・永易浩一・石田あつみ訳『第二の産業分水嶺』筑摩書房、一九九三）

（19） ここでは電子的表現としてのデジタルと、デジタルを基盤とした電子コミュニケーション・ネットワークの両方の意味を含んでいる。

（20） Reish, R.B., ibid.

（21） 代表的な著作として、Tapscott, D. (1996) 'The Digital Economy : Promise and Peril in the Age of Networked Intelligence' McGraw-Hill Inc.（野村総合研究所訳『デジタル・エコノミー：ネットワーク化された新しい経済の幕開け』野村総合研究所、一九九六）、をあげることができる。

（22） 深海登世司監修（一九八七）『半導体工学：基礎からデバイスまで』東京電機大学出版局　一七〇―一七一

（23） エレクトロニクスにおけるアナログとデジタルの技術的現状認識については、相良岩男（一九九五）『ディジタル時代のアナログのはなし』日刊工業新聞社、から多くを得ている。

（24） 水島賢太郎（二〇〇〇）『情報の表現と伝達』共立出版、はアナログ化された情報とデジタル化された情報を量および質の観点で分類しており、本章ではこれを参考にしている。

（25） 実験データの特徴を示す区別として、粟屋隆（一九八三）『データ解析：アナログとディジタル』学会出版センター、ではアナログ・データは正規分布をするデータであり、デジタル・データはポアソン分布をするデータであると定義されている。

（26） Norman, D. A. (1998) 'The Invisible Computer : Why good products can fail, the personal computer is so complex, and information appliances are the solution' MIT Press.（岡本明・安村通晃・伊賀聡一郎訳『パソコンを隠せ、アナログ発想でいこう！：複雑さに別れを告げ、〈情報アプライアンス〉へ』新曜社、二〇〇〇）

（27） ここでは一次関数でもいっこうにかまわない。しかし一次関数ではアナログとデジタルの違いを「リアル」に表現できない。逆にいうと、一次関数の世界ではアナログとデジタルを区別することは困難なのである。またアナログとは「曲線の存在する世界」と表現できるかもしれない。
(28) トートロジカルな表現であることは重々承知している。
(29) Utterback, J. M. (1994) 'Mastering the Dynamics of Innovation' Harvard Business School Press.（大津正和・小川進監訳『イノベーション・ダイナミクス：事例から学ぶ技術戦略』有斐閣、一九九八）)
(30) ドミナントデザインに関する伝説的研究として、Abernathy, W. J. and J. M. Utterback (1978) "Patterns of Industrial Innovation," Technology Review, Vol. 80, No. 7, pp. 40–47、をあげることができる。
(31) Cusumano, M.A., Y. Mylonadis and R. Rosenbloom (1992) 'Strategic Maneuvering and Mass–Market Dynamics : The Triumph of VHS over Beta," Business History Review, Vol. 66, pp. 51–94
(32) Shanon, C. E. and W. Weaver (1949) 'The Mathematical Theory of Communication' University of Illinois Press.（長谷川淳・井上光洋訳『コミュニケーションの数学的理論』明治図書出版、一九六九）
(33) 野口悠紀雄（一九七四）『情報の経済理論』東洋経済新報社
(34) 野口（一九七四）をもとに原著を参照している。Koopmans, T. (1957) 'Three Essays on the State of Economic Science' John Wiley and Sons, Inc. では、一次不確実性（primary uncertainty）および二次不確実性（secondary uncertainty）として不確実性に言及した情報の捉え方をしている。
(35) 野口をもとに、青木昌彦（一九七〇）『組織と情報の経済理論』岩波書店、を参照すると環境的不確実性および通信的不確実性の観点から情報を捉えている。
(36) Nonaka, I. and H. Takeuchi (1995) 'The Knowledge Creating Company : How Japanese Companies Create the Dynamics of Innovation' Oxford University Press.（梅本勝博訳『知識創造企業』東洋経済新報社、一九九六）
(37) Nonaka and Takeuchi (1995) の「共同化」の節には「暗黙知から暗黙知へ」という副題がつけられている。
(38) ここではいわゆる鋳型としての意味ばかりではなく、リアリティを読み取った状態そのものといった意味合いで用いている。

(39) 水島賢太郎、前掲書、九二―九三

(40) 相良岩男、前掲書、八―九

(41) Simon, H. A. (1976), pp. 80–84.

(42) 当然、アンプを通して複数の記録媒体を併用する可能性も考慮している。

(43) 本章が意図するアナログ化された情報であり、単にアナログメディアに載った情報を意味していない。

(44) Arrow, K. (1962) "Economic Welfare and the Allocation of Resources for Innovation," National Bureau of Economic Research [ed.], The Rate and Direction of Inventive Activity, Princeton University Press.

(45) North, D. C. (1990) 'Institutions, Institutional Change and Economic Performance' Cambridge University Press.（竹下公視訳『制度　制度変化　経済成果』晃洋書房、一九九四

(46) しかし今日、知的財産権は一部の例外を除いて、いかなる情報に対しても平等に与えられている。

(47) 例えば、Griliches, Z. (1992) "The Search for R&D Spillovers," Scandinavian journal of Economics, Vol. 94, pp. 29–47、や Odagiri, H. and N. Murakami (1992) "Private and Quasi-Social Rates of Return on Pharmaceutical R & D in Japan," Research Policy, Vol. 21, pp. 335–345.、などがあげられよう。

(48) 米山茂美・野中郁次郎（一九九五）〝集合革新のダイナミクス、〟野中郁次郎・永田晃也編著、『日本型イノベーション・システム：成長の軌跡と変革への挑戦』、白桃書房、一九五―一九八

(49) 熱力学の第二法則の基礎的な説明に関しては、小出昭一郎（一九七五）『物理学（改訂版）』裳華房、を参照した。

(50) 戸田英雄・小野令美（一九八三）『入門数値計算：チャートによる解説とプログラム』オーム社

(51) Arthur, W. B. (1994) 'Increasing Returns and Path Dependence in the Economy' The University of Michigan Press., pp. 13–32. また経路依存（path dependence）といった見地に立てば、David, P. (1985) "Clio and the Economics of QWERTY," American Economic Review, Vol. 75, pp. 332–337.、も同様の議論を展開している。

(52) 流体力学の記述に際しては次の著書を参考にした。豊倉亀太郎・亀本喬司（一九七六）『流体力学』実教出版、中

口博・本間弘樹（一九八七）『流体力学（上）（下）』地人書館

(53) 久保亮五編（一九六一）『大学演習　熱学・統計力学』裳華房、序

(54) ここでは、その理論が正しいかどうかは度外視している。

(55) Peirce, C. S. (1931–1958) 'Collected Papers' Belknap Press.（米盛裕二訳『パース著作集1』勁草書房、一九八五）

(56) 吉川弘之（一九九三）『テクノグローブ：「技術化した地球」と「製造業の未来」』工業調査会

(57) Hanson, N. R. (1958) 'Patterns of Discovery' Cambridge University Press.（村上陽一郎訳『科学的発見のパターン』講談社学術文庫、一九八六）、はアブダクションについてこのような説明をしている。

(58) Tversky, A. and D. Kahneman (1974) "Judgment under uncertainty : Heuristics and biases," Science, Vol. 185, pp. 1124–1131.

(59) Bazerman, M. (1998) 'Judgment in managerial Decision Making, Fourth Edition' John Wiley & Sons, Inc.（兼広崇明訳『バイアスを排除する経営意思決定：ビヘイビヤラル・ディシジョン・セオリー入門』東洋経済新報社（一九九九））

(60) 期待効用仮説として知られているものである。

(61) Tversky, A. and D. Kahneman (1971) "The Brief in the "law of numbers"," Psychological Bulletin, Vol. 76, pp. 105–110.

(62) Williamson, O (1975) 'Markets and Hierarchies' The Free Press.（浅沼萬理・岩崎晃訳『市場と企業組織』日本評論社（一九八〇））

(63) Dawkins, R. (1976) 'The Selfish Gene' Oxford University Press.（日高敏隆訳『利己的な遺伝子』紀伊国屋書店（一九九一））

(64) Becker, G. S. (1981) 'Treatise on the Family' Harvard University Press.

(65) North, D. C. (1990), ibid., pp. 22–24.

(66) Lucas, R. E. Jr. (1986) "Adaptive Behavior and Economic Theory," in R. M. Hogarth and M. W. Reder (eds.) 'The Be-

havioral Foundations of Economic Theory' Journal of Business (supplement), Vol. 59, pp. 401–426.

（67）巨大企業による階層型組織（Visble Hand）や市場の調整（Invisible Hand）に関わる伝統的な議論や論争をみても容易に答えを見出すことはできない。（Chandler, Jr., A. D. (1962) 'Strategy and Structure' The MIT Press.（三菱経済研究所訳『経営戦略と組織』実業之日本社、一九六七）、Hannah, L. (1995) 'Delusions of Durable Dominance or the Invisible Hand Strikes Back : A Critique of the New Orthodoxy in Internationally Comparative Business History 1980 s' Privately Circulated.（和田一夫訳『見えざる手の反逆』有斐閣、二〇〇一））

（68）本事例執筆にあたり次の文献を参照している。日刊工業新聞社科学技術部編『超電導最前線』日刊工業新聞社（一九八七）、小幡行雄〝急速に研究開発が進展する分野における情報流通の特徴について：高温超電導の場合〟神奈川大学知識情報研究所年報（一九九〇）、pp. 89–95.、上田修一〝高温超電導材研究における科学情報の伝達過程〟三田図書館・情報学会（一九八八）、pp. 11–15.

（69）絶対温度表示。この場合およそ、四・一五－二七三・一五（絶対零度）＝－二六九℃ということになる。

（70）論文受理。

（71）鈴木弘編（一九六一）『塑性加工（改訂版）』裳華房、pp. 177–192.

（72）今日の大量生産で行われる鍛造では治具が用いられるが、この当時の鍛造は鍛冶屋的な作業を意味していたため、ここでもその意味で用いている。

（73）Kahneman, D. and A. Tversky (1979) "Prospect Theory : An Analysis of Decision Under Risk," Econometrica, Vol. 47, pp. 263–291. Tversky, A. and D. Kahneman (1981) "The Framing of Decision and the Psychology of Choice," Science, Vol. 211, pp. 453–463.

（74）Langton, C. G. (1990) "Computation at the edge of chaos : phase transition and emergent computation," Physica D, Vol. 42, pp. 12–37.

（75）Ray, T. S. (1992) "Evolution, Ecology and Optimization of Digital Organisms," Sanfa Fe Institute Working Paper 92–08

−042.

（76） ロバスト制御については次の文献を参照した。Doyle, J. C., B. A. Francis and A. Tannenbaum (1992) 'Feedback control theory' Maxwell Macmillan International.

（77） H∞制御として知られている。

（78） von Hippel, E. A. (1988) 'The Sources of Innovation' Oxford University Press.（榊原清則訳『イノベーションの源泉：真のイノベーターはだれか』（一九九一））

執筆者紹介（執筆順）

秋澤　光（あきざわ　ひかり）

1991年筑波大学大学院経営・政策科学研究科修士課程修了。
99年東京工業大学大学院社会理工学研究科博士課程修了。
中央大学商学部助教授（現任）、博士（学術）。
主要著書：『学習する組織』（共著）同文舘、『情報ネットワークによる経営革新』（共著）中央経済社、『協創経営』（共著）同友館。

キャロライン・ベントン（Caroline Benton）

カリフォルニア大学デービス校卒（動物学専攻）、筑波大学大学院経営・政策科学研究科経営システム科学専攻修士課程終了、東京工業大学大学院理工学研究科経営工学専攻博士後期課程終了、博士（学術）。インディペンダントコンサルタントとリサーチャ（現）。
主要著書：Variety Engineering in the Changing Competitive Environment of Japanese Retail Distribution, *Systems Research*, ブランド・オン・ザ・ネット、ブランド経営、同友館、New Development Model for a Post–matured Japanese Industrial Sector, *The East Asian Development Model,* Macmillan（共著）、New Economic Development and Strategic Alliances in the Japanese Finance Sector, *The Asian Economic Catharsis,* Quorum（共著）

西村友幸（にしむら　ともゆき）

1970年生まれ。2000年北海道大学大学院経済学研究科博士課程修了。現在、釧路公立大学経済学部専任講師。経営学博士（北海道大学）。
主要著書：『日本企業のコーポレートガバナンス』（共著、生産性出版）。

山田仁一郎（やまだ　じんいちろう）

1970年東京生まれ。2000年北海道大学経済学研究科経営学専攻博士後期課程修了、経営学博士。1997年～1999年の間、日本学術振興会特別研究員。現在、香川大学経済学部経営システム学科助教授。
主要著書：「知識編集のマネジメント―企業ドメインの変革プロセスの実証研究」（『日本経営学会経営学論集』第70巻、千倉書房）、「知識編集プロセスとしての新製品開発と事業ドメインの変化：組織のイノベーション活動におけるアナロジーの実証分析」（『日本経営システム学会誌』Vol. 15, No.1, 1999年）。

石田修一（いしだ　しゅういち）

1967年札幌生まれ。90年千葉大学工学部卒業。92年東京工業大学大学院理工学研究科修士課程修了。92～96年ソニー株式会社勤務。98年北海道大学大学院経済学研究科修士課程修了。98～2000年日本学術振興会特別研究員。2000年北海道大学大学院経済学研究科博士後期課程修了。現在、北海学園大学経済学部助教授、博士（経営学）（北海道大学）。

編者紹介

寺本義也（てらもと　よしや）
1942年　名古屋市生まれ
1965年　早稲田大学第一政治経済学部卒業
1967　　同大学大学院商学研究科修士課程修了
〃　　　富士通株式会社入社
1972年　早稲田大学大学院商学研究科博士課程修了
1981年　明治学院大学経済学部教授
1989年　筑波大学大学院経営システム科学専攻教授
1994年　北海道大学経済学部・大学院経済学研究科教援
1998　　北陸先端科学技術大学院知識科学研究科教援
2000　　早稲田大学大学院アジア太平洋研究科教授
専門：経営戦略論、組織論、人材開発論、知識社会システム構築論
主要著書：『ネットワークパワー』NTT出版、『パワーミドル』講談社、『実証・現代企業の戦略行動』（共著）同友館、『失敗の本質』（共著）ダイヤモンド社、『経営管理』（共編著）中央経済社、『日本企業のグローバルネットワーク戦略』（編著）東洋経済新報社、『学習する組織』（編著）同文館、『知の転換者たち』（共著）NTT出版、1993年、『大戦略』（編著）日本能率協会マネジメントセンター、『戦略を創る』（編著）同文館、『日本型グループ経営の戦略と手法［1］』（編著）中央経済社、『日本型グループ経営の戦略と手法［2］』（編著）中央経済社、『インターネット時代の電子取引革命』（共著）東洋経済新報社、『大逆転！インターネット時代の仕事革命』（共編著）主婦と生活社、『日本企業のコーポレートガバナンス』（編著）生産性出版、『事業進化の経営』（共著）白桃書房、『パワーイノベーション』（共著）新評論、『図解インターネット・ビジネス』（編著）東洋経済新報社、『知識社会構築と人材革新』（編著）日科技連出版、『ビジネスモデル革命』（共著、生産性出版、『知識社会構築と理念革新』（編著）日科技連出版。

知識文化論 I
知の神秘と科学　（検印廃止）

2001年9月30日　初版第1刷発行

編　著　寺　本　義　也
発行者　武　市　一　幸

発行所　株式会社　新　評　論

〒169-0051　東京都新宿区西早稲田3-16-28
電話　03（3202）7391番
振替　00160-1-113487番

定価はカバーに表示してあります
落丁・乱丁本はお取り替えします

印　刷　新　栄　堂
製　本　協　栄　製　本
装　幀　山　田　英　春

ISBN 4-7948-0533-0　C0034
Printed in Japan